アメリカ高等教育における
eラーニング
日本への教訓

吉田 文

東京電機大学出版局

本書の全部または一部を無断で複写複製（コピー）することは，著作権法上での例外を除き，禁じられています。小局は，著者から複写に係る権利の管理につき委託を受けていますので，本書からの複写を希望される場合は，必ず小局（03-5280-3422）宛ご連絡ください。

はしがき

「eメール」,「eラーニング」,「eコマース」,「eビジネス」…これらはすっかり日本語として定着した。最近では,eメールの「e」をはずした「メール」の方が通用している。ITがInformation Technologyであることを知らなくても,ITはITで通っている。1990年代後半に生まれたこれらの新語は,いずれもインターネットの普及という社会現象のなかから生まれた。このインターネットは,一瞬にして世界をつなぎ,はるかかなたの情報を収集することのできる便利なものとして,社会のあらゆる側面に広がった。

　高等教育の世界も然りである。eラーニングもその1つだが,それ以外に英語圏ではOnline Education（オンライン・エデュケーション）が,同様の現象をさす類似の言葉として用いられ,さらには,Virtual University（バーチャル・ユニバーシティ）,Campus without Wall（キャンパス・ウィズアウト・ウォール）, Wired Tower（ワイヤード・タワー）なども,インターネットが普及した高等教育機関の新しい姿を形容した言葉として登場している。eラーニングやOnline Educationが,インターネットを通じて行われる教授・学習という営為を,対面で行われるそれと対比させて用いたものであれば,virtual（仮想の）やwithout Wall（壁のない）は物理的空間がないことを意味し,Ivory Tower（象牙の塔）を模したwiredは,コンピュータ・ネットワークで空間をつないだ大学をさしている。

　物理的な「場」のあること,人間と人間が対面状況にあることを前提にしてきた教育が,その前提を条件としなくても成立するという事態に,人々は驚き,議論し,それが何ものであるかを究明しようとする。これまで,高等教育の世界は,インフラとしてのテクノロジーは導入されても,テクノロジーを用いて教育する,教育のために何らかのテクノロジーを用いる必要はまずなかった。それが,インターネットは状況を一変させ,上記のような造語を生み出したのである。

　近年のアメリカの高等教育研究においても,ITの問題は捨ておけなくなったようだ。たとえば,ERICのクリアリングハウスの1つにHigher Education

(高等教育) があるが，そのなかにCritical Issue Bibliographyという，高等教育の重要な問題に関する文献目録集がある。現在その項目の1つにtechnology in higher education というものがある。この項目がいつから加えられたかは記されていないが，文献の出版年度をみると，もっとも古いもので1994年までさかのぼることができる。おそらく，1990年代の半ばごろから，高等教育研究においてITの問題は研究の対象になりはじめたのだろう。

 ところで，この文献目録集に収録されている諸研究は，何らかの技術を教育に用いたミクロな実践的な研究や，ITの影響力の大きさをマクロに評論風に述べたもの，また，eラーニングを効果的に実施するためのマニュアル的，ハウツー的なものが多く，実際の高等教育の場において具体的に何が生じ，何が問題になり，どのように議論されているのかということを扱ったものは少ない。したがって，高等教育というシステムが，どのように影響を受け，どのように変化しているのかを知りたいという私の関心からすれば，どこか隔靴掻痒的な感が否めなかった。

 ITのインパクトが高等教育関係者にとってそれほどのものであるのか，そしてそれは，われわれが当たり前としてきた高等教育の役割や機能に変容をせまるものとなっているのか，ということを知るためには，自分で調べて考えなくてはならないという思いに達したのがスタートだった。いくつかの造語を生み出しているという社会現象の背後には何があるのか，そこで生起している事実はどのような意味をもつのだろうか，本書を貫く問いはこれである。アメリカ社会を対象にすることは，単に高等教育におけるIT化がもっとも早く進んだ社会であるということだけではなく，渦中から一歩下がって見る立場に自分を置くことになるため，それで見えてくるものがあるだろうし，また，日本の今後を考える教訓も得られると考えた。とはいえ，膨大な事実から何を選び出すのか，それをどのような視点で切るのか，何もかも手探りであった。

 しかし，次々と起こるITをめぐる「事件」は，それだけで十分に興味深いものであった。思いもつかないような「事件」は，Ivory Tower を Wired Tower に変えていく様を見るようだった。こうした状況を，Dancing with the Devil（悪魔と踊る）と形容した論者がいるが，当事者にとってはそのようなめまぐるしい変化なのかもしれない。

本書が，興味深い事実をどこまで冷静に伝えるものとなっているか，心もとないながら，面白いことが起きているアメリカの高等教育の今を知っていただけたならば何よりに思う。

2003年2月

吉　田　　　文

目次

概論

序章 eラーニングをみるいくつかの視点　2

1. 高等教育とIT　2
2. 分析の視点　3
3. 対象と方法　5
4. 本書の構成　6

1　アメリカの高等教育におけるeラーニングの伸長とその背景　8

1. 急成長するeラーニング　8
2. バーチャル・ユニバーシティからeラーニングへ　9
3. eラーニングの起源　11
4. 100年の歴史をもつ遠隔高等教育　13
5. 第2の遠隔教育ブームとインターネット　15
6. 成人高等教育人口の増加　17
7. 学位取得の経済効果　19
8. 営利大学の登場　20
9. eラーニング制作関連企業の参入　21
10. メディア・スペシャリストの存在　22
11. 需要と供給のマッチング　23

組織形態

2 コンソーシアム型バーチャル・ユニバーシティは成功するか　26

1. コンソーシアムとインターネット　*26*
2. 州立主導のコンソーシアム型バーチャル・ユニバーシティ　*26*
3. 3つのコンソーシアムの特徴　*29*
4. 3年間の経過　*31*
5. 成功と失敗の分岐点　*32*
6. 国境を超えるコンソーシアム　*35*

3 企業の大学化と大学の企業化
──eラーニングをめぐる市場化の嵐　37

1. 営利大学の拡大　*37*
2. 古典的な営利大学　*38*
3. 大学の子会社　*40*
4. コングロマリットの参入　*42*
5. 勝者になれるか　*45*

4 パイは蜃気楼だったのか
──撤退が続くeラーニング機関　47

1. ビジネスになるeラーニング　*47*
2. 短命な営利eラーニング部門　*48*
3. 失敗の原因は何か　*50*
4. 収益をもたらさなかった伝統　*51*
5. 経営の論理と学問の論理の葛藤　*52*
6. ハイブリッド方式の可能性　*54*

構成員

5 学生の社会化はサイバー・スペースでも可能か　58
1. キャンパスの役割　58
2. リベラル・アーツ・カレッジがeラーニング　58
3. 導入賛成と反対の論点　59
4. 青少年の社会化の場として　61
5. eラーニングによる学位　62
6. 肯定的な経営層の意見　63
7. さらに広がる議論　64
8. 顛末　66

6 ITで学生生活はどのように変わったのか　68
1. コンピュータと学生生活　68
2. 授業中はコンピュータ禁止　68
3. メールで失われたもの　69
4. 閑散とする図書館　71
5. IT利用で成績低下　72
6. 定着している学生のインターネットの利用　73
7. バーチャルなキャンパス・ライフ　74
8. キャンパスのIT化とITによるキャンパス化　75

7 教員のいない大学は「大学」か　78
1. 大学教員の役割　78
2. ジョンズ・インターナショナル大学のアクレディテーション　78
3. AAUPの異議申し立て　80
4. 北中部地区基準協会の反論　81
5. 誰が教育に従事するのか　83
6. フルタイム教員はたった2人　84
7. 学問共同体から，学習のコミュニティへ　85
8. 教員の雇用不安か，過剰負担か　86

8　ITは教員を幸福にしているのか　　89

1. 大学教員の生活　*89*
2. 教育の改善が期待されたIT　*89*
3. 教員の危惧の表明　*91*
4. 高い負荷，しかし，高い満足度　*93*
5. 教員の昇進の問題　*96*

9　新たなスペシャリストの登場　　101

1. 誰がeラーニング・コースを作るのか　*101*
2. eラーニングが失敗しないための秘策　*101*
3. コース開発チームの鍵を握るインストラクショナル・デザイナー　*102*
4. 払底する人材　*104*
5. 企業への委託によるアウトソーシング　*105*
6. 新たな養成システム —— 大学院　*106*
7. 大学関係者の受け止め方　*108*

教育活動

10　変容する大学の学問知　　112

1. eラーニングのカリキュラム　*112*
2. 多くは，学士課程レベルの単独コースと専門職養成　*112*
3. なぜ，リベラル・アーツは少ないのか　*115*
4. 実験や実習はどこまで教えられるのか　*116*
5. 教育内容の標準化　*118*
6. 企業向けの教育プログラムの作成　*119*
7. 大学の固有の知は変容するのか　*120*

11　講義が「物」になったとき何が起きるか　　122

1. 講義のeラーニング　*122*
2. ハーバード大学のミラー博士の事件　*122*
3. 莫大な利益　*123*

4. 論点は2つ —— 教員の雇用条件と学内資源の利用 124
   5. どの範囲までを線引きできるか 125
   6. 各大学それぞれの対応 126
   7. 曖昧さを残すハーバードの決着 128
   8. 事件のもたらす可能性 129

12 誰が大学の教育内容を担うのか　132

   1. 大学と知識 132
   2. ウニベルシタス21をめぐる論争 132
   3. 出版社のeラーニングへの参入 134
   4. eブックビジネスが大学へ攻勢をかける 136
   5. 恩恵も刺激も受けるがそれでいいのか 138
   6. eブックは大学でなくても作れる 139

13 やはり出てきたバーチャル版ニセ学位　142

   1. 学位製造販売業 142
   2. コロンビア・ステート・ユニバーシティ事件 142
   3. ディプロマ・ミルの生存戦略 143
   4. インターネットが再生させたディプロマ・ミル 145
   5. グレー・ゾーンにあるディグリー・ミル 147
   6. ニセモノをうたう学位販売 150
   7. 法的拘束とのイタチごっこ 150

14 学位を発行しない「大学」の脅威　153

   1. 大学と学位 153
   2. IT化にのるコーポレート・ユニバーシティ 153
   3. 企業を超えるコーポレート・ユニバーシティ 156
   4. 正規の大学への昇格を目指して 157
   5. 企業の教育プログラムを利用する大学 159
   6. 学位やアクレディテーションは何を保証しているのか 161

評　価

15　ITによる機会の拡大かコストの節減か
── 政策関係者のジレンマ　　**164**

1. 市場原理主導への危惧　*164*
2. 私企業の参入の3局面　*164*
3. 市場と公共政策　*166*
4. 州政府の対応 ── 公共政策への挑戦　*167*
5. アクレディテーション団体の動向 ── 教育の質の維持　*169*
6. 連邦政府の動向 ── 法改正と資金源　*171*
7. 市場の淘汰か公共政策による水路づけか　*173*

16　ITは社会的不平等を拡大するのか　　**176**

1. ITと格差　*176*
2. デジタル・デバイドのもともとの意味　*177*
3. マイノリティ学生のインフラは平均の半分　*178*
4. 企業も環境整備や教育に多大な援助　*180*
5. 物的補助の次に必要な支援　*181*
6. サイバー・スペースのなかの民族問題　*182*
7. IT利用能力の格差は社会生活を左右するほどか　*184*

17　eラーニングは収益の源泉になり得るか　　**187**

1. 教育のコスト・ベネフィット　*187*
2. eラーニング市場の拡大と投資 ── 利潤をもたらす打出の小槌　*187*
3. eラーニングへの支出の増大 ── 財政圧迫への危惧　*188*
4. eラーニングのコスト・ベネフィット　*190*
5. 対策 ── コストの節減か収入源の確保か　*192*
6. 新たな問題 ── デジタル・デバイド　*194*

18　eラーニングの購入価格は，高いか安いか　　**196**

1. 遠隔教育は廉価か　*196*
2. eラーニング・コースの授業料　*196*
3. 州内・州外授業料の問題　*199*
4. 各種の使用料の問題　*200*
5. 複雑な授業料や使用料の構造　*202*

6. 連邦政府奨学金規則改正の動き　*203*
　　　7. 授業料のサマー・セール　*204*

19　eラーニングの効果とは何か　*207*

　　　1. 収益よりも効果　*207*
　　　2. 教育効果で論じられている事柄　*207*
　　　3. アクレディテーション団体が取り組むeラーニングの質　*208*
　　　4. 支援体制が決め手のeラーニング　*210*
　　　5. 学生の成績はeラーニングと対面教育とでどちらが良いか　*212*
　　　6. 能力ベースの評価の導入 —— 教育不在の教育　*214*

20　質の保証はどこまでできるか　*217*

　　　1. eラーニングの質　*217*
　　　2. 教育の質の維持システム　*217*
　　　3. ロースクールで認められたeラーニング　*218*
　　　4. 工学系で模索されるeラーニング実験　*219*
　　　5. 質の維持を強く主張する高等教育認定協会　*220*
　　　6. 国境を超えるeラーニング —— WTO問題の登場　*221*
　　　7. 企業が行う国際的な質の保証　*222*
　　　8. 質の自己保証　*223*
　　　9. public good から commercial goods へ　*224*

終章　進化（Evolution）か革命（Revolution）か　*227*

　　　1. 伝統的な価値への挑戦　*227*
　　　2. 教員の共同統治から企業経営へ　*227*
　　　3. 学生文化の変容と教員役割の分断　*228*
　　　4. ビジネスにさらされる教育内容や学位　*229*
　　　5. 楽観視できないコストや質の問題　*231*
　　　6. 日本の高等教育に対するインプリケーション —— 需要構造　*232*
　　　7. 日本の高等教育に対するインプリケーション —— 供給構造　*233*
　　　8. 日本の高等教育に対するインプリケーション —— コスト，教育の質の問題　*234*
　　　9. 進化か革命か　*235*

あとがき　*237*
索　引　*240*

概 論

序章　eラーニングをみるいくつかの視点

1. 高等教育とIT

　多くの人々は，インターネットがどんなものかをよく知らないままに，電子メールやウェブを便利な道具として使っている。最初は企業や官公庁や教育機関における仕事の範疇で利用していたものが，いまや，家庭にも普及するようになった。そうなったのも，ここ数年の間の出来事である。こうした変化が，高等教育の世界にはどのような形で現れているのかを探るのが，本書の目的である。

　大学に籍をおく者ならば，事務連絡が電話やファックスから電子メールになり，原稿は電子メールの添付ファイルにして送り，初期情報を得る手段としてウェブを頻繁に利用するという変化は，誰しも感じているだろう。そうしたミクロな日常的な変化が積み重なって，高等教育の総体をシステムとしてみたときに，それにどのようなインパクトを与えているのか，そして，これまで当たり前だと思っていた高等教育の仕組みに何か質的な変容が起きているのかどうかを，事実に即して明らかにしたいと考えた。IT「革命」といわれるが，高等教育の世界においても革命を起こしているのか，あるいは，今後，革命となる芽があるのかどうかを考察しようというのである。

　高等教育の役割は，「教育」，「研究」に，近年，「社会サービス」が加わって3つあるといわれるが，本書ではそのうち「教育」に焦点をあてて上記の問題を検討する。というのは，研究は，学問生産という点では高等教育に欠かせない役割だが，それに従事するのは教員であり，高等教育という場を構成する学生や職員には直接は関係がない。また社会サービスも，新たな柱になったとは

いえ，教育や研究を超える重要性を課されているわけではない。それに対し，教育は，どのようなタイプの高等教育機関も（研究機能をもっていないところでも）もっている役割であるうえに，教員，学生，職員の誰もがそれに関わっている。教育に焦点を当てることで，高等教育システムにおけるITのインパクトをより幅広く検討できるのである。

そしてまた，現実に起きている高等教育におけるIT化の問題がインパクトを与え議論を呼んでいるのも，教育の側面である。研究面でのIT化は進んでいるのだが，それはあまり意識されることなく，ことさらに議論になることもない。というのは，研究の側面においては，学術情報のデータ・ベース化などが比較的早くから進んでおり，そのうえ，近年のIT化も，電子メールやウェッブを研究の効率を上げるためのツールとして利用しているために，研究内容や方法には特段大きな変化を強いることがないからである。それに対し，教育の側面ではeラーニングという言葉が日本でもかなり定着してきたが，ITが教育の方法を変えるものとして浸透し，従来の方法に再考・変容を迫っているために，大きなインパクトを与えているのである。

2. 分析の視点

こうした漠とした問題意識をどのように解いていくか，高等教育システムをどのような側面で分析するか，本書では，次ページに示す表のように4つの領域と9つの項目から視点を設定した。

4つの領域とは，組織形態，構成員，教育活動，評価である。高等教育機関を運営していく形態，組織を構成するメンバー，組織の主だった活動，そして，そういう営みに対する評価である。そして，それぞれの領域に，いくつかの下位項目を設定した。構成員としては，学生，教員，職員を，教育活動に対しては教育内容やその結果としての学位を，そして評価としては，高等教育機関をコントロールする公共政策，教育にかけるコストとそのベネフィット，教育効果や教育の質の問題が相当する。これらの視点を設定することで，高等教育がシステムとして稼働していく様態をみることができよう。

表　分析の視点

領　域	項　目
組織形態	1. 組織形態
構成員	2. 学　生
	3. 教　員
	4. 職　員
教育活動	5. 教育内容
	6. 学　位
評　価	7. 公共政策
	8. コスト
	9. 教育効果・教育の質

　こうした領域と項目を設定するにあたり依拠したのが，「コアとなる大学の価値・質・設置認可：遠隔教育の挑戦」という論文[1]である。この論文は，アメリカの大学の伝統的な価値として共有されている6点が挙げられ，それらが近年，遠隔教育の隆盛のなかで，挑戦を受け揺らいでいるのではないかという提起をしたものだが，その6つの価値とは，第1が組織の自立性，第2が同僚との共同統治，第3が教員の知的・学問的権威，第4が学位の発行，第5が一般（教養）教育，第6が物理的な場において行われる教育と学習の共同体である。これらの6つの価値は，また，高等教育の質の維持のための基盤にあるというのが論点でもある。

　第1の組織の自立性は組織形態の領域に，また，第2の同僚との共同統治は組織形態の領域にも構成員の領域にも相当しよう。第3の教員の知的・学問的権威は構成員の領域に，第4の学位の発行，第5の一般（教養）教育は，教育活動の領域に相当する。

　この論文は，筆者が本書の執筆の途上でめぐり合ったものであり，手探り状態で執筆し，4領域9項目という視点設定の妥当性に自信がなかったときに，それがあながち的外れではないことに大いに勇気づけられたものである。

3. 対象と方法

　分析の対象にしたのはアメリカの高等教育である。それは，第1章で詳細にみていくが，IT化がもっとも早くから広範に進んだ社会であり，高等教育においてもeラーニングがもっとも普及しており，ITのインパクトを強く受けているからである。

　ITが高等教育の世界にもたらしているものを明白にみることができるという理由に加えて，そこからわが国の高等教育の今後を考えるうえでの何らかのインプリケーションが得られるというのも，アメリカを対象にしたもう1つの理由である。もちろん，日本がアメリカの後追いをするわけではないが，日本の高等教育もいずれは，ITの問題を功罪を含めて考えなければならなくなるだろう。そのときに，アメリカの先例を鏡として，日本の問題を考えるヒントを得ることができるのである。

　そして，もう1つの問題意識である「事実に即して分析する」を可能にするためには，最新の情報が資料として必要である。時々刻々変化しているITをめぐる状況を把握するのにもっとも適した資料は新聞であり，アメリカには *The Chronicle of Higher Education* という高等教育の動向に関する優れた新聞がある。紙媒体のものは週刊であるが，インターネット版では日刊のものもある。本書で依拠したデータの多くはこの新聞に由来する。この新聞で得られるもう1つの利点は，事実に対する関係者の論評が書かれていることであり，また，議論を呼ぶ大きな問題に対しては，ウェッブ上でのライブの討議や非同期の討議がなされることである。このように，ある問題に対する賛否両論の議論をみることで，ある事実がアメリカの高等教育関係者にどのように受け止められているのかを知ることができる。

　新聞以外には，調査データや調査にもとづく提言としての報告書などを多く利用した。教育省の教育統計センターをはじめとし，教育省傘下の研究所において組織的に大規模調査が行われ，そのデータがウェッブ上で利用できるようになっている仕組みは，彼我の違いを思わせるものであるが，他方でその恩恵に大いにあずかった。いわゆる学術雑誌に掲載された論文はあまり多く利用し

ていない。というのは，研究論文は，いわば，事実を後追いしているわけであり，事実は研究論文が発表された暁には，さらに変化していることが多いからである。結局のところ，毎日，インターネットで送られてくる新聞を読みつつ，そこに書かれている記事がどのような意味をもつのかを考えるという作業を主に本書はでき上がった。

4. 本書の構成

それぞれの章は，これらの4つの領域，9つの視点に沿って並んでいる。第1章は，アメリカの高等教育におけるeラーニングの状況の概観である。第2章〜第4章は組織形態の領域に相当するが，第2章はコンソーシアム型のバーチャル・ユニバーシティ，第3章，第4章は営利大学や大学の営利部門に焦点をあて，これまでの単独で非営利の高等教育機関とは別種の機関が登場していることを扱っている。第5章，第6章は学生，第7章，第8章は教員，第9章は職員と，それぞれ高等教育の構成員を扱っている。とくに，第5章は学生の社会化の問題，第6章は学生生活の変容について，第7章は教員の役割，第8章は教員の負荷の問題について，第9章は職員のなかでもスペシャリストが必要になっていることを論じる。

第10章〜第12章は教育内容について，第13章，第14章は学位の問題に相当する。第10章は大学のカリキュラム，第11章は講義のeラーニング化にともなって生じた所有権や著作権の問題，第12章は大学外の企業が教育内容の作成に関わってきている事象を扱っている。第13章はニセ学位について，第14章は学位を発行しないが大学相当の教育を行う機関を対象に論じている。

第15章，第16章は公共政策について，第17章，第18章はコストに関して，第19章，第20章は，教育の効果や質の問題を対象としている。第15章は連邦政府や州政府の高等教育とITに関する政策上の問題を，第16章はデジタル・デバイドに関して，第17章はeラーニングのコスト・ベネフィットについて，第18章はeラーニングの授業料や使用料を扱っている。第19章はeラーニングの教育効果に関して，第20章はeラーニングの教育の質に関してグローバル化の視点から論じている。

そして，終章は，全体のまとめと日本の現状に対するインプリケーションである。

　これら20章から，ITが入ってきたことで，アメリカの高等教育において何が生じ，何が議論されているかを一渡り見ることができよう。それぞれの章が独立のテーマを扱っているため，前の章を受けて後ろの章がはじまるという連続性はとくにはない。興味のおもむくままに，どこからでも読み進めていただきたいが，全体を読み通せば，何がアメリカ高等教育に対する衝撃でありそれが日本にとっての教訓となるかがご理解いただけることと思う。

■注

1　Judith S. Eaton (2000) "Core Academic Values, Quality, and Regional Accreditation: The Challenge of Distance Learning," *CHEA Monograph Series*, 2000. {http://www.chea.org/Research/index.cfm}

1 アメリカの高等教育における eラーニングの伸長とその背景

1. 急成長するeラーニング

　インターネットを発明したのもアメリカであれば、それを高等教育の世界においてもっとも早く取り入れたのもアメリカである。とりわけ、アメリカでは、1990年代にそれらの情報通信技術（IT）を学生の教育に大規模に使用するようになったことに特徴があり、国内外から注目されている。

　われわれが当たり前のようにもっている教育のイメージとは、教室という場において教員は黒板を背景に、学生の方を向いて知識を教授し、学生は、黒板に板書された文字や教員の話をノートに筆記して学習する、さらに、学生は教員に質問したり、教員は学生を指名して回答を求めたりするといった、両者の間に双方向のコミュニケーションが成立しているというものだろう。ここで、重要なのは、教室という場の共有、講義時間という時間の共有によって教育が成立していることである。だが、ITは、教員と学生が時間ないし空間を共有しないなかで教育を行うことを可能にした。時間や空間が異なっていても、ITによって、たとえば、電子メールやウェッブを利用してコンピュータ上において双方向のコミュニケーションをとることは可能であり、それが「教育」を実現させたのである。

　ところで、これまでにも時間や空間を共有しない教育は、遠隔教育として100年を超える歴史をもって存在しており、必ずしもITがなければできないものではない。ところが、ITによって、これまで困難であった双方向のコミュニケーションが比較的容易にできるようになった点が新しい。この新しさは、これまでの郵便、放送などを利用して行ってきた遠隔教育をより効率的にする

ことはもちろんであるが,それだけでなく,教室における対面教育に関しても利便性を増すとされ,それがITを利用した教育の急激な拡大をもたらしたのである。

では,いったい,アメリカにおいてITはどの程度のスピードで高等教育に浸透し,現在,その利用規模はどの程度の広がりをみせているのかを各種のデータから明らかにしていこう。本書を貫く,ITが高等教育システムに及ぼすインパクトを各側面で論じるに先立って,その状況を概観しておくことが本章の役割である。

2. バーチャル・ユニバーシティからeラーニングへ

ITを利用して配信される教育を指し示す言葉として,現在,もっともポピュラーなものはeラーニング (e-Learning) であろうが,それとともに類似の文脈でバーチャル・ユニバーシティ (virtual university),オンライン教育 (online education) という言葉も用いられている。いずれも新種の言葉であり,eラーニングのe,バーチャル,オンラインが,インターネットないしITを意味している。

では,これらの言葉が,いつ頃からどの程度の頻度で用いられるようになったのだろうか。これらの言葉の使用頻度は,アメリカ社会にITを利用して配信される教育の普及の程度を知る1つの指標と知ることができる。検討の対象とするのは,*The Chronicle of Higher Education* と ERIC (Education Resources Information Center) のデータ・ベースである。前者は,アメリカを代表する高等教育に関する新聞であり,アメリカの高等教育界で何が起きているのかを知るのにもっともよい素材である。後者は,教育学研究に関する著書,学術論文にはじまり,雑誌記事や学会・会議のプロシーディングスなどまでを含んだデータ・ベースであり,教育学研究の動向を知るうえで欠かせない素材である。これらから,eラーニング,バーチャル・ユニバーシティ,オンライン教育をキーワードとしている件数を年度別にまとめたのが表1.1,表1.2である。

表1.1は新聞記事にとして取り上げられる社会現象,表1.2は研究の対象と

表 1.1　The Chronicle of Higher Education への頻出記事件数

年　度	バーチャル・ユニバーシティ	オンライン教育	eラーニング
2001.9 - 2002.8	60	48	21
2000.9 - 2001.8	29	58	12
1999.9 - 2000.8	17	46	5
1998.9 - 1999.8	21	1	0
1997.9 - 1998.8	13	0	0
1996.9 - 1997.8	12	0	0
1995.9 - 1996.8	9	0	0
1994.9 - 1995.8	2	0	0
1993.9 - 1994.8	1	0	0
1992.9 - 1993.8	0	0	0
1991.9 - 1992.8	0	0	0
1990.9 - 1991.8	0	0	0
1989.9 - 1990.8	0	0	0

表 1.2　ERIC データ・ベースによる頻出度

年	バーチャル・ユニバーシティ	オンライン教育	eラーニング
2001	21	21	19
2000	36	18	10
1999	38	10	2
1998	29	5	0
1997	17	1	0
1996	8	3	0
1995	10	2	0
1994	2	1	0
1993	0	3	0
1992	0	0	0
1991	0	0	0
1990	0	0	0

注：ERIC データ・ベースの検索にあたっては，高等教育においての使用に限定するため，それぞれの言葉と「higher education」との両方をキーワードとするものを対象とした。

なった事項としてみると，これらの言葉はいずれも1990年代に新たに登場した社会現象であり，表1.1は，それが急速に普及し注目されるようになったこと，また，表1.2は，やや後追い的ながら研究の対象にもされるようになってきていることがわかる。この3つの言葉のうちでは，バーチャル・ユニバーシティがまずはじめに登場し，オンライン教育やeラーニングはそれに次いでいる。しかし，後発のオンライン教育は，今やバーチャル・ユニバーシティを凌駕する頻度で用いられ，eラーニングもそれらを追い上げている。ユニバーシティから教育，そしてeラーニング（学習）へという推移に，大学という組織体から，そこで行われる教育へ，そしてさらには，教育を構成する教授・学習過程への着目という視点の深化ないし焦点化が示唆されているように思われる。

ただし，古株のバーチャル・ユニバーシティも言葉として登場するのは1993年であり，オンライン教育やeラーニングに至っては，わずかここ3〜4年の間に急速に市民権を得た言葉であり，800年の歴史をもつ高等教育の世界にとってはきわめて新しい現象なのである。

3. eラーニングの起源

ITを利用して教育を配信するという意味でのバーチャル・ユニバーシティの起源は，フェニックス大学がオンラインで学位がとれるフェニックス・オンラインを開始した1989年にあるといってよいかもしれない。ただ，その事実は当初あまり注目されていなかったようだ。というのは，*The Chronicle of Higher Education*を紐解けば，1991年になってようやく記事として掲載され，記事自体の扱いも決して大きくはないからである。実際に記事の一部をみてみよう。

「フェニックス大学では，学生はコンピュータとモデムを利用してキャンパスに足を運ぶことなくMBAが取得できる。アポロ・eラーニング・エクスチェンジというホスト・コンピュータを利用し，約15人で構成される学生グループに1人のインストラクターがつき，学生は講義を読み，課題を提出し，試験を受ける。このシステムには1日のうちいつでもアクセスすることができ，1週間に約1時間コンピュータを利用して2年間で全教育プログラムが修了可能である」[1]と記述されている。まだ，インターネットではなく，「ホスト・コ

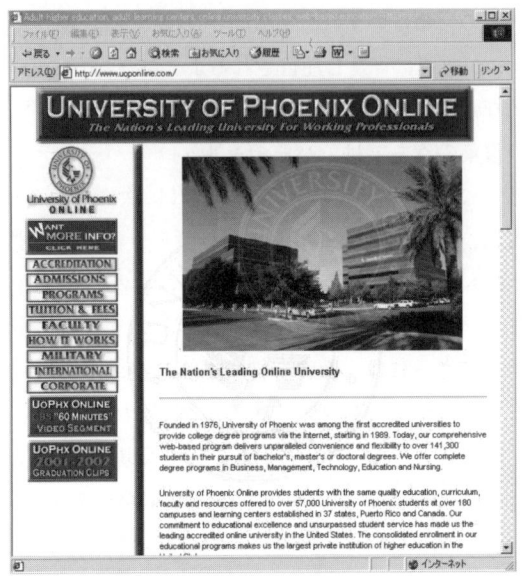

■インターネットによる教育の配信（フェニックス・オンライン大学）

アリゾナ州フェニックスに本部を置くアメリカ最大の営利大学であり、早くからeラーニングに取り組んだ。

http://www.uoponline.com

ンピュータ」に「モデム」で接続していたことがわかる。このフェニックス大学は、この後本書においても何度か登場するが、アポロ・グループという企業によって1976年に設立された営利大学であり、全米各地域にブランチ・キャンパスをもち、そこで仕事帰りの成人を対象に教育を行ってきた。そうした有職学生のさらなる利便性を図る意味で、キャンパスに通わずに、また、時間を特定されずに学習できる方法を、コンピュータとモデムに求めたのであった。

　バーチャル・ユニバーシティという言葉が飛び交うようになるのは1995年、アメリカ西部の11州の知事が、「バーチャル・ユニバーシティ」の設立に合意してからだろう。それから3年経過した1998年、18州が参加してウエスタン・ガバナーズ大学として学生の受け入れを開始するが、この大学の特徴の1つは、西部諸州の既存の大学とIT関連の企業によるコンソーシアム（連合体）であり、かつ、この大学から学位を発行することだろう。これを契機として既存の大学がコンソーシアムを結成し、それぞれの機関がオンラインでコースを配信するという方式は、とくに、州立大学を中心に広がっていき、現在、約20近くのコンソーシアムが結成されている。

州知事たちこのバーチャル・ユニバーシティに対する期待は2つあった。1つは，コンピュータ・ネットワークをはじめとする各種の技術を利用して，地域内の各高等教育機関が相互にコースを配信し合うことで，より豊富な内容をもった教育を提供することであり，もう1つは，技術的に可能になった学習形態にアカデミックな正当性を付与することであった。前者は，これまでにもあった単位互換を，学生がキャンパスを移動するのではなく，教育が他のキャンパスに移動する形態に変換したものである。後者については，もう少し説明が必要だろう。

　このコンソーシアムのメンバーのある州知事は，「コンピュータ・ネットワークやテレビやその他の技術を利用して学習できるコースが何千とあるのに，そうしたコースによる学習を評価する機関が組織化されていない。伝統的な高等教育機関ではなく，新たな「バーチャル・ユニバーシティ」こそが，そうした方法による学習を評価して資格を付与する機関となろう」[2]と語っている。また，他の州知事も，高等教育関係者の間では，コンピュータ・ネットワークという技術による教育の可能性があまり認知されていないこと，アクレディテーション（設置認可）団体が，こうした技術を利用した教育革新を阻もうとするスタンスがあることを非難している。これらの発言から，技術的に可能になった新たな教育を組織化して，正規の高等教育機関を設立することがもう1つの目的であったことがわかるが，それとともに，それが大学関係者ではなく，西部諸州の州知事の主導ですすめられたことが興味深い。「バーチャル」には，コンピュータ・ネットワーク等の技術による新たな形態の教育が，「ユニバーシティ」には，学位授与権をもつ正規の高等教育機関になるという意味が込められているのである。

4. 100年の歴史をもつ遠隔高等教育

　ところで，インターネットが普及するはるか以前の1971年に設立されたリージェンツ・カレッジ（現エクセルシオール・カレッジ）は，アメリカで最初に設置認可された最大のバーチャル・ユニバーシティと名乗っていたが，なぜ，「バーチャル」なのかといえば，物理的なキャンパスが実在しない遠隔教育機

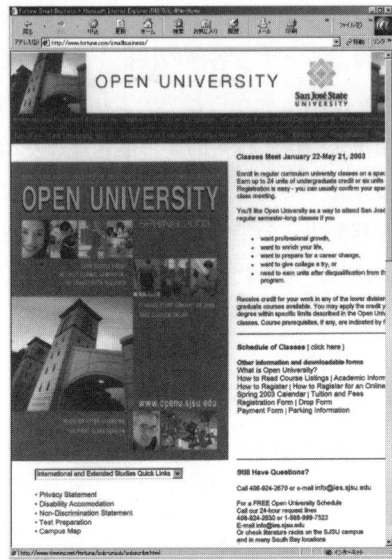

■マルチメディアを活用した遠隔高等教育

誰に対しても高等教育の機会を与えるという目的のもとに設立されたイギリスのオープン・ユニバーシティは，世界の公開大学のモデルとなった。

http://www.sjsu.edu/openUniversity

関だからである。有職成人のための機関という明確なターゲットをもつこの大学は，時間と空間の拘束を解き放った形態による教育をバーチャルと呼んだのである。

こうしてみると，キャンパスをもたない遠隔高等教育機関はすべてバーチャル・ユニバーシティと呼び得るわけだが，そうした呼称よりも，むしろ1969年に設立されたイギリスのオープン・ユニバーシティにならって，世界各地に設立された遠隔高等教育機関の多くはオープン・ユニバーシティ（公開大学）と命名された。

ただ，アメリカはイギリス型のオープン・ユニバーシティをもたなかった。アメリカにおける遠隔高等教育は，1892年にシカゴ大学のエクステンション・センターが印刷教材を郵送して教育を行ったことに端を発するといわれるが，それは国内に張り巡らされた郵便網というインフラストラクチャーが廉価で利用できるようになって可能になったものである。その後，1910年代にはラジオを，1930年代にはテレビを利用した遠隔教育が行われるようになるが，これらは，高等教育の機会にあずかれなかった成人を主たる対象にしており，

1．アメリカの高等教育におけるeラーニングの伸長とその背景　　　　　　　　　　15

「エクステンション」の名のとおり大学教育の外延を拡大したが，遠隔教育はキャンパスの教育と区別されて，大学外の教育，すなわち正規の学位取得には結びつかない教育として行われた。

　イギリスでオープン・ユニバーシティが計画されていた1960年代半ばには，アメリカではウィスコンシン大学においてArticulated Instructional Media Projectという，文字，音声，映像などの各種のメディアを組み合わせて教育を行うためのプロジェクトが実施されていた。遠隔教育の配信の技術として放送を利用し，そこに各種のメディアを用いることは一般化していったものの，まだ，そうした教育に特化した高等教育機関は設立されなかった。

　遠隔高等教育機関として独自の学位を授与した機関としては，1985年に設立された全米工科大学（National Technological University：NTU）を挙げるべきだろう。NTUは工学系の修士課程に特化した教育機関であり，契約を結んだ企業の社員が主たる学生である。コースはすべて参加大学から提供される。参加機関の授業を衛星通信によるテレビ会議方式をとって配信するが，NTU独自の学位を発行している。独自の教育内容をもたずに，学位を発行するコンソーシアムなのである。こうした方式が，ウエスタン・ガバナーズ大学のモデルの1つになっていたことは，想像に難くない。

　このように，物理的なキャンパスをもたずに行う遠隔教育は，その配信の技術に着目すれば，印刷教材の郵送，ラジオ・テレビによる放送，衛星通信という100年を超える歴史をもっており，インターネットによる教育の配信も，その伝統の上に成り立っているのである。フェニックス大学にしても，ウエスタン・ガバナーズ大学にしても，有職成人のための教育機会の拡大を図ることを目的としており，従来の遠隔教育機関の目的と異なるところはなく，その点では新規な社会現象というには及ばないことになる。では，なぜ，インターネットによる教育の配信が注目されるのだろう。

5．第2の遠隔教育ブームとインターネット

　いくつかの調査機関が実施した結果を概観しよう。まず，Kenneth C. Greenによれば，アメリカの高等教育機関で，eラーニングのコースを配信している

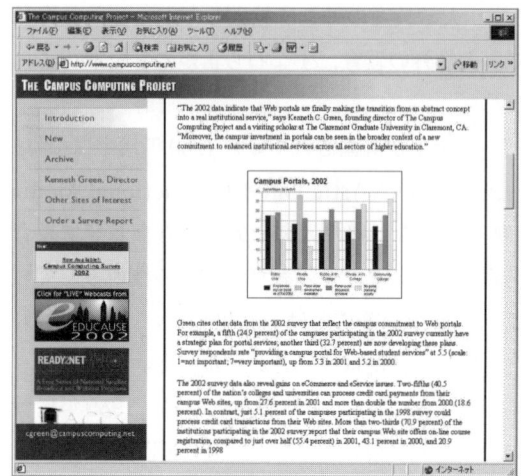

http://www.campuscomputing.net

■アメリカの高等教育機関での
　eラーニング・コースの割合

Campus Computing Project では、アメリカの高等教育機関におけるITの浸透の度合に関して1990年から毎年調査を行っている。

機関は，すでに1999年に46.5％に達しており，2000年には55.5％，2001年には59.0％，2002年には62.5％に上昇している[3]。この調査は1994年より毎年実施されているが，「オンライン・コース」の有無に関する質問は99年以前にはなく，それ以前の状況はわからない。しかし，ウエスタン・ガバナーズ大学やカリフォルニア・バーチャル大学の設立が大きな話題になり，実際に開校されたのが1998年であるから，90年代半ばに，既存の大学において「eラーニング・コース」が，さほど普及していたとは思われない。おそらく，90年代後半に急速に普及したのであろう。

　そして，2002年のデータから，高等教育機関のタイプ別にみれば，完全なオンライン・コースをもっている公立大学は90.4％，私立大学は55.9％，公立4年制カレッジは77.6％，私立4年制カレッジは36.1％，短期大学は78.2％となっている[4]。公立大学と短期大学とが，オンライン・コースのリーディング機関となっており，私立大学ではさほど普及していないことが明らかである。

　遠隔教育の長い歴史をもつアメリカの大学ではあるが，先に概観したように，あくまでも大学の周辺部で行われていた。しかし，この調査結果からは，インターネットによるeラーニングは，それまでの遠隔教育に代わる新たな配信の技術として脚光を浴び，キャンパスをもつ既存の大学の多くがeラーニングに

進出していることが読み取れよう。その遠隔教育の履修者数は，1998年にはそれは71万人であったが，2002年には220万人にまで増加すると予測されている[5]。

遠隔教育を配信する技術としてのインターネットを利用している機関は，1995年に14％でしかなかったが，1997年には77％まで増加している[6]。インターネットがかくも急激に利用されるようになったのは，それが双方向のコミュニケーションが可能という特性をもつからである。郵便や放送は一方向のコミュニケーションであり，それが限界だといわれてきた。その後に登場した衛星通信は，遠隔地間の双方向のコミュニケーションを可能にはしたが，場所と時間は固定され，回線使用料が高くついた。これらの障害を除去したのがインターネットであり，場所と時間を固定されることなく双方向のコミュニケーションがとれるうえに，比較的廉価でもあることも加わって，わずか数年の間に配信の技術のマジョリティになったのである。

そして，高等教育におけるeラーニングの市場的な価値は，2000年に40億ドル相当であったが，2003年には110億ドルにまで成長するという予測もなされている[7]。こうした予測の数値そのものは，調査によって異なり，値そのものに対する信憑性の問題は残るとはいえ，単に，eラーニング・コース数や履修者数が増大するというだけでなく，それにともなう市場価値も大きく成長するとみなされている点では一致しているところが興味深い。おそらく，教育がこれだけの市場価値をもつとみなされたのは，かつてなかったことであろうし，教育がビジネスの対象としてこれだけ注目されたこともなかったのではないだろうか。

eラーニングが，なぜ，このような事態をもたらしたのか，その普及の要因はどこにあるのか，次にその問題について需要側と供給側の両面から検討しよう。

6. 成人高等教育人口の増加

eラーニングが普及する需要側の要因として，もっとも基礎的な条件は，それを必要とする高等教育人口が存在することである。1990年代に入ってアメ

表1.3 アメリカの高等教育人口（単位：1,000人）

	1999年	2011年	増分
総数	14,791	17,688	2,897
14〜17歳	143	224	81
18〜19歳	3,414	4,111	697
20〜21歳	2,989	3,716	727
22〜24歳	2,435	2,928	493
25〜29歳	1,870	2,355	485
30〜34歳	1,145	1,405	260
35歳〜	2,796	2,948	152

出典：National Center for Education Statistics (2001) *Projections of Education Statistics to 2011*. {http://nces.ed.gov/pubs2001/proj01/}
注：数字は1,000人単位で四捨五入されているので，年齢コーホートの合計は総数にはならない。

リカは，高等教育人口が増大しており，それは少なくとも今後10年間は続くとされている。表1.3は，1999年の実数にもとづいて2011年までの年齢コーホート別による高等教育人口を予測したものである。

これをみると，高等教育在学者が全体で300万人弱増加することが見込まれている。その増分をみると，高卒者である18〜19歳，20〜21歳がそれぞれ約70万人ともっとも多いが，これら伝統的な学生層だけでなく，22〜24歳，25〜29歳がそれぞれ約50万人，30歳以上が約40万人と非伝統的な学生層もそれに近い程度増加することに特徴がある。

すでに，アメリカの高等教育在学者の約半数は，22歳以上の学生によって占められているが，その傾向は今後も大きくは変わらないようである。非伝統的なタイプの学生の多くは有職者であることは容易に想像がつくが，職業を継続しながら，あるいは，いったん職を離れて大学へ戻って学位を取り直すというのが，アメリカの大学生の姿なのである。有職成人が大学へ戻る場合，eラーニングという形態を利用すれば，職業を離れる必要はなく，その分の収入を確保できるため，機会費用の点でメリットが大きい。有職成人にとって，いつでも，どこでも学習でき，かつ，双方向のコミュニケーションが確保されてい

る学習形態が，学習の継続性という点でもメリットがあることはいうまでもない。

　これまで有職者の多くは，パートタイム学生として在籍することで大学へ戻っていたが，eラーニングを利用すればフルタイム学生になることができる。eラーニングの利用者に対する調査でも，「いつでも，どこでも利用できる」（80％），「コストが節約できる」（65％），「自分のペースで学習できる」（57％）がメリットとして挙げられており[8]，時間と空間の制約のない学習にもっとも大きなメリットを見出していることがわかる。eラーニングが普及する第1の条件は，こうしたところに存在している。

7. 学位取得の経済効果

　それでは，なぜ，有職者が大学に戻って学位の再取得を目指すのだろうか。これは，アメリカ社会の労働市場の構造に起因する問題である。学歴別に給与が分断されているために，学位の再取得によって昇進や転職なども関わって，収入が大きく増加するのである。それを，表1.4より確認しよう。

　ちなみに，学士の学歴所有者の年収を100とすると，高卒者はその60％弱，準学士は約70％でしかなく，2年から4年の教育年数の差が，これだけの給与

表1.4　学歴別年収（ドル）

学　歴	年　収	学士を100.0としたときの比率
高　卒	30,400	58.2
準学士	38,200	73.1
学　士	52,200	100.0
修　士	62,300	119.3
専門職学位	109,600	210.0
博　士	89,400	171.3

出典：U.S. Census Bureau (2002) *The Big Payoff: Educational Attainment and Estimates of Work-Life Earnings*, U.S. Department of Commerce. {http://www.census.gov/prod/2002pubs/p23-210.pdf}
注：25～64歳有職者の1997～1999年の平均年収。

の差となっているのである。学士と修士の間にはさほど大きな差はないが，MBAに代表される専門職学位になると学士の2.1倍の年収を得ることができるのである。それは，学士と博士の差よりも大きく，給与という点で専門職学位の市場価値の高さは明白である。たとえば，MBAの場合，学士号をもっている者が，2～3年のeラーニングによる学習を経てその学位を取得すれば，年収が2倍になる可能性が秘められていることが，多くの人をeラーニングに向かわせている，第2の条件と考えてよいだろう。

8. 営利大学の登場

こうした需要を受け止める供給側の要因としては，半数以上の大学がeラーニングのコースをもっているという状況にみられるように，高等教育が全体としてeラーニングへ進出していることを，まず，挙げねばならない。だが，とりわけ，営利大学がeラーニングに積極的であることが，第1の大きな要因である。営利大学とは，きわめて単純化していえば企業が経営する大学であるが，その数を学位授与機関に限定してみても，96年の638機関から，2000年には804機関まで増加している[9]。これは，全高等教育機関の18.9％にあたり，アメリカの高等教育システムの一翼を担う存在となっていることがわかる。

営利大学が，なぜ，eラーニングに積極的かといえば，これまで，多くの営利大学は，有職成人を対象にした職業教育・訓練に特化した大学であり，遠隔教育という手法にもなじみがあったからである。さらにいえば，職業教育・訓練が中心であれば，比較的容易に学習の到達目標を設定し，それに向かって段階的な教育・学習内容を編成できるという点も，自学自習を基本とするeラーニングに適性があったということになろう。

そして，何よりも，営利の追求に見合うだけの利益がeラーニングにはあったことが，営利大学の参入を招いたのである。営利大学がなぜ，収益を上げられるのかといえば，それは経営面でのノウハウをもっているという一言に尽きるのだが，それを顕著に表す数字を挙げておこう。表1.5は，営利大学が学生1人当りの1年間の教育にどの程度の費用をかけているのかをデブライ大学を例にとって非営利大学と比較したものだが，営利大学は，実に私立大学の30％

表**1.5** 学生1人当りにかける費用（ドル）

公立大学	私立大学	デブライ大学
17,026	23,063	6,940

出典： Richard S. Ruch (2001) *Higher Ed Inc.: The Rise of the For-Profit University*, The Johns Hopkins University Press, p. 87.

のコストしかかけていないのである。その分，授業料収入による利益率が高くなるわけである。

フェニックス大学，デブライ大学など，古参の営利大学がeラーニングで大きな収益を上げていることは，よく知られているが，その後を追うかのように1993年のジョンズ・インターナショナル大学，カペラ大学（1997年まではアメリカ大学院）が，eラーニングだけで教育を行う機関として設立され，1999年にはコンコード・ロースクールという，eラーニングによるロースクールなどが続々と設立された。

9. eラーニング制作関連企業の参入

第2に，eラーニングを実施するにあたっては，インフラやコンテンツの整備が必至であるが，この点については各種の企業が，それを請け負っているのがアメリカの実態である。たとえば，eラーニングのコース作成にあたっては，まず，コース・マネジメント・システムが必要だが，アメリカの高等教育機関ではWebCT，BlackBoard，TopClass，LearningSpaceなど，汎用性の高いシステムが開発されており，とくにWebCTは北米で50%以上のシェアを占めている。こうしたものを利用して，コース内容の提供を行うとともに，学習の管理も一括して行うのである。

次に，eラーニング・コンテンツの作成段階においては，出版関連企業が関わってくる。ピアソンやトムソンに代表される出版社は，書籍の出版だけでなくメディア・コングロマリットとして多様な事業を展開しているが，その十分な資金力をバックに，書籍出版のノウハウをeラーニングに生かして大学との

提携が盛んに行われている。

コンテンツの作成に関しては，図書の電子化も欠かせない。eブックやeジャーナルへのリンクが張られていれば，必要な文献を即時に入手できる。これに関しては，大学の図書館も徐々に電子化を進めているが，やはり，企業の攻勢は早い。たとえば，ネット・ライブラリーやクエスティア・メディアは，設立されて3年ほどの新興の企業であるが，デジタル化した書籍や学術雑誌を，大学の図書館や学生に販売している。コンテンツを作成するにあたっては，著作権処理の問題が共通の悩みの種であるが，それも Copyright Clearing Center へアクセスすることによって比較的容易に処理が可能なシステムが構築されている。

なぜ，多くの高等教育機関がeラーニングのコースを作成するのかといえば，1つには，在学者以外の潜在的な学生を掘り起こし，マーケットを拡大したいという理由があるからである。そのためには，eラーニングのコースの存在をより多くに認知してもらうことが必要だが，機関のウェブ・サイトだけでは十分な広告にはならない場合が多い。そこで，登場するのが，マインド・エッジやテレ・キャンパスなどのポータル・サイトである。また，eラーニングを受講したいと考えている者も，ポータル・サイトをみることでどの機関がどのようなコースを提供しているのか比較検討が可能になる。

これらを個別の機関が独力で処理するには，膨大な時間も労力も費用もかかるわけであり，その部分をビジネス・チャンスととらえる企業があって初めて，eラーニングが進むのである。

10. メディア・スペシャリストの存在

第3に，もう1つ忘れてはならないのは，メディア・スペシャリストの存在である。eラーニングのコンテンツを作成するのに，コース・マネジメント・システムなどを利用したとしても，技術や教授デザインに関してよほどたけた教員でないと，1人でeラーニング・コースを作成することは困難である。通常は，インストラクショナル・デザイナーをはじめとするスペシャリストと教員とがチームを編成して，コースの作成にあたる。インストラクショナル・デ

ザイナーのほかに，グラフィック・デザイナー，メディア・エディター，著作権の専門家，司書，コンピュータ技術の専門家など多数のスペシャリストが関わるが，これらの人々は，教員とも事務職員とも異なるスペシャリストとして，高等教育機関のメディア・センターなどにポジションをもっている。

　教員は，コースの内容に関する知的な資源を提供し，それを効果的にウェブに配置していくのがスペシャリストの役割なのである。

　ただ，すべての機関がこれらのスペシャリストを抱えられるわけではなく，その場合には，コースを作成する企業に委託する方法もあり得る。たとえば，エデュプライズという，高等教育機関や企業のeラーニング・コースの作成を行う企業があるが，ここではコースの開発に加えて，教員の訓練やコース配信時のテクニカル・サポート，果ては，機関全体のeラーニングのコンサルティングや将来計画の策定までをも請け負うのである。

　従来の高等教育機関には存在しなかった，これらのメディア・スペシャリストという人材はアメリカでも払底しており，売り手市場だといわれる。そして，近年では，eラーニングを利用してこうした人材の養成を手がけようとしている修士レベルのプログラムも登場している。

11. 需要と供給のマッチング

　このように，eラーニングの伸張は，インターネット関連技術の発展を基盤にして，成人学生の教育需要と，主に伝統的な大学外からの高等教育市場へ参画しようとする供給要因とがマッチングした結果なのである。単に，技術的な発展だけではこうしたブームが起きることはなかったであろうことは，インターネットがアメリカと同じように浸透してもeラーニングが伸張しない国々が多いことをみれば明らかである。

　アメリカでは，世界に先駆けて，このマッチングがあまりにも短期間に急速に生じたために，それは旋風，いや，ハリケーンのように既存の高等教育システムのなかを吹きめぐって衝撃を与えているのである。それが衝撃というのは，eラーニングが，伝統的な高等教育システムの枠組みやその理念のなかでは，あり得なかったこと，考えられなかったことを多く引き起こしており，そのた

めに賛否両論をめぐって各所で議論が生じているからなのである。さて，その衝撃がどのようなものであるのか，以下の各章を読み進めていただきたい。

■注

1 David L Wilson (1991) "MBA Degree Via Modem Now Available From U. of Phoenix," *The Chronicle of Higher Education*, September 18, 1991. {http://chronicle.com/search97cgi/s97_cgi?action=View&VdkVgwKey=%2Fprivate%2Fusers%2Fche%2Fhtdocs%2Fche%2Ddata%2Farticles%2Edir%2Farticles%2D38%2Edir%2Fissue%2D04%2Edir%2F04a03005%2Ehtm&DocOffset=2&DocsFound=31&QueryZip=phoenix%2C+david+wilson&Collection=Weekly38&Collection=Weekly37&SortField=score&SortOrder=desc&ViewTemplate=ArchiveView%5Fnew%2Ehts&}

2 Goldie Blumenstyk (1995) "11 Western Governors to Study Creation of "Virtual University"," *The Chronicle of Higher Education*, December 15, 1995. {http://chronicle.com/search97cgi/s97_cgi?action=View&VdkVgwKey=%2Fprivate%2Fusers%2Fche%2Fhtdocs%2Fche%2Ddata%2Farticles%2Edir%2Farticles%2D42%2Edir%2Fissue%2D16%2Edir%2F16a01901%2Ehtm&DocOffset=42&DocsFound=87&QueryZip=western+govoners+university%2C+goldie+blumenstyk&Collection=Weekly42&Collection=Weekly41&Collection=DailyNews2003&Collection=DailyNews2002&Collection=MagReader2003&Collection=MagReader2002&Collection=CareerNetwork&SortField=score&SortOrder=desc&ViewTemplate=ArchiveView%5Fnew%2Ehts&}

3 Kenneth C. Green (2001) *"The 2002 National Survey of Information Technology in US Higher Education,"* The Campus Computing Project. {http://www.campuscomputing.net}

4 Kenneth C. Green, op. cit.

5 The International Data Corporation (1999) *Online Distance Learning in Higher Education*, 1998-2002.

6 National Center for Education Statistics (1997) *Distance Education in Higher Education Institutions* {http://nces.ed.gov/pubs98/distance/98062.pdf}, National Center for Education Statistics (1999) *Distance Education at Postsecondary Education Institutions*, 1997-1998. {http://nces.ed.gov/pubs2000/qrtlyspring/5post/q5-7.html}

7 Peter Stocks et al. (2000) "After the Big Ban: Higher Education e-learning Markets get set to Consolidate," *Report* Oct. 2000. eduventures.com {http://edventures.com/industry-research-resources/big-bang.cfm}

8 E-Learning Magazine (2001) *E-Learning User Survey*. {http://www.elearningmag.com/elearning/static/staticHtml.jsp?id=2754}

9 National Center for Education Statistics (1997) *Fall Enrollment in Postsecondary Institutions 1996*. {http://nces.ed.gov/pubs99/1999239.pdf}. (2001) *Postsecondary Institutions in the United States: Fall 2000 and Degrees and Other Awards Conferred: 1999-2000*. {http://nces.ed.gov/pubs2002/2002156.pdf}

組織形態

2 コンソーシアム型バーチャル・ユニバーシティは成功するか

▎1. コンソーシアムとインターネット

　近年，日本でも大学連合や単位互換が話題になるが，その場合，まず問題になるのは学生の通学圏である。教室の授業への参加を前提としているため，近隣の大学でなければ機能しないからである。ところが遠隔教育という手法のもとでは，こうした地理的な距離の問題は捨象される。とくに，ウェッブ・サイトを利用すれば，バーチャルな大学コンソーシアムは容易に結成可能であり，アメリカでは既存の大学をベースにした，コンソーシアム型のバーチャル・ユニバーシティは多い。そうしたいくつかの事例に焦点をあてて，その成否を問うてみたい。

▎2. 州立主導のコンソーシアム型バーチャル・ユニバーシティ

　既存のキャンパス型の高等教育機関が複数校でコンソーシアムを結成し，その範囲で各種の技術を利用してコースを遠隔で提供する形態のバーチャル・ユニバーシティは，オンラインの進展にともなって，近年急速に増加している。教育配信の技術はインターネット以外にも各種利用されているが，コンソーシアムとしてのウェッブ・サイトが構築されていることを共通とし，学生はそれを通じて各機関のプログラムやコースに登録する。いわばウェッブ・サイトはコース・カタログとしての機能を果たし，それこそがバーチャル・ユニバーシティの「大学」としての実態を示している。
　これらのバーチャル・ユニバーシティは州立大学が中心になっていることが

特徴であるが[1],この背後には,教育機会をより開放して高等教育へのアクセスを高めるという公教育のミッションと,機関の収益を上げるという要請とが両立可能だとみる考え方が存在している。

表2.1にコンソーシアム型のバーチャル・ユニバーシティの主なものを掲げ

表2.1 コンソーシアム型バーチャル・ユニバーシティ

名　　　称	設立年	設　置　形　態
Western Governor's University	1998	18州＋グアムの49高等教育機関＋企業16社
California Virtual University (Campusに名称変更)	1998	州内高等教育機関112機関（Campusとなって108機関）
Colorado Community College Online	1998	州内外14のコミュニティ・カレッジ
Connecticut Distance Learning Consortium	1999	州内30高等教育機関
The SUNY Learning Network	1995	ニューヨーク州立大学（コミュニティ・カレッジ含む）42機関
Florida Virtual Campus	1999	州立大学10機関,州立コミュニティ・カレッジ28機関（これからなるフロリダ州立高等遠隔教育機構が母体）
Southern Regional Electronic Campus	1997	16州の325高等教育機関
The University of Texas TeleCampus	1998	The University of Texas System15機関
Idaho Electronic Campus	1999	州立大学,州立コミュニティ・カレッジ7機関
Oregon Community College Distance Education Consortium	1998	州立コミュニティ・カレッジ10機関＋州立大学8機関＋私立大学／カレッジ4機関
Alabama Distance Learning Consortium		州立コミュニティ・カレッジ20機関＋州立大学1機関＋州立技術カレッジ6機関
Ontario Learn.com (Contact Southに名称変更)	1995	州立コミュニティ・カレッジ21機関
Electronic University Consortium of South Dakota	80年以上前	州立大学6機関
The Gateway Community College Consortium	2000	州内コミュニティ・カレッジ4機関
University of Illinois Online	1997	イリノイ大学3機関
Kentucky Virtual University	1997	州内公私立大学9機関とコミュニティカレッジ18機関

http://www.wgu.edu

■ コンソーシアム型のバーチャル・ユニバーシティ（ウエスタン・ガバナーズ大学）

西部諸州の高等教育機関や企業が参加して設立された。独自の学位を発行するコンソーシアム型バーチャル・ユニバーシティの先駆けとして注目された。

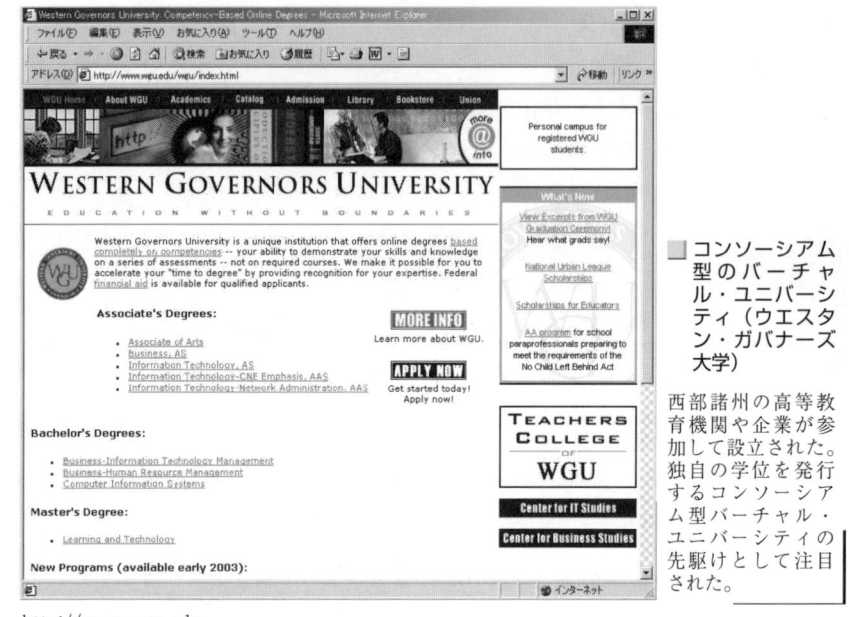

たが，コンソーシアムの範囲は，州内の特定のタイプの高等教育機関の間で結成されるもの，州内の多様なタイプの高等教育機関の間で結成されるもの，また，複数の州の間で結成されるものなど編成の形態は多様である。また，州を主体にしたバーチャル・ユニバーシティのネットワークが構築され，情報交換が行われている[2]。

　これらのなかで，比較的早い時期に結成され，また，もっとも注目を浴びたウエスタン・ガバナーズ大学 {http://www.wgu.edu}，カリフォルニア・バーチャル大学（現在，カリフォルニア・バーチャル・キャンパス {htp://www.cvc.edu}），南部地域電子キャンパス（Southern Regional Electronic Campus）{http://www.electroniccampus.org} の3つの事例について，コンソーシアムの形態や設立後の経過をみるなかで，コンソーシアム型のバーチャル・ユニバーシティのもつ問題点を検討しよう。

3. 3つのコンソーシアムの特徴

ウエスタン・ガバナーズ大学,カリフォルニア・バーチャル大学については,すでに第1章でも紹介したが,現況を表2.2に簡単にまとめた。

ウエスタン・ガバナーズ大学は,1998年に設立され,現在では西部18州とグアムにおける49の公私立の高等教育機関に加えて,企業が16社参加した一大コンソーシアムである。この教育プログラムの特徴は大きく分けて2つある。1つは,ウエスタン・ガバナーズ大学は学位発行機関であることである。すなわち,コースは参加機関から提供されるが,コンソーシアムに命名されたウエスタン・ガバナーズ大学が,自ら学位を授与するのである。現在は,準学士と修士の学位を発行している。もう1つの特徴は,学位取得までのコースワークが,授業への出席時間を基準として構成されている単位を累積する方式ではなく,「能力ベース評価(competency-based assessment)」と呼ばれる方式をとっていることである。これは,学位取得に必要ないくつかの学習領域について,そこで基準とされている能力をテストやレポートなどで示すことができれば,それがコースワークの一部を修了したとみなされる仕組みである。

第2のカリフォルニア・バーチャル大学は1998年に設立されたが,現在で

表2.2 3つのコンソーシアムの比較

	ウエスタン・ガバナーズ大学	カリフォルニア・バーチャル大学(→キャンパスに変更)	南部地域電子キャンパス
設立年	1998年	1998年	1998年
メンバー	18州+グアム,49機関+16社	州内,112機関(→108のコミュニティ・カレッジ)	16州,325機関
設置者	西部諸州知事協会	新設の財団	南部地域教育委員会
学位	準学士,修士(能力ベース)	各参加機関から	各参加機関から
コース数など	950コース,5学位プログラム	2,200コース(→3100コース)	4,000コース,175学位プログラム
学生数	約200人	25,000人(→14,000人)	20,000人

は，カリフォルニア・バーチャル・キャンパスと名称を変更している。ウエスタン・ガバナーズ大学の設立に際して積極的に音頭をとったのはコロラド州とユタ州の知事であり，西部の1州としてのカリフォルニア州もそこへの参加を要請されたが，当時のカリフォルニア州知事はその誘いに乗らず，州内の高等教育機関だけでコンソーシアムを結成したのである。州内に300余の高等教育機関を有していること，マスター・プランにもとづいた3層の公立高等教育システムがあることなどが，州内でコンソーシアムを結成した理由である。ウエスタン・ガバナーズ大学と異なるのは，学位を発行しないことである。そうではなく，ウェッブ上に参加機関の遠隔教育のコース・カタログが作成され，学生はウェッブ・サイトから個別機関のコースに登録できる仕組みであった。「大学」を名乗っていても，それ自身は教育機能も学位授与権ももたない大学なのである。州政府は設立に関わっただけで，設立後の運営は，州内の高等教育機関から選出された8人の代表による財団が設立され，そこに委譲された点も特徴の1つである。

　ウエスタン・ガバナーズ大学と対比されて華々しくスタートしたが，7カ月後の99年3月にはそのウェッブ・サイトは閉じられる。それから，約半年を経て，再びウェッブ・サイトは立ち上げられ，今度はカリフォルニア・バーチャル・キャンパスと命名された。その機能そのものは以前と大きく変わりないが，州の5カ年計画の時限プロジェクトとして遂行されていること，主たる維持組織がカリフォルニアのコミュニティ・カレッジになったことが変更点である。

　第3の南部地域電子キャンパスも，1998年からスタートしているが，前二者ほどには注目を浴びていない。これが前二者と比較して異なる点は，設立母体として南部地域教育委員会（Southern Regional Education Board）という組織があったことである。これは，1948年に設立された南部16州の州知事が中心となった初中等教育から高等教育までを対象とする教育委員会であり，長期の教育計画の策定や教育問題解決のための研究を行ってきた。そうした委員会が16州内の高等教育機関に呼びかけて遠隔教育のコースの提供を始めたのである。これもカリフォルニア・バーチャル大学と同様，ウェッブ・サイトがコース・カタログになっており，学生はウェッブ・サイトを通じて他機関のコース

の登録をする。南部地域電子キャンパスにも学位授与権はない。

4. 3年間の経過

このようにしてどれも98年に出発した3つのコンソーシアムであるが、それから3年の間にそれぞれ異なる経過をたどった。

第1に、ウエスタン・ガバナーズ大学は学位発行機関でありながら、いまだにアクレディテーション（設置認可）を得ていないことが問題となっている。アクレディテーションを得るには、的確－候補－認可の3段階を経なければならないが、2000年の11月にようやく第2段階の候補になった。営利のバーチャル・ユニバーシティのジョンズ・インターナショナル大学が早くも1999年にアクレディテーションを得て、それがまた議論を呼んでいるが、それと比較すれば、キャンパス型の大学のコンソーシアムであるウエスタン・ガバナーズ大学がなかなか認可されないことに対して学内の不満は多い。しかし、認可にあたっては「能力ベース」という教育方法に対して疑問が提示され、認可が遅れているということである[3]。

そして、表2.2からもわかるように学生数が学位プログラムと資格プログラム合わせて約200人しかないことも大きな問題となっている。1998年当初は、2000年までに学位プログラムに500人、修了証書プログラムに3,000人、この大学を通じて他機関のコースを履修する者10,000人と予測されていたのであるが、その目標への到達はほど遠い。これに対しては、構成メンバーの1つであるユタ州議会は、州政府は大学の維持のために1997～98年の2年間で51万6,000ドルも拠出しているのに、学生数が200人ではコストに見合わないと批判が出されているほどである[4]。

第2にカリフォルニア・バーチャル大学は、前述のとおり、開学後わずか半年で閉鎖された。この閉鎖の原因は、資金の不足が来した財政破綻だと説明されている。スローン財団から25万ドル、5つの私企業から各7万5,000ドルを得て運営が始まったものの維持費が不足し、それが財政破綻を招いたといわれている[5]。その危機を救うために州立大学に対して300万ドルもの拠金を求めたが、それでもうまくいかなかったという。登録学生数は順調に伸びたが、授

業料はカリフォルニア・バーチャル大学の収入にはならないことも，維持を困難にした原因とみられている。

　第3の南部地域電子キャンパスは，話題性には乏しいが，学生数も提供されるコース数も順調な伸びをみせている。財政面でも問題や，運営上の困難の声もとくに大きなものではない。それどころか，1999年には，エデュネット・パイオニア賞を受賞している。これは，教育工学やコミュニケーションの領域で市場の拡大に貢献した団体に贈られる賞である。こうした賞を受賞していることは，このコンソーシアムが成功を収めていることの証左でもあろう。

5. 成功と失敗の分岐点

　こうした成功と失敗の原因は，どこにあるのだろう。この3つの事例からわかることは，財政と運営母体とコンソーシアムの形態の3点が成功と失敗の分岐点にあることである。

　第1の財政面では，カリフォルニア・バーチャル大学の例が示しているように設立時の基金だけで，参加機関からコンソーシアムへの参加料や授業料収入の仕組みがないことは維持費の欠如につながるだろう。

　しかし，授業料収入を見込むためには，州を超えたコンソーシアムの場合は問題が生じる。州立大学は州を基盤として設立されているため州によって授業料は異なり，さらに州民へのサービスをミッションとするために，州外からの学生の授業料は高く設定されているのである。しかし，遠隔教育のコースとして提供される授業は，州の境界を容易に超えていく。そのとき，州内の学生と州外の学生の授業料に差がつけられるのはおかしいという話になるのである。この問題に対して，南部地域電子キャンパスは，電子キャンパスから提供されるコースに対しては，州内の授業料と州外の授業料との間に設定するという方式で乗り越えた。しかし，州ごとに授業料は異なるため，一律に1コースいくらという統一的な方式は採用しなかった。コースを提供している各機関の自律性にまかせるという，この緩やかな基準がうまく機能したのだといわれている[6]。また，ウエスタン・ガバナーズ大学の場合は，この大学を通じてコース登録すると1コース当り30ドルが上乗せされ，それが授業料収入となる仕組

みを作ったのだが，きわめて不評であった。学生はウェッブ・サイトを検索のためにだけ利用し，直接各機関へ登録するという行動をとったのである[7]。

　第2の運営母体については，たとえば，カリフォルニア・バーチャル大学の場合，財団の体制に問題があって，必ずしも財政面での破綻を原因とすべきでないという意見も多い。それらを集約すれば，運営を委譲された財団そのものが，独自のオートノミーをもってコンソーシアムの長期的な運営計画や教育計画を立案しなかったことに原因があるという指摘になる[8]。州政府や政治家は，オンライン・カタログに州内の多くの機関は自発的に参加するだろうと楽観的に考え，出資した企業はそこからの収益を期待しと，さまざまな思惑が錯綜するなかで，財団そのものが参加機関とともに，このバーチャル・ユニバーシティをどのようなものとして運営していくのかについての明確なゴールを打ち出せなかったことが，財政面での破綻の原因につながったというのである。

　それに対して，南部地域電子キャンパスは，50年の歴史をもつ教育委員会の事業の一環として行われたという強みがあった。また，ウエスタン・ガバナーズ大学は，西部諸州の知事協会が設置者であり，現在の運営母体でもあるので，カリフォルニア・バーチャル大学に比較すれば安定性がある。

　第3の設置形態とは，参加機関とコンソーシアムとの関係である。カリフォルニア・バーチャル大学の場合，州内の高等教育機関はコースは提供しても，バーチャル大学に対して共同歩調をとって，積極的に貢献した様子はみられない。それは，財政危機に陥ったときコース・カタログの維持がカリフォルニア大学に委託されたが，カリフォルニア大学はカタログの更新をほとんどしなかったことにみてとれる[9]。また，財団も，学生へのサービス，ウェッブへのコースの掲載を促進するための財政面以外の支援などを行わなかったという経緯もある。

　ウエスタン・ガバナーズ大学は，能力ベースによって学位を授与するというコンセプトそのものは革命的であるが，それが十分に受け入れられるものとはなっていないことは，学生数の少なさをみても明らかである。参加機関から提供されるコースはアクレディテーションを受けている機関のものであるのに，そのコースをウエスタン・ガバナーズ大学のコースとして履修して学位を取得しようとしても，大学はアクレディテーションを得ていないという矛盾も，学

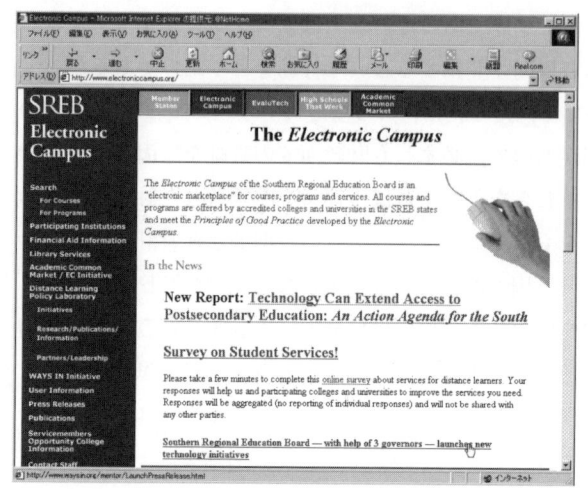

http://www.electroniccampus.org/

■ 南部地域電子キャンパス

南部諸州が参加する南部地域教育委員会が設立した電子キャンパス。このウェッブ・サイトを通じて参加機関のeラーニング・コースにアクセスできる。

　生市場を開拓できない原因となろう。学位授与機関になることに対しては，当初より高等教育機関側は懸念を示していたが，知事協会の強い主張に押し切られた[10]。

　南部地域電子キャンパスの場合は，参加機関はオートノミーが保証され，コースの提供は自由である。しかし，電子キャンパスとして，ジョージア大学システムと提携してオンラインで図書館へのアクセスを可能としたり，職業指導を行ったりといった学生サービスに力を入れ，また，遠隔教育政策研究所を設立して，いかに円滑な協力体制のもとに運営が可能かを検討している。こうした，周辺的な支援体制があることも，成功を収めている要因であろう。現在，南部地域電子キャンパスで問題になっているのは，単位互換である。他機関で取得した単位が，所属機関の単位として認定されるか否かについては，学生が自ら個別機関との間で折衝しなければならないが，その煩雑さを個別機関のオートノミーを損なわずにどのように解消するか，それが遠隔教育政策研究所の現在の中心課題となっている。

　このように，オンラインを利用すれば容易にコンソーシアムを結成して，バーチャル・ユニバーシティを設立することができるが，ここでみた3つの事例からもわかるように，それを成功させることは必ずしも容易ではない。とくに，

バーチャル・ユニバーシティそのものの役割や参加機関の共同のあり方は成否に直接関わることが理解できよう。州立大学は州を基盤に設立されてきたという歴史があるために，州境を容易に超えるオンラインは，その州が1つのネックになっているといってもよいだろう。

6. 国境を超えるコンソーシアム

しかし，現実には，コンソーシアム型のバーチャル・ユニバーシティは州の境界ではなく国境を超えようとしている。たとえば，グローバル大学連合（Global University Alliance）というコンソーシアムが，2000年の6月に結成された。これは，4大陸にまたがる大学といわれるように，カナダ，アメリカ，オーストラリア，ニュージーランド，オランダ，台湾などから10大学が参加しているコンソーシアムである。現在は，そのプログラムをアジアに対して提供しようとタイやマレーシアの大学と交渉中である[11]。また，ウニベルシタス21（Universitas 21）というコンソーシアムもある。ここには，アメリカ，カナダ，オーストラリア，イギリスなどの英語圏以外に，中国，香港，シンガポールといったアジアを含めた10カ国から17の大学が参加している。1997年に結成されたのち，99年にイギリスで企業化した。これまでは「大学」として教育に従事してきたわけではないが，2000年の11月にはトムソン・ラーニングという大手の出版社と提携して具体的にコースを提供していくことを発表している。

これら国境を超えたコンソーシアムがどのように機能するか，まだ不明である。しかし大学とは，たとえ設置者が公私立いずれであっても，国家と密接なかかわりをもって発展してきたという歴史を覆すものとなるやもしれず，その成否は見守らなければならない。

■注

1 Rhonda Martin Epper (1999) *State Policies for Distance Education: A Survey of the States*, State Higher Education Executive Officers.
2 Instructional Technology Council {http://www.itcnetwork.org/} のウェップ・サイト

のなかには，National Alliance of Statewide/Regional Virtual Learning Colleges {http://www.itcnetwork.org/NationalAlliance.htm} が作成されている。

3 Dan Carnevale (2000) "Accrediting Panel Grants Candidate Status to Western Governors U.," *The Chronicle of Higher Education*, December 15, 2000. {http://chronicle.com/ weekly/v47/i16/16a05102.htm}

4 Dan Carnevale (2000) "Legislative Audit Criticizes Western Governors University," *The Chronicle of Higher Education*, October 6, 2000. {http://chronicle.com/weekly/v46/ i06/06a4802.htm}

5 Goldie Blumenstyk (1999) "California Virtual University Will End Most of Its Operations," *The Chronicle of Higher Education*, April 2, 1999. {http://chronicle.com/weekly/v45/ i30/30a03001.htm}

6 "Southern Region—Engineers Common Academic Marketplace Online" (March, 2001) *Virtual University Gazette* {http://www.geteducated.com/vugaz.htm}

7 Dan Carnevale (2000) "2 Models for Collaboration in Distance Education," *The Chronicle of Higher Education*, May 19, 2000. {http://chronicle. com/weekly/v46/i37/37a05301.htm}

8 Stephen Downes (1999) "What Happened at California Virtual University?" {http://www.atl.ualberta.ca/downes/threads/column041499.htm}

9 Jeffrey R. Young (2000) "California Virtual Campus Dusts Off the Online Catalog of a Predecessor," *The Chronicle of Higher Education*, August 23, 2000. {http://chronicle.com/daily/2000/08/2000082301u.htm}

10 Goldie Blumenstyk (1996) "Western Governors Continue to Plan "Virtual" College," *The Chronicle of Higher Education*, June 14, 1996. {http://chronicle.com/che-data/articles.dir/art-42.dir/issue-40.dir/40a03001.htm}

11 Geoffrey Maslen (2001) "Global University Alliance Will Promote Its Own Courses as Well as Those of Its Members," *The Chronicle of Higher Education*, March 2, 2001. {http://chronicle.com/daily/2001/03/2001030201u.htm}

3 企業の大学化と大学の企業化
―― eラーニングをめぐる市場化の嵐

1. 営利大学の拡大

　ほんのここ数年のことであるが，アメリカの高等教育界では営利大学（For-Profit University）の動向が注目されている。営利大学に対して，通常の大学は公立か私立かにかかわらず非営利大学として区別されるが，この両者の違いはどこにあるのだろう。

　営利大学は，株式をもって資本家からの投資を受け，資本の増額を目的として教育を販売し，利潤があがればそれを株主に配当する。そして，税金を支払う経営活動を行う企業と全く同じ土俵で競争する。もちろん，通常の大学も教育を販売して授業料を得たり，研究成果が商品化されれば利益を得るが，これだけで大学を維持していくことはできない。アメリカの公立高等教育機関の場合，学生1人当りにかかる費用を授業料で回収している比率は，わずか12.2％でしかなく，私立であっても43.4％とコストの半分以下で教育を販売しているのである[1]。その差額は，政府からの経費支弁や補助金，多方面からの寄付や助成金などで補填されているのである。しかし，企業活動を行う営利大学には，そのような助成システムは働かないため，コストが販売価格を上回っては経営は成り立たない。

　通常の大学に各種の経費を支弁する仕組みがあるのは，教育とは公共サービスであり，できるだけその機会を拡大することが望ましく，廉価で質の高い商品を提供するためにコストを公費で補填すべきだという考え方が支配的であるからにほかならない。こうしたなかで，営利大学はどのようにしてその経営を維持していけるのだろう。通常の大学よりも高い商品価格をつけたり，質の悪

い商品を販売すれば，顧客は振り向かない。公共サービスと競争するのは決して楽ではないと思われる。

それにもかかわらず，ここ数年，営利大学の著しい伸長がみられ，1998年で35億ドルものビジネスに成長している[2]。その鍵は，インターネットの爆発的な利用と成人学生の遠隔教育に対する需要の増大にある。ちなみに，1998年から2008年にかけて，伝統的な高等教育機関の学生は5万人増加の見込みに対し，遠隔教育を利用する学生は145万人の増加の見込みだという[3]。こうした需要をバックにして，営利大学は，インターネットを利用したeラーニングを，成人学生に向けて提供することをビジネス・チャンスと踏んでいるのである。営利を目的とする高等教育機関うち，第1章でみたように2000年には804機関が学位を授与しており，971機関がeラーニング・コースを提供しているという[4]。高等教育機関が約4,000であるから，営利大学がいかに多いかがわかる。

本章では，こうしたアメリカの営利大学の動向をいくつかのタイプに分けて検討し，大学の世界に浸透する市場化の様相を把握するとともに，市場化が高等教育にもたらす影響について考察する。

2. 古典的な営利大学

営利大学の典型として挙げられるのが，アポロ・グループが経営するフェニックス大学である。フェニックス大学の創業者のスパーリング博士は，それまでの大学教員の職を捨てて，1970年代半ばに有職成人のための教育プログラムを大学に提供する職業開発研究所を興し，それをもとにしてフェニックス大学を設立した。古典的な営利大学といっても，たかだか20年強の歴史しかもってない。大学を企業活動として経営するという行為自体が，実は，大学にとってきわめて新しい，かつ，異質な行為なのである。当初から有職成人のニーズに見合った教育を行うというミッションは一貫しているが，それが企業活動として行われることには高等教育界から批判的な目を向けられなかなかアクレディテーションを得られなかった。1978年にようやくアクレディテーションを得て大学という同業者団体への参入を認められたものの，その後も周囲からは決して好意的なまなざしを向けられることはなかったという[5]。

それが，2002年現在13万4,000人の在学者を擁し，年間の歳入が3億2,740万ドルという大学＝企業にまで成長した。1992年の在学者2万1,000人，年間の歳入が8,187万ドルと比較すると，在学者数で約6.5倍，歳入で約4倍と著しい伸びをみせている[6]。大学の成長物語は創業者の一代記に重なり，極めて短期間に異例のスピードで成長した大学であるが，創業者の努力とともに，90年代から急速に普及したインターネットが高等教育の世界を例外としなかったことが，この大学の成長にとって追い風になったということもできる。

　フェニックス大学は，他の高等教育機関に先駆けてすでに1989年からオンラインによって学位を取得できるプログラムを開始しており，2002年代で約4万9,000人がeラーニングで学習している。一方で，1970年代以来の，全米各地に分校的なキャンパスや学習センターを設置し，学生は仕事帰りにそこに立ち寄って勉強するという通学制の方式を維持するとともに，他方で，eラーニング方式の拡大に力を入れ，採算の悪い学習センターは閉鎖していく方針だという。

　eラーニングの経営上のメリットは，学生の拡大に際して施設・設備費がかからないことである。また，遠隔教育の領域で考えれば，オンライン上では教員と学生，学生間の双方向のコミュニケーションが可能になったことで，学生を個人化した学習から解放し，動機づけを高めて学習からのドロップアウトを抑制する効果が期待されるようになったというメリットがある。一方で利潤をにらみ，他方で商品の質をにらんで活動しなければならない営利大学が，eラーニングに参入することは当然であろう。

　フェニックス大学と同じように古典的な営利高等教育機関として引き合いに出されるのがデブライ（DeVry Inc.）であるが，この企業は，学位を発行する大学としてデブライ大学とケラー経営大学院とを経営し，前者は1979年から学士号を発行，後者は1987年に設置され修士号を付与している。デブライ大学は，高卒者が多いため通学制を基本とし，全米とカナダに21の分校をもち4万7,000人の学生を擁しているが，大学院の方は通学制の授業も行っているが，有職成人が多いために当初よりeラーニング化をすすめ，現在7,000人以上が在籍している。デブライ全体での，1997年での歳入は3億830万ドルと，アポロ・グループのそれを上回っていた[7]。

　これら2つの機関の膨大な学生数をみて，営利大学は安定企業だと結論づけ

営利大学を経営する企業の例
（デブライ・インク）

営利大学を経営するデブライ・インクは，株式を公開しておりその変動に経営は左右される。

http://www.devry.com/ireye/ir_site.zhtml?ticker=DV&script=300

ることは早急にすぎる。なぜなら，これらの営利大学のうちでは長い歴史をもっていることが，すなわち，容易に淘汰される環境のなかで生き残ってきたものであることの何よりの証明だからである。eラーニング化への進出にしても，その安定性を基軸にして，次第にその教育プログラムをオンライン化しているとみることができよう。

3. 大学の子会社

　eラーニングに対しては，既存の非営利大学とて無関心ではいられない。ただ，非営利機関は，投資を受けて資本金の増額を図るといった活動を行うことを禁じられている。そこで，営利活動を行うために，大学本体とは別の組織を設立してそこでeラーニング・コースを販売しようとするのである。その嚆矢がニューヨーク大学である。ニューヨーク大学は私立の研究大学であり，これまで，継続教育・専門職教育部が遠隔教育を担当してきた。しかし，eラーニング・コースは，コース開発に費用がかかり，それを授業料だけで回収することは容易ではないと判断して，150万ドルを元手に，1998年秋に，NYUオンラインという企業組織を設立した。実際に，eラーニング・コースの配信を始

めたのは2000年1月からであり，ビジネスマンの職業訓練を目的とした経営関連の科目であり，それらを履修すると学位ではないが修了証書（certificate）が発行された。会計学，情報技術，マーケティング，看護学などの領域の科目をeラーニング化することを計画しており，また，それらのコースを他大学へ配信して，数年で2,000万ドルから3,000万ドル程度に資本金を増額することを目論んでいた。

ところで，ニューヨーク大学がすべて自前でこれらの企業活動を行っているわけではない。クリック2ラーンというeラーニング・コースを制作している企業との提携によって，このNYUオンラインという会社は成り立っていた。クリック2ラーンはソフトウエアと技術援助を，ニューヨーク大学の教員はコースの内容を担当するという関係にあった。ニューヨーク大学は知的資源をスムーズにeラーニング化するうえでこうした企業との提携は欠くことができないし，クリック2ラーンもニューヨーク大学というブランドがあることで，企業イメージが上昇し自社製品に対する信頼度も高くなるという，互恵関係が大学の企業化を支えていたのである[8]。

それ以降，コロンビア大学，メリーランド大学ユニバーシティ・カレッジ，コーネル大学，ペンシルバニア大学ワートン・ビジネス・スクール，ハーバード大学，デューク大学，UCLAエクステンション，テンプル大学などが，企業との提携によって営利部門を設立しそこでeラーニング・コースを提供した。

なかでも，コロンビア大学の事例は注目されるものであった。コロンビア大学は，外部組織の1つとしてデジタル・ノリッジ・ベンチャーという企業をもっているが，そこから生まれたファソムというウェッブ・サイトを経営する会社がeラーニング・コースの提供を行った。ユニークなのは，このファソムは，コロンビア大学のコースだけを提供するのではないことにあった。大学，図書館，博物館などがファソムのメンバー機関となって，それぞれのeラーニング・コースを提供した。シカゴ大学，ミシガン大学，などの研究大学に加えて，ケンブリッジ大学出版会，ニューヨーク図書館，大英図書館，ロンドン科学博物館，ビクトリア・アルバート美術館などの13機関が当初のメンバーであった。質の高いコースを提供することを目的として，メンバー機関はエリート大学に限定したのであった[9]。ファソムそのものは，ウェッブ・サイトの提供を

行うだけであり，単位や学位を発行しない。入学者の選定，コースの授業料，成績評価などは，それぞれコースを提供する機関の管理事項であり，単位や学位も各大学から発行される仕組みであった。

かなりの鳴り物入りで出発したファソムであるが，これまで思ったほど顧客も投資家も集まらず，学内委員会での討議の結果，短期間の単位が付与されないコースやセミナーを多く提供することで回転をよくして収益を上げる方向に転換することを決定した。コロンビア大学はすでに2001年までに1,870万ドルをファソムに投入してきたが，さらに新たな計画に1,000万ドルを投入することが決定したものの[10]，後述するように2003年1月に廃止を決定した（第4章参照）。

4. コングロマリットの参入

こうした大学の企業化の動きと連動して，大手企業や投資家も動き出している。それらのなかには，自らが主体となってバーチャル・ユニバーシティを設立したものもある。企業が大学を設立することは，フェニックス大学の例にあるように決して珍しいことではない。しかし，新規の営利大学は，フェニックスのような古典的な営利大学と異なる特徴をもっている。それは，設置母体の企業が，多角的な経営をし潤沢な資金をもつコングロマリットであることと，それらによって設立された大学が，すべて自前で教育内容を用意しているわけではないことにある。

コングロマリットの参入という点については，たとえば，ワシントン・ポストの傘下にあるカプラン教育センターが設立したコンコード・ロースクールなどはその例である。大手の新聞社のワシントン・ポストは，その傘下にいくつかの企業を抱えているが，その1つがカプラン教育センターであり，そこでは大学や大学院への入学に必要とされる各種テストの受験準備を行っている。そのテスト会社が，コンコード・ロースクールという全米で初めてのバーチャルなロースクールを1998年に設立した。これまでの事業の1つに，ロースクールの入学要件であるLSATの受験準備教育を行うというものがあったが，今度は大学教育そのものへ進出したこと，それがカプラン教育センターという大企

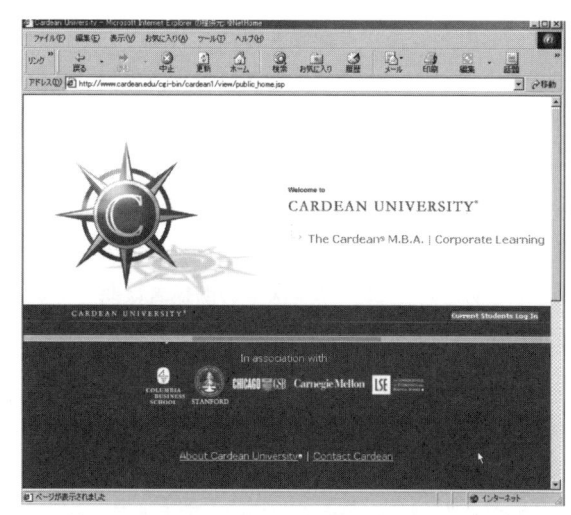

3. 企業の大学化と大学の企業化 —— eラーニングをめぐる市場化の嵐

ビジネス・スクールのコンソーシアムからなるカーディーン大学

ユーネクストが設立したカーディーン大学は，エリート・ビジネス・スクールのコースをeラーニング化して提供している。

http://www.cardean.edu/cgi-bin/cardean1/view/public-home.jsp

業であったことが大いに注目されたのであった。

　現在でこそ，フェニックス大学の親企業であるアポロ・グループは押しも押されもせぬ企業であるが，これはフェニックス大学とともに成長した企業であり，発足当初から大きく事業展開している企業ではなかった。それが，コンコード・ロースクールの場合は，莫大な資金源をもった企業が，新たな事業の1つとして大学経営に乗り出した点が，フェニックス大学のような営利大学とはタイプが異なる。

　ユーネクストが設立したカーディーン大学も，大企業が設立した大学である。ユーネクストとは，オラクルの会長のラリー・エリソンと巨大投資家のマイケル・ミルケンらが出資して1996年に設立した教育コングロマリットを前身とする。その後98年にユーネクストと社名を変更し，エリートビジネス・スクールのコンソーシアムを結成した。そのコースをeラーニング化して企業のマネージャー層を対象として販売する事業を計画し，それは2000年にカーディアン大学として結実した。このコンソーシアムを構成するビジネス・スクールは，コロンビア大学，スタンフォード大学，シカゴ大学，カーネギー・メロン大学，ロンドン経済大学，それに2001年からはイギリスの公開大学も参加した。いずれも有名なビジネス・スクールであるうえに，コースを提供する教授

陣に3人のノーベル賞受賞者が含まれていることが売り物である。

　カーディーン大学の開設にあたって，ユーネクストは約1億ドルの資金を投入しているという。こうした桁違いの大金を投入することに対して，「大学は何千何万の学生を教えるやり方はわかっているが，マルチメディアの取り扱いには慣れていない。だから，何百万ドル何千万ドルの資金を，新たな分野での実験に投資することは慎重になって当然だ。われわれは，その何百万ドル何千万ドルの資金を用意しているのである」[11]とユーネクストの関係者は語っている。事実，1コースの開発に約100万ドルをかけており，今後3年間のコース開発費用として1億2,000万ドルを見積もっている。さらに，コースの内容を提供してもらうコロンビア大学とは，ユーネクストの収益の5％をコロンビア大学が受け取り，万一，事業が失敗したときでも保証金として2,000万ドルが，今後5～8年間にわたって支払われるというのがその契約内容である[12]。

　自前で教育内容を用意しなくても大学は設立できるということを，これらの事例は教えてくれる。それでもコンコード・ロースクールは自前の教員組織をもっているが，アクレディテーションを受けてはいない。それは，その資格がないからだ。というのは，ロースクールは通常アメリカ法曹協会の設置認可を受けることでその学位の汎用性が保証されるのだが，コンコード・ロースクールの場合，教育プログラムの一部に対面授業が必要という法曹協会の規程を満たさないため，アクレディテーションを申請できないのである。

　カーディーン大学の場合は，学位そのものを発行しない。大学という名を冠していても，その大学独自の教育を行うわけではなく，他機関で行われている教育を自機関を通じて提供するいわばブローカーのような機能をもつ大学なのである。しかし，企業と契約を結んで，社員の教育・訓練に有名なビジネス・スクールの講義が利用される限りはそれで十分なのかもしれない。

　このように，大学といってもこれまでの大学の枠組みに入らない大学，しかもビジネス・モデルに則って経営されている大学は，ジョンズ・インターナショナル大学，カペラ大学などほかにもあり，大学はますます市場の論理で動いているようにみえる。

5. 勝者になれるか

　今後もこうしたビジネス・モデルの支配のもとで，eラーニング教育は隆盛をみていくのだろうか。いくつかの調査データは，eラーニング市場の拡大を予測している。高等教育市場におけるeラーニング教育市場は2000年の40億ドルから，2003年までには110億ドルにまで拡大するという予測や[13]，99年の12億ドルから2003年までには70億ドルにまで成長するという予測があり[14]，その額はさまざまだが爆発的に拡大するという見方は共通している。

　しかし，他方で，先に挙げたファソムの例のように方針転換を余儀なくされている企業もあれば，コンコード・ロースクールのように開校2年目で500人そこそこの入学者しか集めていない大学もある。これで採算が取れるのであろうか。市場でのパイの獲得を目指して参入しても，誰もが分け前にあずかれるわけではないのだ。

　それは，eラーニング教育が必ずしも廉価なコストで莫大な利益を上げる玉手箱でないことによる。コース開発費用と登録学生数のバランスに加え，外部の投資家の行動との3者によって収益が決まってくるが，コース開発に費用がかかることが難点だという。たとえば，スローン財団の調査によれば，ユーネクストのように1コースの開発に100万ドルもかけていては，通常の大学ではとても収益を望むことは不可能で，せいぜい5,000ドルから1万5,000ドル程度しかかけられないという。だとすると，ますます資金力をもつ大手企業に，eラーニング市場は左右されるようになるのだろうか。それによって，より内容の洗練された質の高いeラーニング・コースが提供されれば，それは高等教育の世界にとって決して悪いことではない，

　ただ，自前で教育内容をもたない，学位も発行しない，アクレディテーションを受けないといった，伝統的な大学の枠組みを超えたところでの「大学」の登場に対して，われわれはどのようなスタンスを取るべきなのだろうか。伝統的な大学は積極的に手を貸すべきではないとするのか，市場メカニズムが働くままにまかせれば良質な機関が残っていくとするのか，あるいは，従来の大学の枠組みを柔軟にして新たな大学も取り込んでいくべきとするのか，市場原理

が働くといわれてきたアメリカの高等教育が，企業的な市場メカニズムにさらされている。

■注

1 Gordon C. Winston, Ivan C. Yen (1995) "Costs, Prices, Subsidies, and Aid in U.S. Higher Education," *Williams Project in the Economics of Higher Education Discussion Paper 32*.
2 Kim Strosnider (1998) "For-Profit Higher Education Sees Booming Enrollments and Revenues," *The Chronicle of Higher Education*, January 23, 1998. {http://chronicle.com/che-data/articles.dir/art-44.dir/issue-20.dir/20a03601.htm}
3 Michael B. Goldstein (2000) "To Be [For Profit] Or Not To Be: What is The Question?," *Change*, Vol. 33, No. 5, pp. 25–31.
4 学位提供機関数についてはp. 24の注9の文献．eラーニング・コースの提供機関についてはFrank Newman (2000) "Saving Higher Education's Soul," *Change*, Vol. 33, No. 5, pp. 16–23.
5 John Sperling (2000) *Rebel with a Cause*, John Willy & Sons, Inc.
6 Strosnider, op. cit.
7 Strosnider, op. cit.
8 Lisa Guernsey (1998) "NYU Starts For-Profit Unit to Sell On-Line Classes," *The Chronicle of Higher Education*, October 16, 1998. {http://chronicle.com/weekly/v45/i08/08a03201.htm}, Doug Letterman (1998) "NYU to offer course online," *Washington Square News Online*, October 20, 1998. {http://www.nyunews.com/getstory.php?id=19990798}
9 Suzanne Trimel (2001) "Columbia Innovation Enterprises Established as University's Entrepreneurial Arm," *Columbia News*, January 31, 2001.
10 Scott Carlson (2001) "For-Profit Web Venture Shifts Gears, Hoping to Find a Way to Make a Profit," *The Chronicle of Higher Education*, February 9, 2001. {http://chronicle.com/weekly/v47/i22/22a03301.htm}, Todd Woody (1999) "Ivy Online," *The Standard*, October 22, 1999. {http://www.thestandard.net/article/display/0,1151,7122,00.html}
11 Arlyn Tobias Gajilan (2001) "An Evolution Revolution," *FBS business life*, February 20, 2001. {http://fbs.com/fortunesb/articles/0,2227,1170,00.html}
12 Peter Stockes et al. (2000) "After the Big Ban: Higher Education E-Learning markets Get Set to Consolidate," *Report*, October, 2000, eduventures.com {http://www.eduventures.com/industry-research-resouces/big-bang.cfm}
13 Arlyn Tobias Gajilan, op. cit.
14 Sarah Carr (2001) "Is Anyone Making Money on Distance Education?," *The Chronicle of Higher Education*, February 16, 2001. {http://chronicle.com/weekly/v47/i23/23a04101.htm}

4 パイは蜃気楼だったのか
――撤退が続くeラーニング機関

1. ビジネスになるeラーニング

　教育がビジネスになることを多くの大学人に知らしめたのは，eラーニングの伸張にあずかるところが大きい。たとえば，高等教育におけるeラーニング市場が2000年の40億ドルから2003年には110億ドルに成長するだろうという2000年の予測[1]は，2001年には修正されて，2001年の310億ドルが2005年には1,000億ドルに成長すると予測されている[2]。

　教育をビジネスとしている営利大学も90年代に350機関から750機関ほどにまで増加し，高等教育機関の20％弱を占める一大セクターになった。その先頭を切って走っているのは，フェニックス大学であり，オンライン部門だけで2002年に4万9,000人の学生を擁し，2002年度の純益が6,430万ドル，2000年度1年間で株価が139％も上昇したという数字からは，eラーニングがビジネスとして成立していることをみることができる[3]。「株価」という文字からわかるように，フェニックス大学はアポロ・グループという企業によって経営されており，その収益は，学生の授業料など以外に株式市場での成功によるところが大きい。

　こうした数字は，伝統と威信とキャンパスをもつ大学にとって脅威になったと同時に，これまで営利とは無関係であった大学がeラーニングを利用したビジネスの世界に足を踏み入れる契機になった。

2. 短命な営利eラーニング部門

　1998年から2000年にかけて，ニューヨーク大学，テンプル大学，メリーランド大学ユニバーシティ・カレッジ，コロンビア大学，コーネル大学など名だたる大学は，競うようにして続々と大学の外部に営利部門を設立し，そこでeラーニングを実施しようとした。NYUオンライン，バーチャル・テンプル，UMUCオンライン，ファソム，eコーネルが，それぞれの会社の名称である。非営利大学がeラーニングを利用して営利活動を行おうとしたことは，すでにeラーニングに参入していた大学はもとより，それを思案中の大学からも，大きく注目された。それらが成功の暁には，自らもeラーニングで収益を上げようと目論んでいた大学は決して少なくはなかっただろう。

　だが，高等教育史に新たなページを加えるかにみえた大学の営利部門は，2001年の7月にテンプル大学，10月にメリーランド大学ユニバーシティ・カレッジ，11月にニューヨーク大学と，連鎖反応のように営利部門を廃止した。

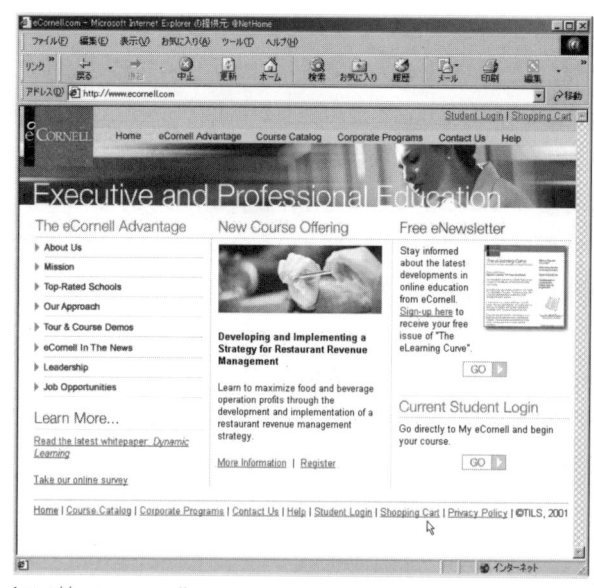

http://www.ecornell.com

■営利eラーニング部門（コーネル大学のeコーネル）

営利eラーニング部門がほとんど閉鎖したなかで，唯一存続している。

さらに，2003年1月にはコロンビア大学のファゾムが閉鎖を報じた。eコーネルはコース数の増加が見られない。これらの大学もこの2〜3年の間に2,000万〜3,000万ドルという莫大な金額を投入したが，バーチャル・テンプルは当初の予定の学位プログラムを提供するほどのコースが集まらず，NYUオンラインは企業の従業員を対象とした7コースを作成し，2001年1月から45企業と契約を結んでコースの配信を始めたものの，予定した企業数に達することなく11月を迎えた。

メリーランド大学ユニバーシティ・カレッジは，eラーニング・コースの販売ではなく，eラーニングのマーケッティング，コース配信や技術支援のサービスを行う部門として企業化しようとした点に特色がある。11分校からなるメリーランド大学の1校であるユニバーシティ・カレッジは，成人やパートタイム学生を対象にした機関であり，すでに24のeラーニングのみで学位取得が可能なプログラムを提供していた。新たに営利部門を設置したのは，これまで培ってきたeラーニング拡大のためのノウハウを他機関に販売することによる収益を見込んだためであった。しかし，この事業が，学生募集を特定の人や企業に委託して手数料を支払うという行為は連邦政府からの資金援助の停止になると規定している高等教育法に抵触の恐れがあるということで，結局，新規事業への進出は見合わせたのである。

こうして大学の営利eラーニング部門は，あっけなく消滅してしまった。だが，どこもeラーニングそのものから撤退することまでは考えていないようである。テンプル大学は，双方向テレビ会議とインターネットを併用した，キャンパス間のeラーニングの可能性を探り，ニューヨーク大学は，以前，遠隔教育を担当していた継続教育・専門職教育学部が，その役割を引き継ぐことを検討し，そして，メリーランド大学ユニバーシティ・カレッジは，従来どおり州内の提携高等教育機関に対してeラーニングのプログラムを提供しと，それぞれ新たな展開を始めている。閉鎖を報じたファゾムも，これまで作成したものを，コロンビア大学のウェブ・サイトに転じて利用することを思案中という[4]。

3. 失敗の原因は何か

　eラーニングを営利活動としたことの背後には，少しでも大きなパイにありつきたいがためであることはもちろんだが，それ以上にパイ獲得競争に参加するための元手を大学外部から得ないと，競争に参加しつづけられないという事情もあった。というのは，eラーニングのコース開発費は，印刷教材の郵送や放送などの方式による遠隔教育の費用とは比較にならない高額であり，それを大学外部からの先行投資によってまかなおうとしたのであった。営利部門であることは両刃の剣であり，事業収入によって大学全体を潤わせる可能性をもつ一方で，いったん不採算部門となれば事業からのすみやかな撤退を余儀なくされる。結果は，後者だった。外部からの投資を十分に受けられなかったことについて，ベンチャー企業に身を置いた経験をもつ大学人は，「大きな大学は投資家からみてパートナーとして望ましくない。投資の対象とはしたくない。大学から分離した組織であったにせよ，完全には大学から独立していなかったことが失敗の原因と思われる」[5]と語っている。

　もう1つの原因として，収益の源泉としての顧客が増加しなかったことを挙げる者もいる。バーチャル・テンプルもNYUオンラインも，決して十分な数の学生を集めるに至ってはいなかったようだ。ファソムも，短期の無料コースを呼び水にして登録者数を増やそうとしたが，期待する2万人の半数がようやくといった状態だ。コロンビア大学からの約2,000万ドルの投資のうち，70万ドルが授業料として回収できたにすぎなかったという数字も，登録学生数の停滞を示すものである[6]。eラーニングに対する全体的な需要が小さくないことは，遠隔教育の受講者数が98年の71万人から2002年には220万人に増大するという予測が示している[7]。要は，それらの大学のネームバリューをもってしても潜在的な顧客をひきつけられる魅力的なコースを提供できなかったということになろう。

4. 収益をもたらさなかった伝統

　それから少し送れて，2002年1月には，アメリカ・オープン・ユニバーシティが2002年7月31日をもって閉鎖することを発表したことは，寝耳に水であった。2000年の春に開講したアメリカ・オープン・ユニバーシティとは，イギリスのオープン・ユニバーシティの姉妹機関であり，もちろん非営利大学である。イギリスのオープン・ユニバーシティは，30余年の歴史をもち，印刷教材と放送を主体とした遠隔教育の手法は世界的に高い評価を得ており，1970年代以降，世界各地に設立されたオープン・ユニバーシティのモデルとなった。

　開学後の学生数をみれば，2000年90名，2001年660名とセメスターごとに倍増する勢いで伸び，2002年には800名に達すると予想されていた[8]。コミュニティ・カレッジと提携して，その卒業者に後期2年の教育をして学士号を授与するという方式も学生数の確保に役立っていた。それだけをみれば，さほど経営が悪いとも思われない。問題といえば，地区基準協会の審査の最終段階に達しておらず，そのために，在学者は連邦政府の学費支援を受ける資格がないという程度であった。しかし，そのアクレディテーションも第2段階を通過し，2002年2月の訪問調査を待つだけであった。また，すでに，遠隔教育機関のアクレディテーション団体である，遠隔教育訓練審議会（Distance Education and Training Council）からのアクレディテーションは得ていた。着々とアメリカにおいても地歩を固めているようではあった。

　それなのに，なぜ，突然閉鎖の発表となったのだろう。その最大の理由は，アメリカ進出時に投資した2,000億ドルを回収するだけの収益の見込みがなかったというものである[9]。すなわち，マイナスから出発した経営は，2年経ってもゼロにはならず，ましてやプラスに転ずることが当分は不可能だと判断されたのである。負債額をこれ以上大きくしないために，撤退の道をとったということなのである。ゼロから出発しているならば，当然プラスになっている経営も，負債額があまりにも大きかったことが敗因だったのである。

　確かに，そのオープン・ユニバーシティがアメリカ進出を決めたときには，

その成否に関して,「すでに,多くの大学が遠隔教育のコースをもっており,それ以外に営利機関や出版社などが遠隔教育に進出しているアメリカにおいては,競争は非常に厳しい。もし私が投資家だったならば,おそらく投資はしないだろう」[10]という否定的な意見から,「アメリカの高等教育機関が遠隔教育に進出するとき,オープン・ユニバーシティの成功を引き合いに出してきた。われわれは,アメリカにはない,上品で洗練された遠隔教育を提供することができる」[11]というオープン・ユニバーシティ側の強気の意見までさまざまな議論があったことは確かである。それでも,こんなにも早く閉校となるとは誰も予想しなかった。

5. 経営の論理と学問の論理の葛藤

　市場を席巻するかのごとく注目された,非営利大学の営利部門やオープン・ユニバーシティの撤退は,初期投資に対して,それを上回るほどの学生数が集まらなかったことによるのだが,それは突き詰めていえば,伝統的な大学が行う教育におけるビジネスとは何かを考えことにつながっていくようだ。

　NYUオンラインなどが廃止されたとき,非営利の大学と営利企業とではそもそも組織運営の文化が異なり,それを一緒にしようとしたところに問題があったという指摘がなされた。営利大学セクターがなぜ拡大しているかといえば,それはeラーニングを行ったからではない。高等教育に対する学習要求を市場とみなす営利大学は,学習要求の多様化のなかで伝統的な大学が応えられない顧客層がいることをいち早くキャッチし,その顧客層が満足するサービスの提供に徹底したのである。有職成人の職業再訓練に特化した短期集中型のプログラム,顧客の個人的なニーズに合わせたさまざまな学習支援という方法をより効率的にするのがeラーニングだったというわけである。

　学問や教育の論理が先行する伝統的な大学は,営利部門を設立したとして,誰に対してどのような内容をどのような方法でもってeラーニングを行おうとするのか,大学全体を視野に入れた長期的な展望や,教育需要を市場と見据えての十分な戦略がなければ成功しないだろうというのである。

　大学がeラーニングを実施しようとする際には,コースの開発から配信まで

にかかる費用が，大学の内外からどこまで調達できるかを検討するとともに，eラーニングのプログラムが，既存のそれとどの程度類似性や関連性があるのかを検討することが重要な判断材料になるという。「もし，既存のプログラムとの関連性があるようなら，営利部門のプログラムとはせずに，大学の内部にとどめておいた方がよい。なぜなら，既存のプログラムを担当している教員が，営利部門のプログラムに対してコントロールするようなことになれば，ビジネスライクで経営しなければならない営利部門にとって足枷になるだけだからだ」[12]

オープン・ユニバーシティの場合，その教材開発にかけるコストは並大抵ではなかった。たとえば，アメリカ・オープン・ユニバーシティで最初に提供されたコースの1つである「太平洋研究」の場合，4冊の書籍と，数冊のスタディ・ガイド，5本の特別に制作された30分のテレビ番組，数本のオーディオ・カセットが教材となっていた。書籍は，オーストラリア，カナダ，日本，タイ，アメリカから専門家を招聘して作成し，テレビ番組の作成はBBCのプロデューサーの手を借りている。こうして数年をかけ，研究を尽くして作成されたコースには，約250万ドルかかっている。さらに，コースが始まると登録学生20人につき1人のチューターがついて学習の指導をする[13]。

これが「上品で洗練された」といわれる遠隔教育なのであるが，そのやり方は，イギリス国内で13万7,000人を，ヨーロッパ各地から2万人の学生を擁するイギリスのオープン・ユニバーシティでは可能であっても，初期投資に2,000億ドルをかけたアメリカでは経営としては通用しなかったというべきなのだろう。

こうした事態に対して，ある専門家は警告している。「大学の経営者は，eラーニング市場へ参入するまでのコストを十分に計算に入れるべきだ。コースを開発するまでのコストは，きわめて高くつくものだ」[14] しかし，教育の論理にたてば，コースの質を高めるためにコストをかけるのは当然ということになる。大学から完全に独立していないと投資の対象になりにくいという先の話や，営利大学の多くはほとんどフルタイムの教員をもたないという事実をみる限り，大学の学問の論理と企業経営の論理とが相容れることは容易ではないというこの助言に重みを与えているようである。

6. ハイブリッド方式の可能性

　では，伝統的な非営利大学はeラーニングに向かないのだろうか。答は否である。ここ1～2年，eラーニングの新たな利用法が注目されている。それは，教育プログラムの一部をeラーニング・コースにしたり，対面教育のコースの一部にeラーニングを取り入れたりするハイブリッド方式でのeラーニングの利用法である。

　これまでeラーニングは，一度も対面状況がなくても学位が取得できることをうたい文句にし，キャンパスへの通学がかなわない有職成人をマーケットとしてきたが，動機付けの明確な成人学生でもドロップ・アウト率は高かった。そうした理由から，フルタイムの若年学生には適さないとされてきたeラーニングであるが，実は，教室型の授業との併用は学生からも教員からも満足度が高く，その効用が認識されるようになっているのである。

　それは，講義形式の授業ではかなわない学生個別のケアであったり，バーチャルな空間での討論に学生は意外なほどに積極的に参加するといった経験にもとづくものであり，1学年に最低1コースのeラーニング・コースの履修を規定したフェアレイ・ディクソン大学のような機関や，最低1年間はキャンパスで授業を履修することが学位取得の要件としている規程の再検討を始めた，ハーバード大学のような機関も登場している[15]。

　対面教育とのハイブリッド方式によるeラーニングは，まずは，キャンパス学生を主たる対象にすることで確実な顧客数が把握できるうえ，必ずしも収益だけを目的にしなくてもよいという点でも，営利部門によるeラーニングよりも安定要素があるという。だからといって，営利部門を設立する理由の1つであったコースの開発・配信の費用の問題が解決したわけではない。今のところ，新たに発生するキャンパスの建設費や教職員の人件費と比較すればコストが節約できるという明確な理由がある場合を除けば，コストの問題が解決されるという話にはならないようである。あくまでも，巨額の投資をして失敗するよりは，非営利という枠内でハイブリッド方式をとるのが，経営的にも，教育というミッションに照らしてもベストというにすぎない。インフラの整備，コー

ス・マネジメント・ツールの開発，コンテンツの充実と進んできたeラーニングは，そのつど今度は安くなるといわれてきたものの，いつまでたっても安くはなっていない。eラーニングによって出現した巨大なパイは蜃気楼のように遠ざかっているようにすらみえるが，高等教育機関は，その存在を信じて少しでも分け前にあずかりたいと競い合っているかのようである。

■注

1 Peter Stocks et al. (2000) "After the Big Ban: Higher Education e-Learning Markets Get Set to Consolidate," *Report*, October 2000, eduventures.com. {http://www.eduventures.com/industry-research-resouces/big-bang.cfm}
2 Adam Newman et al. (2001) "Charting the Course: Postsecondary E-learning Providers Respond to New Market Conditions," *Report* 2001, eduventures.com.
3 "The Chronicle Index of For-Profit Higher Education," *The Chronicle of Higher Education*, May 11, 2001. {http://chronicle.com/weekly/v47/i35/35a03301.htm}. Florence Olsen (2002) "Phoenix Rises: The university's online program attracts students, profits, and praise," *The Chronicle of Higher Education*, November 1, 2002. {http://chronicle.com/weekly/v49/i10/ 10a02901.htm}
4 Scott Carlson (2003) "After Losing Millions, Columbia U. Will Close Its Online-Learning Venture," *The Chronicle of Higher Education*, January 7, 2003. {http://chronicle.com/daily/2003/01/2003010701t.htm}
5 Scott Carlson and Dan Carnivale (2001) "Debating the Demise of NYUonline," *The Chronicle of Higher Education*, December 14, 2001. {http://chronicle.com/weekly/v48/i16/16a03101.htm}
6 Michael Arnone (2002) "Report From Columbia University's Senate Sharply Criticizes Spending for Online Venture," *The Chronicle of Higher Education*, April 25, 2002. {http://chronicle.com/daily/2002/04/2002042501u.htm}
7 The International Data Corporation (1999) *Online Distance Learning in Higher Education*, 1998-2002.
8 Jack Wilson (2001) "Prospects for For-Profit Distance-Education Spinoffs," *The Chronicle of Higher Education*, December 13, 2001. {http://chronicle.com/colloquylive/2001/12/nyuonline}
9 Jeffrey R. Young (2002) " 'Hybrid' Teaching Seeks to End the Drive Between Traditional and Online Instruction," *The Chronicle of Higher Education*, March 22, 2002. {http://chronicle.com/weekly/v48/i28/28a03301.htm}
10 Michael Arnone (2002) "United States Open U. to Close After Spending $20-Million," *The Chronicle of Higher Education*, February 15, 2002. {http://chronicle.com/daily/2002/02/2002020501u.htm}
11 Michael Arnone (2002) "Britain's Open U. Gets a New American Partner From the U.S. Operations It Is Closing," *The Chronicle of Higher Education*, May 22, 2002.

{http://chronicle.com/daily/2002/05/2002052201u.htm}
12. Goldie Blumenstyk (1999a) "Banking on Its Reputation, the Open University Starts an operation in the U.S.," *The Chronicle of Higher Education*, July 23, 1999. {http://chronicle.com/weekly/v45/i46/46a03601.htm}
13. Goldie Blumenstyk (1999b) "Distance Learning at the Open University," *The Chronicle of Higher Education*," July 23, 1999. {http://chronicle.com/weekly/v45/i46/46a03501.htm}
14. Goldie Blumenstyk (1999b), op. cit.
15. Katie Hanfer (2002) "Lessons Learned at Dot-Com U.," *The New York Times*, May 2, 2002. {http://www.nytimes.com/2002/05/02/technology/circuits/02DIST.html}

構 成 員

5 学生の社会化はサイバー・スペースでも可能か

1. キャンパスの役割

　教育の機能には，知識や技能を伝達する認知的な機能と人間が触れ合うことで成長する社会化の機能の2つがあるといわれてきた。キャンパスに通い，教室で授業を受けている限りは，この2つの機能は一体となっており明確に区別することは困難である。しかし，遠隔教育という形態で教育が行われるとき，生身の人間同士が接触する可能性がきわめて少ないために，認知的な機能に限定され，社会化の機能はないのではないかといわれてきたが，これまで遠隔教育を受ける者は，すでに社会化を必要としない有職成人が多かったために，社会化は特段問題になることはなかった。

　しかし，eラーニングが既存の多様な高等教育機関を巻き込むようになって，社会化の問題が注目されるようになった。とくに，キャンパスにおける少人数教育をモットーとするリベラル・アーツ・カレッジでは，eラーニング導入の賛否をめぐって大議論が生じた。それは，われわれ教育関係者が，暗黙のうちに教育の社会化機能を認知していたことをよく示す事例でもある。本章では，リベラル・アーツ・カレッジにおいて生じている議論を題材に，学生の社会化という問題を検討しよう。

2. リベラル・アーツ・カレッジがeラーニング

　2000年1月のある新聞の記事は，ちょっとした事件として世間の耳目を集めた。それは，グローバル・エデュケーション・ネットワークというベンチャー

企業が，アマースト・カレッジ，ウィリアムズ・カレッジ，ブラウン大学にeラーニング・コースの開発・提供をもちかけたというものである[1]。eラーニング・コースは大学と企業との提携によって開発される場合が多く，企業が大学にこうした接触をはかること自体は，決して珍しいことではない。

しかし，なぜこれがニュースとして注目されたかといえば，話をもちかけられた大学がいずれも伝統的で威信あるリベラル・アーツ・カレッジだったからである。2000年のUSニューズのカレッジ・ランキングによれば，全米のリベラル・アーツ・カレッジでアマーストは2位，ウィリアムズは3位，ブラウンは全米の大学ランキングで14位に位置づけられ，いずれも屈指の名門カレッジである。これらのリベラル・アーツ・カレッジがeラーニングを導入すべきか否かについては，新聞紙上における公開討論にまでなったのだが，それはなぜなのか，その討論の内容をみていこう[2]。

3. 導入賛成と反対の論点

リベラル・アーツ・カレッジがeラーニングを導入することについての賛否では，圧倒的に反対意見が多い。そこで，代表的な反対意見から，いくつかみてみよう。

「エリート高等教育機関には，教育形態に価値の序列づけが存在している。すなわち，18〜22歳の学生を対象としたキャンパスに居住する形態の学士課程プログラムが頂点にあり，次いで，大学院や専門職業教育プログラムがあり，最後が継続教育や遠隔教育である。エリート機関は，学生の教育が中心であって，学習が中心にあるのではない。確かに，インターネットは，学習者中心の教育という新たな側面を開拓した。そこに参入する高等教育機関は，ネットワーク化されたグローバル社会での学習の特性を踏まえ，こうした世界での学習を必要とする学生の需要に見合ったミッションを打ち立てねばならない。しかし，オンラインを通じて新たな市場で新たな学生層を開拓することと，キャンパス型の学士課程教育とは両立するものではない」

「（カレッジの）学士課程での経験の強みは，単に教授から教えられた情報を吸収するにとどまるものではない。むしろ，授業以外の場面での学生間での交

流や，少人数のクラスで教員や学生と互いに討論することに意義がある。課外活動やキャンパス外での交流が，授業にまさることはいうまでもない。全人の養成という使命が重要だというならば，遠隔教育の導入はその高貴な使命を貶(おとし)めることになろう」

「学士課程教育では，とくに10代後半から20代前半の者は，キャンパス内に居住するのが望ましい。というのは，そうした学生は授業から学ぶ以上に学生同士で学びあうものだからだ」

このように反対派は，いずれも，リベラル・アーツ・カレッジの売り物である全人形成は，サイバー・スペースでは行えないことを，反対の第1の理由としている。eラーニングを取り入れることで得る収入よりも，それによって失う大学の名声を恐れる声も多い。すなわち，対面式の少人数教育，授業場面以外に行われる教員と学生，学生間の密接なコミュニケーションは，10代後半から20代前半の学生には欠かせないものであり，遠隔教育はこれとは別の需要に応じる教育だというのである。

それに対し，推進派の意見はどうだろう。

「全米のトップにあるカレッジが，インターネットにその教育を載せることが名声を下げるのではないかと恐れる必要はない。伝統的な教育界のリーダーであるように，遠隔教育の世界でもリーダーになるべきだ。オンライン・コースを，教室の授業と同水準にし，かつ，卒業生や有職者を対象にした単位化しないコースに限定してキャンパスの教育と区別をして，また，オンライン上で10～30人程度の小規模クラスをつくり，電子メールやウェッブ上での討論を活発に行うことで教室での緊密な環境が構成できる」

「技術的な環境において，伝統的な機関にあったコミュニティの感覚や人々の相互作用の感覚を創出することは困難だと思われている。しかし，それが不可能というわけではない。ソフトウエアの開発がそれを可能とする。工学の力を過小評価すべきではない」

「オンラインコースの開発にあたって企業と大学とが提携するのは必然であり，双方に利益をもたらすものだ」

推進派の意見としては，単位化しない授業，あるいは，これまでの学生とは異なる対象者ならばという条件付きの賛成が多い。そうしたなかでも，緊密な

相互作用の必要性は認められており，それはサイバー・スペースのなかでも十分可能だというのである。

4. 青少年の社会化の場として

　賛否両者の意見を比較すると，eラーニングでは，対面式の教育が知識の伝達とともにもつ機能としての社会化の機能が果たせるのか否かが論点になっていることがわかる。教室での知識の伝達以外に，教員と学生，学生間の緊密なコミュニケーションが醸成する人間形成的な側面が，サイバー・スペースで可能か否かをめぐる意見の対立である。

　反対派は，それができないとする立場に立ち，とくにリベラル・アーツ・カレッジは使命からして，eラーニングに手を出すべきでないとし，他方，推進派は，サイバー・スペースでの緊密なコミュニケーションは可能だというのである。ここで注目されるのは，推進派とて，18～22歳という年齢の青少年に対する社会化の必要性そのものは否定していないことである。

　こうした議論から，アメリカの高等教育関係者の間では，第1に，青少年の教育には社会化機能が必要だと認識されていること，第2に，eラーニングに限らず遠隔教育の対象者は，学士課程に在学する青少年ではないと考えられていることがわかる。

　後に再度検討するが，青少年の教育に社会化が必要だとする意見はきわめて根強い。他方，遠隔教育は，有職成人の再教育・再訓練の役割，すなわち専門職大学院などの教育に特化したところですでに効果を発揮しており，そうした事例を挙げるには事欠かない。たとえば，スタンフォード大学では，シリコンバレーの企業職員を対象とした工学修士のeラーニング・コースで成功を収めているし，フェニックス大学の有職成人に限定したプログラムでは，2002年度で4万9,000人がeラーニング・コースに在籍している。職業生活や家庭生活によって時間と空間が拘束される成人には，遠隔教育は有効な手段であり，また，彼らには社会化の必要もない。

　リベラル・アーツ・カレッジの人間形成を目指した教育理念と，遠隔教育のいつでもどこでも学習できるという利便性の概念とは別種のものであり，両者

相容れるものではないというのが大方の見方なのである。それにもかかわらず、この企業がeラーニング・コースの企画をもちかけた相手が、リベラル・アーツ・カレッジであったために上記のような議論になったのである。事実、この企業は、同時期にリベラル・アーツ・カレッジ以外に、コーネル大学やハーバード大学などの有名大学のいくつかにもeラーニング・コースの提携・開発をもちかけている。しかし、こちらの方はほとんど話題にならなかったのである。

5. eラーニングによる学位

では、eラーニングによる遠隔教育は、リベラル・アーツ・カレッジや学士課程教育では行われていないのだろうか。eラーニングによる遠隔教育で学位を発行している機関の名簿から、発行学位別に集計したのが表5.1である。これをみると、もっとも多いのは、修士課程の学位であるが、これは、有職成人にメリットをもたらす専門職大学院の修士号が多く、表では省略するがとりわけMBAが多くを占めている。

学士号を発行している機関は、それに次いで多い。ただ、その学士号を発行している機関について詳細にみていくと、コミュニティ・カレッジが4年制大学と提携して発行している学士であったりする場合が多く、上記の議論にみる

表5.1 eラーニングで発行されている学位

学位の種別	比率	(実数)
学士課程レベルの修了証書	14.9	(149)
準学士	22.0	(219)
学士	24.6	(245)
大学院レベルの修了証書	4.5	(45)
修士	30.1	(300)
博士	3.9	(39)
合計	100.0	(997)

出典：Peterson's Distance Learning [http://www.petersons.com/distancelearning/code/search.asp]

ように話題になったリベラル・アーツ・カレッジの学士号は皆無に近い。その意味でも，名門リベラル・アーツ・カレッジがeラーニングでコースを提供するか否かということが，いかに話題性をもったかが知られよう。

また，学士号と同等程度，準学士号のプログラムも多いが，これはコミュニティ・カレッジが有職成人によって占められていることを思い起こせば，職業訓練の機能がeラーニングで代替されていると理解することができる。さらに，修士課程のプログラムはもっとも多いのに，同じ大学院でも博士課程のプログラムは極端に少ないのは，博士課程が依然として研究者要請の機能をもっており，それはeラーニングでは代替できないとみなされていることを表していよう。

このように学位の種別からも，eラーニングの機能が，知識や技能，それも職業訓練的な技能の伝達とみなされており，社会化の機能は期待されていないことがわかる。

6. 肯定的な経営層の意見

ところで，それらの名門リベラル・アーツ・カレッジは，どのような対応をしたのだろう。ウィリアムズ・カレッジでは，企業の提案の検討委員会が設置されて，検討が始まった。委員長は，「たとえ，キャンパスに居住する学生を対象とした小カレッジであっても，世界で何が起きているかを知る必要がある。目を閉じて，これらはわれわれには無関係だと決め込んではならない」[3]と語っており，委員会の検討結果は広く教員に公表して，さらに議論を深めることを計画している。

ブラウン大学の副事務局長は，「われわれは，肯定的な立場でそれを検討している。オンライン学習がどのように機能するか，われわれの教育の配信方法に何か新しいものが始まるのではないかと期待している」と語っている。ただし，ここでは教員間に特段議論は起きていないという。

アマースト・カレッジの学長補佐は，「われわれは，大変興味を抱いている。すでに，事務サイドは企業と非公式に話をしているが，これまで遠隔教育を行ったことはないので，学内での議論を尽くしてから決定したい」といっている。

これらから，経営層はオンライン・コースの導入に否定的ではなく，むしろ，積極的に導入を検討したいという姿勢がみえてくる。新聞紙上での公開討論が，反対意見に傾いていたのとは対照的である。なぜ，経営層は，eラーニングの導入に反対しないのだろうか。それは，eラーニングが，ただでさえ経営が楽ではなくなってきているリベラル・アーツ・カレッジにとってビジネス・チャンスだと思われているからである。企業からの提示によれば，1コース当り25万ドルの収入が見込めるという。大学の経営という点からすれば，それはうまい話である。

　しかし，それだけではない。ウィリアムズ・カレッジの検討員会の1人の言葉は示唆的である。「コースをオンラインで提供しないかという，企業から大学へのプレッシャーは，とてつもなく大きい。われわれは，もし，未来を獲得するために飛行機に乗らなければ，取り残され，永久に立ち直れないという考え方に押しまくられている感がある」という言葉からは，どのようなものかよくわからなくとも，流れに遅れてはならない，といった雰囲気が危機感をあおっている側面も大きいように思われる。

7. さらに広がる議論

　これを契機として，リベラル・アーツ・カレッジにおけるIT問題は，議論の広がりをみせている。2000年の7月には，*The Chronicle of Higher Education*のウェッブ・ページを利用してライブ・ディスカッションが展開された。今度は，eラーニングを導入するか否かの議論ではない。すでにITを利用することを前提として，どのように効果的に導入するかという視点から議論された[4]。

　ITともっとも遠い世界にいたリベラル・アーツ・カレッジも，それと無縁ではいられなくなったことの現れである。議論は，どのようにインターネットを教育に利用するかについての方法論に終始し，具体的には，在学生だけでなく，その親，卒業生，大学進学を目指す高校生などに対象を拡大して，これまでにないユニークなコースを開発することが提案された。

　もう1つの提案は，いくつかの機関が共同して，コースを提供しあうという

ものである。それによって学生は，所属機関以外のコースを履習することができるというのである。対象者の拡大と機関の共同，方法は異なるが，どちらもこれまでの対面式のコースを単にウェブに載せるのではなく，これまでにないコースを提供することでeラーニング・コースに付加価値をつけ，履習者の増加を期待している点で共通している。

ただし，その場合でも，オンライン教育は，学士課程教育にはなじまないとする見解は，議論の基底にある。たとえば，学士課程教育はeラーニングでやっていけるのだろうかという問いかけに対し，「学士課程教育を，すべてオンラインで提供することはすべきでない。リベラル・アーツ・カレッジでの実際の在学経験は，成長へのプロセスとして重要なのである。こうした目的にうまく適応したカレッジの事例は豊富にあるが，すべてをオンラインで行う機関がこの目的を達成できた事例を見出すことはできない」と，討論会の司会を担当者は断言し，それに異を唱えた参加者はいない。

これと軌を一にするかのように，それから数日後，アメリカ教員組合（The American Federation of Teachers）は，学士課程のeラーニング・コースには何らかの対面状況が必要だとして，eラーニング・コースのみで学位が取得できる学士課程教育への反対の決議を表明した[5]。その理由は，対面状況のない教育は，学士課程教育とはいえない，オンラインのみの教育の質は低くなるからだというものである。ここで，興味深いのは，大学院教育や専門職業教育については，対面式授業を設けよとはいっていないことである。ここでも，学士課程教育とそれ以外の教育との違いは，その社会化機能の必要の有無にあること，18～22歳の学生を主たる対象とする学士課程教育には，対面状況のなかでの社会化が重要だとみなされていることがわかる。

そうしたことが十分に認識されていながら，リベラル・アーツ・カレッジは，教育理念と抵触しないところで，なんとかITを導入しようとやっきになっているのである。先のリベラル・アーツ・カレッジ関係者の討論会の締めくくりでは，「われわれリベラル・アーツ・カレッジの教員は，まだ，インターネットをコミュニケーションの道具，情報の収集，研究への応用などに使いこなせていない。われわれは何もすべきでないといって手をこまねいているのではなく，インターネットの利用に着手することを決断する必要がある。リベラル・

アーツの環境下にも，ITを調和させはじめなければならないのである」と語られている。

ITの影響力の大きさとそれによって生じた議論は，学士課程教育における青少年の社会化の役割という問題をあらためて浮かびあがらせてくれたのである。

8. 顛　末

こうした議論の結果，リベラル・アーツ・カレッジは，グローバル・エデュケーション・ネットワークの申し出にどのような結論を出したのだろうか。事の顛末を記しておきたい。ウィリアムズ・カレッジもブラウン大学も，結局はグローバル・エデュケーション・ネットワークの申し出を断った。ウィリアムズ・カレッジの試算によると，1コースにつき2,000人から3,000人の受講者がいないと引き合わないということが明らかになったからである[6]。

そうしたなか，グローバル・エデュケーション・ネットワークは巻き返しに転じ，2002年の夏，ブラウン大学と共同で「文化とマスメディア」という短期コースと，ウェズリー・カレッジと共同で「偉大なアレクサンダー大王」というコースを開発し，それぞれeラーニングで提供した。こうした実験的な過程を経て，2003年1月現在，「微積分」，「化学Ⅰ」，「マスメディア理解」，「アメリカ史Ⅱ」の4つのコースが提供されており，それに近々「偉大なアレクサンダー大王」という5つ目のコースが加わろうとしている。それらのコースは，どの高等教育機関も単位認定するコースとして利用することができるし，個人が自分で登録して利用することもできる仕組みに作られている。

議論が大きかった割には，コースの開発は進んでいないように見受けられ，実験的に提供されているサマー・セッションでも，コースは教室の授業が基本にあるようだ。おそらく，それが，キャンパスでの触れ合いを大切にしてきたリベラル・アーツ・カレッジの姿勢なのだろう。

■ 注

1 Sarah Carr (2000) "Distance-Education Company Woos Bastions of the Liberal Arts," *The Chronicle of Higher Education*, January 28, 2000. {http://chronicle.com/daily/v46/i21/21a/04301.htm}
2 Colloquy Discussion Archive, (2000) "Should elite liberal-arts colleges allow distance-education companies to market their courses?" *The Chronicle of Higher Education* {http://chronicle.com/colloquy/2000/eliteu/eliteu.htm}
3 Sarah Carr (2000) "Elite Colleges Seem Wary of Working With Online-Course Company," *The Chronicle of Higher Education*, July 28, 2000. {http://chronicle.com/daily/2000/07/200007280lu.htm}
4 Colloquy Live (2000) "How Liberal-Arts Colleges Can Collaborate Online," *The Chronicle of Higher Education*, July 5, 2000. {http://chronicle.com/colloquylive/transcripts/2000/07/20000705udrden.htm}
5 Dan Carnevale (2000) "Teachers Union Opposes Undergraduate Degree Earned Wholly at a Distance," *The Chronicle of Higher Education*, July 7, 2000. {http://chronicle.com/daily/2000/07/2000070701u.htm}
6 Scott Carlson, Dan Carnevale (2001) "Debating the Demise of NYUonline," *The Chronicle of Higher Education*, December 14, 2001. {http://chronicle.com/weekly/v48/i16/16a03101.htm}

6 ITで学生生活はどのように変わったのか

1. コンピュータと学生生活

　今や，学生生活に欠かせなくなったものの1つに，インターネットに接続できるコンピュータがある。たとえ，大学がパソコンの所持を義務づけていなくとも，パソコンをもたない学生は例外的存在であろうし，インターネットを利用せずに済ませられる学生生活というのも考えがたい。それほど日常生活に密着したインターネットやパソコンであるが，それによって学生生活は，それらがなかったころと何が変わったのだろうか。また，学生は，それらをどのように利用し，それをどのように感じているのだろうか。あるいは，そうした学生に対して，教員はどのようなまなざしを向けているのだろうか。

　いわば，学生文化の一部を構成するようになったインターネットであるが，その変化の全体像を捉えたり，そこで問題とされていることを具体的に知ることは意外と困難である。本章は，学生生活に起きている変化や問題の実像に迫ってみよう。

2. 授業中はコンピュータ禁止

　eラーニングのコースやプログラムへの進出にもっとも熱心なのが，MBAのプログラムである。学位取得により，より良好な職業機会を求める有職成人が，職業を継続したまま学位取得がかなうのが，eラーニングという手法なのである。

　ところがである。近年，対面式の教育を行っている多くのビジネス・スクー

ルでは，学生が授業中にインターネットを使用するのを，どのように阻止するのか策を講じなければならないことが問題になっている[1]。というのは，学生は授業中に電子メールを送り，会社のウェッブ・サイトをチェックし，あるいは，証券取引をしたりといったインターネットの利用が頻繁にあり，教員の講義を上の空で聴いていたり，学生間の討議が成立しなかったりすることが往々にして生じているからなのである。とくに，学内がワイヤレスでインターネットに接続できる環境が整備されるに従い，その傾向は強くなってきたという。

　教員の方は，そうした行為を阻止するために，授業中にはパソコンのスイッチを切ることを条件にしたり，それに違反する学生がいた場合，メールの内容をキャッチしてそれをプロジェクターで教室に掲示して見せしめにしたりすることすらあるという。

　しかし，それで問題が解決していないのが実情であり，それは学生にもインターネットを授業中に利用する正当な理由があるのである。たとえば，授業中に，一方で，講義を聴きながら，他方で，議論や反論のための生のデータをインターネットで収集したりするのだという。また，学生にいわせれば，自分の行動に責任をもてるいい大人なのだから，とやかくいわれる筋合いはないということになる。

　こうした実情への賛否はともかく，対面授業において学生は教員の講義そっちのけでインターネットを利用する実態があるようである。もちろん，多くが職業経験をもつMBAの学生にとっては，職業生活の延長のように授業中でもインターネットを利用するのであろうが，教員にとっては授業の妨げになると感じるほどに頻繁なのだろう。

3. メールで失われたもの

　こうした状況の変化は，必ずしもMBAの世界にとどまらないようだ。それを象徴するある教員の話を聞こう。「近年の学生は，質問や私の出した課題に疑問点があると，電子メールを送ってくるようになった。それは，バーチャルなオフィス・アワーのようなもので，四六時中メールがやってくる。学生は即時の返信を待っていることはわかるが，私にとって真夜中の3時に来たメール

にすぐに返信を書くことはとてもできない」[2]

　確かに、オフィス・アワーが24時間7日間体制になりかねない要素を電子メール自体はらんでいるのだが、教員側から問題とされる学生の行動様式の変化はさらに続く。「電子メールは、学生の怠惰な態度を助長させることにつながりかねない。というのは、学生は、自分で問題と格闘して考え抜こうとせずに、安易に教員に問い合わせて問題に対処しようとするようになった」[3] 教員からみれば、メールの頻繁な利用は、学生の学習態度に影響を及ぼしているとみえるのである。

　問題は、さらに深刻になる。メールのやり取りの途上で生じる誤解の問題がそれである。「学生からの質問に返信を出すのは、文章をタイプするだけでかなりの時間をとられる。メールという気安さもあって、たとえば手紙を書くときほどに慎重に言葉を選んではいないことは確かだが」と前置きしつつ披露した学生からのメールは次のようなものだった。「先生の最近のメールの文面は冷たいものです。もし、先生が、私の要求が過度に過ぎ、もはや私を支援することができないのかどうかお尋ねしたいと思いますし、そうであるならば、どうかそのようにおっしゃってください」[4] これは、遠隔教育をテーマとした2002年度のアメリカ大学教員協会（American Association of University Professors）の年次総会で発表されたものだが、こうした事実を公表した教員はメリーランド大学ユニバーシティ・カレッジのeラーニング・コースを担当している教員であった。オンライン教育に慣れているはずの教員でさえも、予期しない問題に遭遇するのである。

　それは裏を返せば、学生はメールを介した教員とのコミュニケーションに、即答性とともに内容の充実度を、当然のように期待していることを示しているといえよう。この問題をさらに突き詰めていくと、学生はメール上での会話を、対面での口頭の会話、あるいは、電話での会話と同質なものだと認識しており、他方、教員は、手紙の代替と認識しているという違いに行き着くように思われる。手紙であれば、必要な要件を書けばすむが、口頭の会話や電話では要件以外の個人的なおしゃべりの要素が含まれるという違いである。事実、この教員は、即座に学生に電話をして、誤解であることを説明して事なきを得たと報じられている。

4. 閑散とする図書館

　学生にとって大学の図書館はなくてはならない場であった。授業で指定された書籍を借り出したり，レポートを書く際の参考資料を探したり，司書に相談したり，そして試験前の格好な勉強場所として，図書館はさまざまに学業生活を支えてくれるものであった。ここで，あえて，図書館の役割を過去形で語るのは，インターネットの浸透にともなって，図書館はこのような機能を期待されなくなってきたからである。

　「学生は図書館を勉強場所としなくなった。そのかわりに，寮，下宿先，コーヒー店，本屋が，図書館に代わる新たな勉強場所となった。図書館は，入館者の数も書籍の閲覧，貸し出し数も減少しつつある」[5] 具体的に数字を示せば，たとえば，アイダホ大学では，1997年から2001年まで図書館への入館者は20%減少し，図書の貸し出し冊数は60%も落ち込んだと報告されている。なぜ，このような現象が生じているのかといえば，キャンパスのIT化が大きく関わっている。IT化にともない，図書館は文献のデータベース化を進めており，学生はインターネットを通じて，図書や雑誌を検索し，閲覧を予約し，場合によっては，電子ジャーナル化された文献をダウンロードする。したがって，以前のように図書館へ足を運び，カードで検索し必要な箇所をコピーする，また，図書館で本を読みノートをとるといった行動をとらずとも，以前と同じ内容の勉強が不足なくできるのである。

　しかし，学生にとって何の問題もないように思われるこうした事態に対して，大学関係者は危惧の念を表明している。ある大学の英語の教員は，「学生は，図書館の書架から書物を引き出して手にすることがなくなり，容易にインターネットから情報が引き出せるようになって，カット＆ペーストでそれらの情報をつなぎ合わせて，あたかも自分で書いたものだと思うようになっていることが問題だ。こうした学問上の不正直，知的な怠惰さが目に余るようになっている」それだけでなく，「インターネットで必要な情報を見つけられない場合，それ以上に他の手段を利用して探そうとはせずに，そうした情報は存在しないと考える学生が多くなっている」[6] と指摘する教員もいる。こうした傾向は，

インターネットが便利で効率的な学習環境をもたらすことの裏返しとして生じているものであり、時間をかけて苦労して、自分で考えながら勉強することに価値が置かれなくなっている社会状況を表すものかもしれない。図書館や図書の電子化は進む一方であり、したがって、学生は、ますます図書館を集う場として利用しなくなっていくのかもしれない。

5. IT利用で成績低下

コーネル大学の研究者により、やや衝撃的な研究が発表された。それは、学生のインターネットへの頻繁なアクセスが、成績を下げる傾向があるという結果である。近年、学習効率を高めることを目的として、インターネットへいつでもどこからでもアクセスできる、いわゆる「ユビキタス」な環境の提供の技術面での研究開発が進んでいるが、それに水をさすような結果である。研究結果を少し詳しくみてみよう。

コミュニケーションのコースとコンピュータ科学のコースを履修している学生約80人に、ワイヤレスで大学にアクセスできるラップトップ型のパソコンを貸与し、ウェブをみている時間とウェブのページ数を、授業中とそれ以外とに分けて大学の中央サーバーで記録して、それと学期末のそれぞれのコースの成績との関連を検討した。

その結果、コミュニケーション・コースの学生は、授業中にウェブの利用頻度が高いほど成績がよい。しかし、コミュニケーション・コースの学生のうち、授業以外のウェブの利用頻度が高い者は成績が悪い。また、コンピュータ科学コースの学生では、授業以外のウェブの利用頻度と成績との間には優位な関連がみられないが、授業中のウェブの利用頻度が高い者ほど成績が悪いという結果が得られたのである[7]。

この結果は、一般にウェブの利用頻度は、学習を行っていることの指標とみなしているわれわれの仮説そのものが間違っている可能性を示唆するものである。したがって、ウェブの利用頻度の高さは、学習を阻害するという新たな仮説を立てればよいのだが、それでは、なぜ、学習を阻害するのだろう。調査を行った研究者は、学生は、ウェブから有用な情報を確実に得てそれを自

分の学習に役立てているというよりは，次々と面白そうなページをみて楽しんでウェブを利用することが多いために，時間やページ数と成績とが逆相関になるのだろうと推論している。

確かに，ウェブのページをあちこちをクリックして思いもかけない情報を得ることは，それなりに楽しく，時を忘れて没頭するゲームに近い感覚がある。学生が本当にそのような利用をしているのかまでは，実証されていないが，経験的にはよく見聞する話であるし，自分の感覚からしても妙に納得できる。

6. 定着している学生のインターネットの利用

ここまでの，学生のインターネット利用をめぐる議論は，いずれも教員側から出されたものであり，これまでのキャンパス・ライフがITの浸透によって少し変化を始めた部分になじまない教員が，非難の意味を込めて問題にしているとみえなくもない。しかし，それは，ITの浸透により学生のキャンパス・ライフや学習状況が変化していることの証左だとみることができる。

では，学生の方は，ITとキャンパス・ライフの関係をどのように感じているのだろう。学生を対象にした調査から，それを検討しよう。この調査はいくつかの方法で行われているが，その主たるものは，2002年の春に27の高等教育機関の学生を対象に実施された調査であり，2,054人から回答を得ている。高等教育機関のタイプ学生の性別・人種・年齢に関しては，全米の状況を勘案したサンプルである[8]。

まず，彼らが，学業生活におけるインターネットの影響をきわめて肯定的に捉えていることに注目しよう。「インターネットが学業生活に肯定的な影響を与えていると思うか」という質問に，強く賛成する者が33.4%，賛成する者が44.2%であり，合わせて80%近くの者が，インターネットを肯定的に捉えている。

それが，学業生活のどのような側面に利用されているのだろうか。問題とされたメールに関しては，98%の学生が「メールは，教員との関係にプラスの効果を及ぼしている」と回答し，46%が「教室で教員に話せないことも，メールだと自分の考えを自由に表現できる」と回答している。具体的には，「教員と

の面接を決める」(62%),「成績について議論する」(58%),「課題について詳しく聞いたり,不明な部分を質問する」(75%) といった具合である。そして,56％が「メールによって教員との関係は密接になっている」と感じている。教員と対面で話をしたり議論するよりは,文字を媒介としたメールの方が気後れなく話ができるということがメールに依存する大きな理由のようだ。

　文献の検索に関しては,「図書館よりもインターネットを利用する」と回答した学生は73%にものぼり,「図書館とインターネットを同程度利用する」の16%を合わせると89％となる。「インターネットよりも図書館を利用する」と回答する伝統的なタイプの学生はわずか9％である。インターネットなくして学業生活がなりたたない現実があることを,よく示す数字である。

　学生のインターネット利用は,キャンパスよりも自宅,寮,下宿などのキャンパス外の住居の方が多いようである。学生の59%はキャンパス外の住居でもっとも多く利用すると回答しているし,それを両親の自宅かキャンパス外のアパートに居住している学生だけに限ってみると,自宅やアパートでもっともコンピュータを利用すると回答する学生は69%になる。その93％がメールをチェックすることに,もっとも多くの時間を割くという。プライバシーの問題などを考えると,キャンパスのコンピュータ・センターよりも自分1人で利用できる空間の方を好むのであろう。

　学生を対象とした調査は,教員の側から見た学生のインターネット利用の傾向とおおむね符合する。学生にとってインターネットに接続できるコンピュータは,学業に欠かせない必需品の1つになっており,そうした環境に慣れている学生は,対面でのコミュニケーションよりも,メールを通じたコミュニケーションの方を好む傾向すらうかがえる。

7. バーチャルなキャンパス・ライフ

　しかし,完全なバーチャルな環境での学習になると,学生は必ずしも満足していないようだ。バーチャル・ユニバーシティやオンライン・プログラムなど対面状況を欠く学習をしている学生たちは,バーチャルな空間を利用して学生が集う場にしている例はいくつか報告されている。

たとえば，2000年6月には，ケンタッキー・バーチャル・ユニバーシティが中心となって他のバーチャル・ユニバーシティに呼びかけ，サイバー・スペース上のフットボールのリーグ戦を始めた。呼びかけに応えたのは当時5校であり，リーグ戦を行うのに必要な残り6チームはフェイクである。それぞれのバーチャル・ユニバーシティの学生は自校チームに参加して，コンピュータ・シミュレーションによる試合に参加し，試合の結果は，毎週土曜日の午後，ウェッブ・サイトに掲示される仕組みになっていた。コースの内容に限定されがちな双方向性のコミュニケーションに，それ以外の学生生活の場を必要とする意識が，キャンパス・ライフの象徴であるフットボール・ゲームのウェッブ上への登場となったのであろう。しかし，このウェッブ・サイトは現在見当たらない。

　キャンパス・ライフのもう1つの象徴ともいえるのが学生自治会である。ワシントン州立大学は，オンライン・プログラムの学生によるバーチャルな学生自治会をもつ，全米でも数少ない大学のうちの1つである。1998年に設立され，現在8人のメンバーで運営されているが，自治会長の選挙はオンライン投票であり，評議員会や各種のミーティングはチャット・ルームを利用して行われている。学生は誰でもチャット・ルームへ参加することができる。オンライン学生自治会の役割は，学生生活に関わる情報を探すことや学習の進め方に対するアドバイスをすることだが，オンライン上での各種の催し事も企画されるという。この大学のオンライン・プログラムの学生の平均年齢は35歳であり，決して18～21歳のフルタイム学生ではないのだが，それでも「もし，オンライン・コースを履修し，課題を提出するだけの学生生活であったならば，孤独感にさいなまれていたことであろう」[9]と学生は語っている。

8. キャンパスのIT化とITによるキャンパス化

　eラーニング・コースの学生は，キャンパスという場に時間と空間を預けることができない条件のなかで，ITを利用して学業とその他の生活との両立をはかっている者である。リアルな職業生活，家庭生活があるにもかかわらず，バーチャルなキャンパス・ライフを欲していることを，サイバー・スペース上

のフットボール・ゲームや学生自治会の存在にみることができる。ITによる疑似キャンパスは，eラーニング・コースの学生の心の拠り所になっているのであろう。

　他方，キャンパスという空間において自分の時間を過ごせる学生の方は，キャンパスのIT化にともない，物理的空間における対面コミュニケーションよりも，ITを媒介とした非対面コミュニケーションを好む兆候さえみせていることはすでにみたとおりである。

　キャンパス・ライフを享受できない学生は，たとえ疑似であってもキャンパスを望み，キャンパス・ライフを満喫できる学生は，IT空間に没頭していくようであり，両者のベクトルは逆を向いているようだ。

　学生が図書館に来ないことに対して，大学の知のセンターが崩壊すると嘆く声や，メールでばかりコミュニケーションをとろうとする学生に対して，社会で必要な会話能力を身に付けられなくなると心配する声はさておき，学生はどこまでITによる学生生活を望んでいるのだろう。先の調査をもう一度みると，教室型の授業とeラーニングのどちらを望むかという問いに対して，わずか6％の学生しかeラーニング・コースを履修したことがなく，そのうちの半数は，教室での学習ほどeラーニング・コースでは学習できなかった，と回答している。意外なほどにeラーニング・コースの履修者は少ないうえに，それを履修した者のうち半数は効用を認めていない結果は，学生の日常からするとやや意外な結果だった。調査をとりまとめた教授は，「今日の学生は，伝統的な教室での授業に高い価値を置いていることは明らかだ。学生は，インターネットを伝統的な授業の補完物と見ているのだ」[10]とコメントしているが，その言葉には何やら安堵のようなものが感じられる。

　ITはその代替機能が注目され，その側面でのeラーニングは伸張しているが，その機能を必要としないキャンパス学生は，むしろITを伝統的な授業を補完する機能をみていることが明らかになった。伝統的な学生生活の変化も，その範囲での変化なのかもしれない。

■ 注

1. Katherine S. Mangan (2001) "Cutting the Power: Business Schools, Fed Up Wit Internet Use During Classes, Force Students Log Off," *The Chronicle of Higher Education*, September 7, 2001. {http://chronicle.com/weekly/v48/i02/02a04301.htm}
2. Frabk W. Connolly (2001) "My Students Don't Know What They're Missing," *The Chronicle of Higher Education*, December 21, 2001.
3. Jeffrey R. Young (2002) "Online teaching redefines faculty member's schedule, duties, and relationship with students," *The Chronicle of Higher Education*, May 31, 2002. {http://chronicle.com/daily/v48/i38/38a03101.htm}
4. "Miscommunication With Students Is Frighteningly Common, Distance-Education Professors Find, " *The Chronicle of Higher Education*, June 28, 2002. {http://chronicle.com/weekly/v48/i42/42a02802.htm}
5. Scott Carlson (2001a) "As Students Work Online, Reading Rooms Empty Out—Leading Some Campuses to Aid Starbacks," *The Chronicle of Higher Education*, November 16, 2001.
6. Carlson (2001a), op. cit.
7. Scott Carlson (2001b) "Wireless Technology Is a Double-Edged Sword, Researchers Conclude," *The Chronicle of Higher Education*, April 20, 2001. {http://chronicle.com/weekly/v47/i32/32a05502.htm}
8. Steve Jones, et al. (2002) *The Internet Goes to College: How Students are living in the future with today's technology*, Pew Internet & American Life Project {http://www.pewinternet.org/}
9. Dan Carnevale (2001) "University's Online Program has an Online Student Government," *The Chronicle of Higher Education*, March 7, 2001. {http://chronicle.com/daily/2001/03/2001030701u.htm}
10. Vincent Kierman (2002) "Students Embrace the Internet, but Not as Replacement to Classrooms, Study Finds," *The Chronicle of Higher Education*, September 16, 2002. {http://chronicle.com/daily/2002/09/2002091602t.htm}

7 教員のいない大学は「大学」か

1. 大学教員の役割

　大学教員の役割とされている「教育と研究」のうち「教育」は，西欧中世に大学が登場して以来の歴史をもつ役割である。その「教育」において，個々の教員は，単位を発行するコースに対する全責任と自由裁量権を併せ持っている。すなわち，コースで教える内容・方法を決定し，学生の学習進捗状況の把握，達成度の評価まで，すべてがコース担当教員の掌中にある。それは何よりも，大学の教員は学問的な知をもつプロフェッションとして認められているからであり，大学はそうしたプロフェッションが存在することで知の宿り場として存立してきたのであった。

　しかし，ITが浸透しつつある高等教育界では，こうした前提を揺るがすようなことが起きている。大学の教員集団に何が生じているのか，それについて検討しよう。

2. ジョンズ・インターナショナル大学のアクレディテーション

　ジョンズ・インターナショナル大学という大学が，アメリカのコロラド州にあるのをご存じだろうか。最近，日本の雑誌でも紹介されているのでその記事を目にした人もいるだろうが，1993年の開設という新しい大学であるためにアメリカ国内でも知名度が高いとはいえない。しかし，その大学を一躍有名にしたのが1999年の春のことであった。というのは，その大学をめぐって大きな

議論が起きたからである。何が議論となったかといえば，この大学がアクレディテーションを受けたこと，それに対して異議申し立てが起きたからである。

まず，アメリカの大学が大学として認可される仕組みと，このジョンズ・インターナショナル大学の特徴について確認しておこう。この大学は，いわゆるバーチャル・ユニバーシティであるが，わけてもeラーニングとして提供されるコースだけで，対面式の授業を一切なくして学位がとれることを特徴とする。

日本の大学の場合，大学を大学として認可するのは文部科学省であり，大学設置基準をクリアして初めて大学を開校することができるが，アメリカの場合，大学を名乗って設置開校することは自由である。ただし，地域別に置かれた地区基準協会の審査に合格して初めて，大学としての社会的な認知を得ることができる。その地区基準協会は，すでに加盟校となっている大学と公益代表から構成され，審査に合格するということは，同業と認められ仲間うちに入れたことを意味する。その仕組みをアクレディテーションというが，このジョンズ・インターナショナル大学も1993年に開校した後，コロラド州を担当する地区基準協会である北中部地区基準協会（North Central Association of Colleges and Schools）に申請し，何度かの審査を経てようやく1999年3月に最終審査に合格し，大学としての認可を受けたのである。

ジョンズ・インターナショナル大学の，その当時のホーム・ページをあけると飛び込んできたのが，「世界で初めて設置認可された完全なるオンライン大学」というフレーズである。既存の大学がオンラインでコースを提供することは珍しいことではないが，ジョンズ・インターナショナル大学の場合，オンラインだけでコースを提供する新種の大学であり，それを，この地域の大学の基準認定を行う北中部地区基準協会が認可したことが注目を浴びたのであった。ちなみに，北中部地区基準協会によって認可されている大学のうちもっとも知名度の高い大学の1つにシカゴ大学があるが，伝統あるシカゴ大学と，新参者のジョンズ・インターナショナル大学とが並んで同業者になったということは，大学関係者にとって衝撃をもって受け止められた。そして，この大学を設立したのが，既存の大学とは無関係なジョンズ・ノリッジというケーブル・テレビ会社であり，この大学が営利大学であったことも，議論を加熱させることになった。

3. AAUPの異議申し立て

　めでたくアクレディテーションを受けたジョンズ・インターナショナル大学に対して，もっとも強く異議申し立てをしたのは，アメリカ大学教員協会（American Association of University Professors）である。このアメリカ大学教員協会は，大学教員の学問の自由を守るために1915年に設立された歴史のある協会であるが，そのメンバーとなる大学教員はそれほど多くはなく，通常はさほど活発に活動しているわけではない。しかし，この件に対しては，迅速に反応し，かつ，きわめて辛辣に批判を展開した。

　AAUPからの異議申し立ては，*The Chronicle of Higher Education*という新聞に掲載されているが[1]，それによれば，「完全にオンラインで教育を行う機関を，高等教育機関とみなすことには疑問を呈さざるを得ない。高等教育そのものの意味について，再考の必要が生じるほどだ。そのような大学は，市場で売れる商品を集めただけにすぎない高等教育の名を借りた妖怪のようなものだ」と，挑戦的な文章を投げつけることから議論を始めている。そして，さらには，北中部地区基準協会に対して，「認可に従事した委員は，何をみて，オンライ

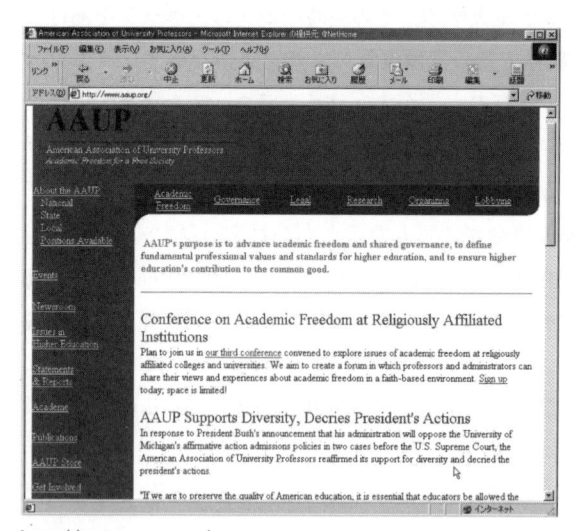

http://www.aaup.org/

■ アメリカ大学教員協会のホームページ

アメリカ大学教員協会は，大学教員の学問の自由を擁護することを目的としてeラーニング化の進展にたびたび警告を発している。

ン教育を行う新しいタイプの機関の教育の質が,伝統的な機関と同じ基準に達しているという評価を下すことができるのか」と,議論の鉾先を地区基準協会に向ける。

　AAUPは,なぜ,これほどまでにジョンズ・インターナショナル大学のアクレディテーションに批判的なのだろうか。もう少し詳しく内容を追ってみよう。「ジョンズ・インターナショナル大学には,大学の中核となるフルタイムの教員がいない。教員がカリキュラムや教育方針に責任をもつための自治のシステムを欠いているような機関を,果たして「大学」などと呼ぶことができようか。そうした機関の根本的問題は,「紐帯のない」システムにある。すなわち,コースが,内容の専門家によって準備され,技術的専門家によって配信され,統一的な評価ツールによって予測可能かつ測定可能な結果が,学習成果とみなされるシステムに問題がある。そこでは,学生は内容の専門家と切り離されるため,従来の教員と学生あるいは学生間の相互作用は阻害されることになる。また,他方では,教員は,学生の反応をみながら授業の内容を変更することや個々の学生の背景を知ることができないため,これまで教員が担ってきた,カリキュラムの内容の決定や改訂,学生の学習成果の評価方法の決定と実際の評価という役割に責任を果たすことができなくなる」

　そして,突き詰めるところ,アメリカの大学の質を維持するために貢献してきた3つの要素が脅威にさらされ,教育の質が下がることが問題だというのである。その3つの要素とは,「アカデミック・フリーダム,教員の同僚関係にもとづく大学自治,教員と学生の間にある,教授・学習の関係を超えた共に仲間として知識のフロンティアを開拓するという関係」であり,「これらの要素を欠いた,オンラインだけで教育を行う機関は,市場原理にさらされやすく,事実,安易に成績Aを発行し,早く学位に到達する道を用意して学生を集めようとしているところが多い。したがって,そうした機関では,伝統的な大学が行ってきたのと同質の教育を提供できるのかきわめて疑わしい」と断言している。

4. 北中部地区基準協会の反論

　きちんとした審査をしていないと批判された,北中部地区基準協会は反撃に

打って出る。「AAUPは,審査基準のそのものや,われわれが,それをジョンズ・インターナショナル大学に対してどのように適用したかを批判しているが,その批判はあたらない。なぜなら,われわれは伝統的な大学に対する審査と同様の基準と方法をもって審査し,認定するに足ると判断したからである」と述べて,具体的にどのような基準にもとづいて審査したかを事細かに述べ,伝統的な大学と比べてさらに厳しい遠隔高等教育機関を審査する場合のガイドラインに照らしても問題はないと,審査の正当性を強く主張する。

そして,現実空間での教員と学生,学生同士の触れ合いがないことによる教育の質の低下という批判に対しては,「実際にこの大学の教員や学生は,オンライン教育のプログラムは相互作用を強化する仕組みにできていると述べており,そうした当事者の声は無視することはできない」と,その仕組みについて説明を加えて反論している。

ここまでは,北中部地区基準協会の行ったアクレディテーションに対する批判への応酬である。実は,AAUPの批判の核心は,そこにはない。大学教員のアカデミック・フリーダムの擁護を掲げているAAUPは,教育の質の低下よりも,むしろ,教員の権利が侵されかねないことを危惧しているのである。先にもみたように,ジョンズ・インターナショナル大学ではカリキュラムの構築,教授,評価の過程が何人かの専門家に分断されるため,AAUPは教育のすべての過程に教員の統制が及ばなくなることを問題視しているのである。そうした指摘に対しては,北中部地区基準協会としてはどのように応えているのだろう。

「オンライン教育を行う機関では,伝統的な大学教員の役割を再定義しなければならない。もし,効果的な相互作用のあるコースを構築しようとすれば,カリキュラムの内容をコースに組み立てる専門家や技術的な知識をもった専門家が求められる。それとともに,学生に刺激を与え,創造性や批判的思考能力を高めるメンターが必要である。また,学習を公正に評価する信頼のおけるシステムを開発するには,その分野の訓練を受けた者がいなければならない」と,教育効果を上げるために,各分野の専門家が必要なことを力説している。そして,「教員は専門家の助けが必要だが,教員が講義全体に目配りしてリードしていくことは,インターネット上の非同期の教育においても変わらない」,「オ

ンライン教育を行う機関が教員の責任を保護できるかどうかは，教育機関の質を保証するうえで，また，大学としての認可を与えるに際して考慮すべき重要な要因である」と，教員が全体を統括する役割は変わらないということで，AAUPの批判をかわしている。

5. 誰が教育に従事するのか

　ところで，伝統的な大学において教員が1人で請け負ってきた役割が分化するという事態は，eラーニングの場合の宿命だといってよい。

　というのは，多くは，ウェッブで双方向のコースを制作する場合，コース担当の教員以外に，教授デザイン，映像デザイン，著作権，編集，教育工学などの専門家などを加えたコース・チームによって制作されるからである。教員の教えようとする内容は，それらのメディア・スペシャリストの手を経て再構成されてウェッブ上の教材として登場し，学生の手に届くのである。従来ならば，教員が教室で直接学生に語りかけていた講義は，何人もの専門家を媒介させることでオンライン上の授業となるのである。

　さらに，eラーニング・コースが配信されて学生の自学自習が開始すると，それを支援するメンターとかアドバイザーと呼ばれる学習の支援者が必要となる。講義内容の質問に回答したり，学習進度が遅れないように配慮するのは，これらの支援者なのである。従来，直接，教員にしていた質問と教員からの回答の間に，メンターやアドバイザーが介在するのである。そして，そこでの相互作用の頻度は，学習の効果につながるとさえいわれている。

　いわば，教員が講義を開始するまでにも，講義を開始した後にも，多くの専門家がいなければ，オンライン教育は成り立たないのである。教員と専門家との関係はといえば，教員は，知的資源の提供者という役割に特化し，専門家はあくまでもコース制作と学習支援を教員に代わって担当するだけなのだが，逆にいえば，教員は教育内容を考えれば，あとはすべてを他の専門家に委ねることも可能であり，その点で講義全体を統制できなくなるというAAUPの指摘はあたっている。

6. フルタイム教員はたった2人

　問題は、もう1つある。それを、ジョンズ・インターナショナル大学の教員構成を示した表7.1をみながら考えてみよう。

　この大学には、2種類の教員がいる。それはコンテント・エキスパートとティーチング・ファカルティである。前者は、その学問内容の専門家であり、コース制作の際に知識を提供し、他の専門家と共同してコース制作に従事する。後者は、学習支援の役割が主であり、先に挙げたメンターやアドバイザーと同義である。

　コンテント・エキスパートは約90％が博士号取得者だが、ここには1人もフルタイムの教員がいない。すべて、他大学ないし企業に職をもつ者であり、コース制作にあたってパート・タイム教員として雇用しているのである。本務校は、ハーバード大学、スタンフォード大学、カリフォルニア大学バークレイ校、カーネギー・メロン大学など、アメリカのそうそうたる研究大学であり、ロンドン大学など海外の大学も見出すことができる。この大学では、これら有名大学の有名教授の講義をオンラインで受けられるということを売り物にして、学生の獲得に努めているのである。

　では、学生の学習の支援をするティーチング・ファカルティの方はどうだろう。これも、20人のうち2人を除いて全員パート・タイムである。

表7.1　ジョンズ・インターナショナル大学の教員構成

学位の種類	コンテント・エキスパート	ティーチング・ファカルティ
博士号	97	11*
修士号	11	9
その他	2	0
計	110	20

*うち2人はフルタイム
出典：ジョンズ・インターナショナル大学のウェッブ・サイトより算出
{http://jiu-web-a.jonesinternational.edu/eprise/main/JIU/home.html?site-JIU-}

総勢130人を教員として抱えながら，フルタイムはわずか2人しかおらず，その2人はMBAプログラムや学士課程プログラムの主任として管理運営メンバーにも名を連ねており，実質的には教学面の管理運営的業務に従事している。

　その管理運営陣は，学長やこれらのプログラムの主任を含めて17人である。いってみれば，ジョンズ・インターナショナル大学では，この17人だけがフル・タイムで雇用されていることになる。何とスリムな大学であることか。

7. 学問共同体から，学習のコミュニティへ

　eラーニングで教育を行っている大学がほかにあるにもかかわらず，AAUPが，ジョンズ・インターナショナル大学に対してのみこれほど強く反対したのは，教員のいない大学を大学として認可していいのかということにあるのだろう。有名大学の有名教授によるコースは「市場で売れる商品を集めただけにすぎず」，教員による大学の自治を欠き，研究の行われない大学は，学問共同体に端を発する大学の理念からみれば，大学とは呼べないというのが，その主張の根底にあるのだろう。

　バーチャル・ユニバーシティとは，単にキャンパスをもたないというだけでなく，フルタイムの教員がいなくても成立し得るという事実を，この事例はまざまざと示しおり，大学というものに対するわれわれの見方に修正を要請してくる。学問の共同体としての大学の役割は後方へ退き，知識の学習の場としての大学という考え方が前面に出て，その役割に特化したところにこの大学は成立している。一般に，eラーニングでは，学習の共同体（learning community）をどのように構築するかが，重要な課題とされる。それは，バーチャルな空間のなかで学生の相互作用を活発にして学習の効果を上げることをねらいとするためであるが，そこに学問の共同体としての大学という発想はみられない。学習の共同体としての大学という発想のもとでは，教員の影はうすい。

　AAUPと北中部地区基準協会の論争の後，大学関係者を中心として新聞紙面上で議論が続いた[2]。それをみると，議論は教育の質の問題に集中しており，AAUPの真意である教員の問題を取り上げて議論しているものは少ない。キャ

ンパス型の大学がもつ現実空間での相互作用を補完できれば，バーチャル・ユニバーシティだからといって，教育の質が必ずしも低くなるわけではないという意見が主流であり，この点をとってみてもAAUPの旗色は悪い。eラーニングやバーチャル・ユニバーシティが急速に伸長している現在，そのメリットだけに眼が向けられるのかもしれない。

8. 教員の雇用不安か，過剰負担か

　しかし，eラーニングが進むことで大学の理念に変化が生じた場合，大学教員にとっては，深刻な問題が生じないとも限らない。それは，アカデミック・フリーダムが金科玉条でなくなったところでは市場原理が優勢になり，そのなかで教員は雇用不安か，さもなくば，過剰負担かという状況にさらされる恐れがあるからだ。すなわち，一方で，フルタイムの教員なくして大学が成立するとしたら，教員は不要だとして雇用問題が発生し，他方で，遠隔教育の教材制作から学生の学習支援までをすべて教員がやらなければならないとしたら，それは労働過剰となり，どちらにころんでも問題は多い。

　こうしたことに恐れを抱いたAAUPは特別委員会を結成し，2カ月後の5月には『遠隔教育に関する声明』[3]，それから12月には『提言と指針：遠隔教育に関する機関の方針と契約についての参考文例集』[4]を発表している。とくに後者では，具体的な留意点が詳細に指摘されており，遠隔教育が大学にどのような変化をもたらす可能性があるのかを知ることができる。そこでもっとも強調されているのが，労働条件に関する部分である。

　教員の雇用については，「遠隔教育の技術を利用することで，大学のフルタイム教員を減らしたり，整理統合したり，はたまた，フルタイム教員を置かないというようなことをしてはならない。教員の代替のために，録音録画された形態の教育を用いるべきではない。遠隔教育は，キャンパス型の教育を強化するために用いるべきであり，それを代替するために用いるべきではない」と，遠隔教育がフルタイム教員の地位を脅かすことを警告している。

　また，労働負荷については，「遠隔教育のコース開発にはキャンパス型のコース開発の2〜3倍かかるといわれ，学生の質問に回答するには，通常の2倍

7. 教員のいない大学は「大学」か

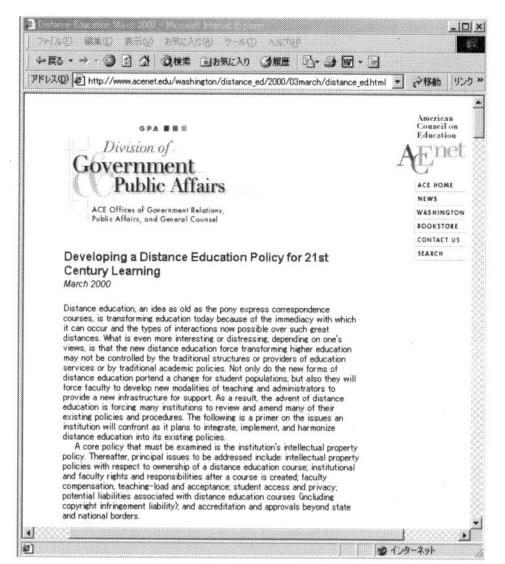

アメリカ教育審議会による遠隔教育方針に関する提言

高等教育の質を維持するという立場から，eラーニングに積極的な発言をしている。

http://www.acenet.edu/washington/distance_ed/2000/ 03march/distance_ed.html

以上の時間がかかっているといわれる。したがって，遠隔教育のコースを担当するに際してかかる余分な時間は，通常の勤務時間に組み入れるか，過剰負担であることを明記して，埋め合わせをしなければならない」と，時間に対する代償を要請している。

　これを受けて，2000年3月にはアメリカ教育審議会（American Council on Education）も遠隔教育の方針について，同様の提言を行っている[5]。

　これらの提言が，実際にどの程度効力をもっているかはわからない。ただ，アカデミック・フリーダムを強調してきた大学教員は，遠隔教育の場では雇用不安か過剰負担かで市場原理の前に屈しなければならなくなることを危惧していることは，よく伝わってくる。

　地に落ちたとはいえ象牙の塔という象徴に守られ，社会的な威信を獲得してきた大学教員は，実は，まるで裸の王様であるかのような脆弱な存在でしかないことが，この一件であからさまになってしまったのである。

■注

1 James Perley, Denise Marie Tanguay (1999) "Accrediting On-Line Institutions Diminishes Higher Education," *The Chronicle of Higher Education*, {http://chronicle.com/colloquy/99/online/bachground.htm#crow}, AAUP (1999) *AAUP Committee Objects to Accreditation of Online University* {http://www.aaup.org/newsroom/press/1999/Pro324on.htm}
2 "Should Virtual Universities be Aceredited?," *The Chronicle of Higher Education* {http://chronicle.com/colloquy/99/online/online.htm}
3 AAUP (1999a) *Statement on Distance Education* {http://www.aaup.org/statements/Redbook/StDistEd.HTM}
4 AAUP (1999b) *Suggestions and Guidelines: Sample Language for Institutional Policies and Contract Language on Distance Education* {http://www.aaup.org/Issues/DistanceEd/Acchires/speccmt/deguide.htm}
5 American Council on Education (2000) *Developing a Distance Education Policy for 21st Century Learning* {http://www.acenet.edu/washington/distance_ed/2000/03march/distance_ed.html}

8 ITは教員を幸福にしているのか

1. 大学教員の生活

　ITは，大学というコミュニティを構成する誰もが，望むと望まざるとにかかわらず，それなしには暮らせない日常を作り上げつつある。電子メールは電話やファックスにとってかわり，図書館の書籍よりもウェッブが情報源となり得る場合も多い。インターネットを通じて配信される教育も増加している。こうした変化は，ひとえに効率性というメリットに主導されているためだが，大学教育という側面に限定した場合，その主体である教員には，どのような恩恵をもたらしているのだろうか。教員の日常はどのように効率的になったのか，あるいは，教員はそうした変化をどのように受け止めているのだろう。以下，IT化が大学教員の生活に及ぼす影響について検討しよう。

2. 教育の改善が期待されたIT

　ITという言葉は見当たらないが，コンピュータや双方向ビデオ，音声・映像を多用したマルチメディアなどという言葉で表現される新技術（New Technology）が，アメリカの高等教育の世界において存在を顕示しはじめたのは1990年前後である。各種の技術を利用した遠隔授業が実験的に始まり，たとえば，バンダビルト大学の「先端電子教室」と命名された教室の教壇に立った教員は，音声，映像，文字，図表などを駆使して授業を構成して大型スクリーンに投影し，学生はそれを個々人のコンピュータ上で受け取り，指示に従って学習するといったことが行われている。その実験を行うのに，当時で60

万ドルという決して安くはないコストがかかっているのだが,それを推進する学長は,「優れた教員たちが,教育に新技術をどんどん利用するよう応援したい。新技術は,教授学習をもっと面白いものにしてくれる」実際に実験に取り組んでいる教員は,「この電子教室のおかげで,われわれは優れた教員になることができる。コンピュータは,これまでの講義形式の授業や,そのための講義ノートを確実に変えている。それはまた,教員の生産性を高めることにもなっているのだ」[1]と,新技術の効用を語っている。

「新技術を導入することで,学生は主体的に授業に参加することが求められ,それは学習の動機付けを高め,これまで以上に熱心に学習し,さらには,学生同士が協同して課題に取り組むようになる。そこで初めて「真」の学習が可能になるのである。いうまでもなく,それは,黒板を背にチョークをもって講義をする授業よりも優れている。新技術によって,教育は面白くなる」[2] 1990年代初頭の,ITが高等教育に浸透していく論理を記した文章であるが,高等教育に限らず教育の世界全般に,ITに対してこのような期待が満ち満ちていたのであろう。

ITによる教育の改善という理想を,下支えしたのが遠隔教育であった。「それまで,遠隔教育は,単位や学位と無関係の成人教育のコースが多く,学生の多くがキャンパスに通学できないパートタイムの学生であったため,キャンパスライフのメインストリームからはずれたところに取り残されていた。しかし,新技術の発展のおかげで,遠隔地に双方向性をもった教育を送れるようになり,学生は自宅や職場で「バーチャル」な教室を体験できるようになった。したがって,大学は,増大している大学進学希望者の需要に見合ったさまざまな教育プログラムを提供することができるようになったが,それだけでなく,結果的には,新たなキャンパスを設立し教員を新たに雇用するための費用を節減することになったのである」[3] 1990年代は第2の遠隔教育ブームといわれるが,その火付け役となったのがITなのである。高校卒業者と成人の大学進学者とが増大しつつあったこの時期,進学者をどのように吸収するかは政策関係者の悩みの種であった。それを一挙に解決してくれたのがITによる双方向性をもった遠隔教育だったのである。廉価にという魅力とともに教育機会の拡大,それも従来よりも質の高い教育でもって機会を拡大できることが,教育の理想に一

歩も二歩も近づくとしてITに対する期待はますます高まったのである。

　高等教育のIT化を推進するドライブは，10年経った今でも持続しているようであるが，そうしたなかでややもすれば忘れられがちだったのは，そのITを利用して実際の教育を行う教員の問題であった。

3. 教員の危惧の表明

　大学教育のIT化が教員にどのような変化をもたらすかについては，10年前においてもある程度予測されてはいた。それは，1つには，ITを利用した教育が教員の負荷を増大させるのではないかという懸念であり，もう1つは，遠隔教育が盛んになることで教員はその職を失うのではないかという危惧であった。確かに，IT機器の操作に習熟するまでには，それなりの訓練が必要であるし，マスターしたとしてもそれらを利用して授業を行うには，相当の準備時間がかかることは指摘されていた。また，いったん構築された遠隔教育のプログラムは繰り返し利用することができるため，今までよりも少ない教員でやっていけることも十分に想定できたのである。

　教員にとってのこのような問題は，おそらくは，個々の大学のなかではあまりまとまった声にはならなかったに違いない。なぜなら，大学の管理運営層を中心にした教育を改善するという理想が掲げられてのIT化の前では，教員の労働条件の悪化という問題はどうやっても優位には立てないからである。

　この問題についての潜在的な声が全国的な議論に結実してきたのは，遅ればせながら90年代も半ばになってからであり，アメリカ教員組合（AFT）は「教員はコンピュータの使用，遠隔学習ネットワーク，その他の技術に包摂されて相当量の仕事を引き受けるようになったが，それに対する補償は不十分である」として，1995年に会議を開催したのが嚆矢のようだ。そこでは，ITを教育に利用することを一概に排除するのではなく，むしろITの利用を前提として，教員の労働条件とどのように折り合いをつけるかという路線で議論は進んでいる。「これまで，技術の教育への適用という問題は，すべて経営側の責任の範囲だとしてきたが，今や，組合が，新たな労働条件を予測する必要に迫られている。たとえば，教員が遠隔授業，双方向のテレビ会議，CD-ROMな

どのマルチメディア教材などを準備するために費やした時間に対する見返りとしての給与や余暇時間を保証する仕組みを考えねばならない。その1つの目標が，教員が利用しやすいようにITの支援サービスを，確実に配置することである」[4]と，現実的な解を求めている。

その翌年の1996年，組合は『技術との共同：組合はどのようにしてキャンパスの技術革命を利用し得るのか（*Teaming Up With Technology: How Unions Can Harness the Technology Revolution on Campus*）』[5]というガイドラインを作成した。そこには，「新技術を利用しないという選択をした教員の職を保障する雇用契約を作成すべきである」などといった，教員の職を守るための文言もあるが，それ以上に，「インターネットやテレビ会議などで教えられるコースの質が水準を満たさないと判断した場合は，そうしたコースに反対すべきである。学生が遠隔教育で取得できる単位数は制限を設けるべきである。学士課程の教育には，キャンパスという共有空間での人間的な触れ合いが不可

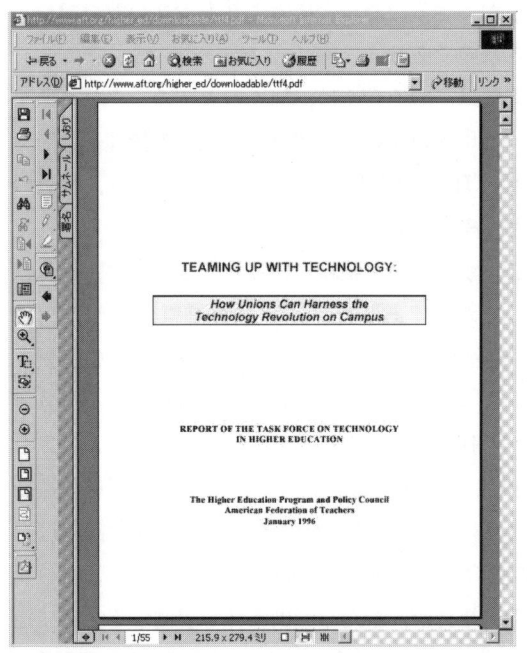

■『技術との共同：組合はどのようにしてキャンパスの技術革命を利用し得るのか』
アメリカ教員組合が取りまとめた報告書。

http://www.aft.org/higher_ed/downloadable/ttf4.pdf

欠である」などと，遠隔教育に一定の距離をおく姿勢を打ち出していることが特徴である。それについて，作成委員会のメンバーは，「技術は教育を改善する大きな力をもち得るが，今日，明確な教育目標や戦略的な計画なしに用いられている状況をよく目にする。そこで，ガイドラインは，教員の職の保障以上に教育の質の問題に焦点をあてて作成した」[6]と説明しているが，労働条件を教育の質の維持といった理想で覆って提示しているにすぎないという見方もできる。ITによる教育改善という理想に対する，ITによる教育の質の低下の防止策という論理での対抗とは，どちらもITに一定の力を認めた同じ土俵での議論である点が興味深い。

それとほぼ時期を同じくして，全米教育協会（National Education Association）は，IT化と遠隔教育の発展によって，低コストで雇用できるパートタイム教員やテニュア・トラック（終身在職権を得られる教員の資格）にのっていない教員が増加する恐れがあることを警告し，IT化は，テニュア・トラックにのっている教員に対するあからさまな攻撃だとまで非難している[7]。パート・タイム教員やテニュア・トラックにのっていない教員は，学生との密接なコミュニケーションをもった教育を実施する環境におかれていないため，IT化によって教育の質の低下がもたらされることが危惧されるという論理でもって，フルタイム教員の確保の必要性を主張している。ここでも，教育の改善を楯にとって議論が展開されている。

また，1999年にアメリカ大学教員協会（AAUP）は，大学教員がオンラインコース用に準備した教材の知的所有権や，遠隔教育のカリキュラムに関して決定権をもつべきだと主張した[8]。多くの大学が遠隔教育に進出するなかで，遠隔教育のコースが，教員の通常の仕事の上に付加されて，それに対する報酬がなかったり，あるいは，何らかの補償があったとしても，遠隔教育は対面教育で負担している授業コマ数のうちには数えられなかったりする場合があることが徐々に認識されてきたことが，こうした方針を打ち出すに至ったのである。

4. 高い負荷，しかし，高い満足度

さて，これらの懸念や危惧はどこまで妥当であったのだろうか。IT化が一

わたりした1998年,遠隔高等教育に従事している教員の調査が実施され,その結果は2002年2月に発表された[9]。それによれば,遠隔教育を担当している教員は6%,遠隔教育とは限らないが各種の非対面式の授業を担当している教員は9%でしかない。1997年に遠隔教育を実施している高等教育機関は平均して34%,公立では約70%にものぼるにもかかわらず[10],それを担当している教員はごく一部でしかない。

ところで,もっとも関心を呼ぶフルタイム教員の仕事の負荷量については,図8.1に示したように,遠隔教育の担当教員と非担当教員,非対面教育の担当教員と対面教育担当教員の間には担当コース数に関して明らかな差がある。担当しているコースの数においても,そのうち異なる内容のコースの担当数においても,遠隔教育や非対面教育の担当者の負担は大きくなっていることが認められる(図8.1)。

さらに,オフィス・アワーや学生とのコミュニケーションに用いる時間についても,遠隔教育や非対面教育を担当している教員の方が長い(表8.1)。

教育の負担が多い分,研究時間が短くなるというしわ寄せがあり,遠隔教育担当者の研究時間9.6時間に対し,非担当者は13.9時間,非対面教育担当者の10.1時間に対し,対面教育担当者は14.0時間である。しかし,こうした負荷に

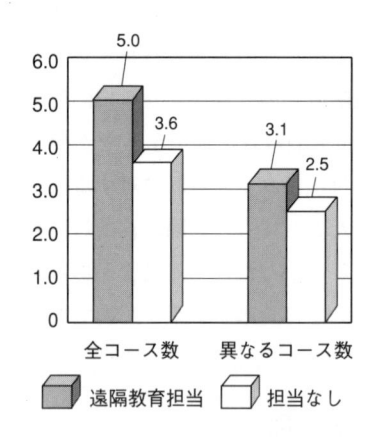

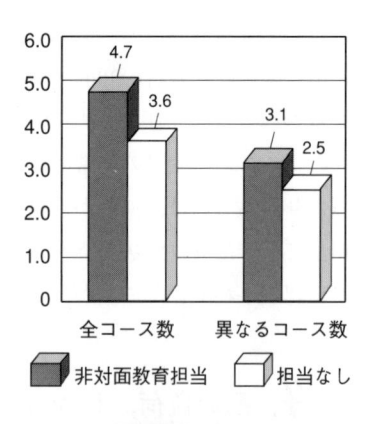

図8.1 遠隔教育の授業負担

対する金銭的な補償は，基本給にも特別手当にも反映されていないとみてよい（図8.2）。

IT化によって進展している遠隔教育は，予想されたように，フルタイム教員の授業負荷を増加させ，しかし，それに対する報酬がないものだったのである。また，2000年には全米教育協会によっても遠隔教育担当教員対象の調査がなされているが，そこでも，教員の負荷の増大，それに対する補償がないことが明らかにされている[11]。

ただ，意外な結果があった。報酬のない負担のなかで遠隔教育は実施されているにもかかわらず，担当者はそれに不満を抱いていないのである。授業内容の自律性，学生との接触時間，仕事量，職務全体などに対する満足度は，遠隔

表8.1 学生との接触頻度

	遠隔教育担当	担当なし	非対面教育担当	担当なし
オフィス・アワー	7.5	6.4	7.2	6.4
コミュニケーション時間/週	368.0	317.5	371.5	315.2

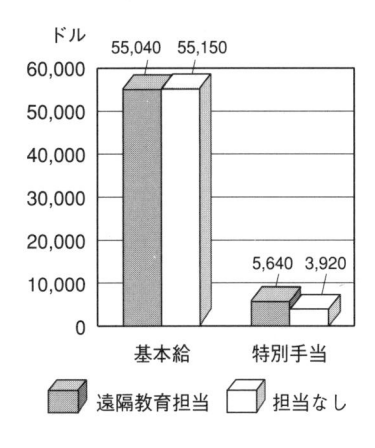

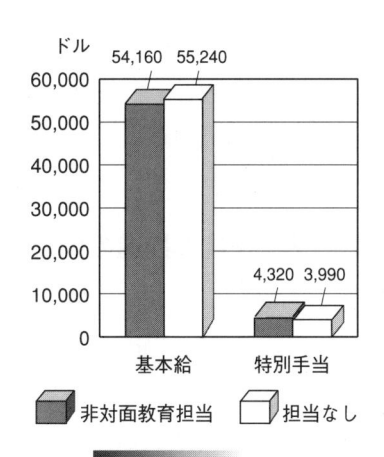

図8.2 遠隔教育担当教員の給与

表8.2 遠隔教育に対する満足度――「大変満足している」割合（%）

	遠隔教育担当	担当なし	非対面教育担当	担当なし
授業の自律性	81.2	79.1	78.6	79.3
学生との接触頻度	38.3	34.0	37.0	34.0
仕事量	30.8	29.0	34.5	28.5
職務全体	15.1	14.5	17.4	14.3

教育担当者と非担当者，非対面教育担当者と対面教育担当者の間でほぼ差がなく，それどころか非対面教育担当者は，学生との接触時間や仕事量，職務全体について満足度がやや高い傾向すらみられる（表8.2）。

全米教育協会の調査でも，遠隔教育に対して肯定的な意見をもっているのは，遠隔教育担当者に多く，とりわけ，ウェッブを利用した遠隔教育の担当者でその比率は高くなっている。どちらの調査にもこの結果についてのコメントはなく，なぜ，満足度が高く，肯定的な意見が多いのかを考える手がかりは示されていない。もともと教育熱心な教員が遠隔教育を担当するのか，遠隔教育を担当すると対面教育では味わうことのできない教育の醍醐味がわかるようになるのか，あるいは，もっと別な要因が働いているのだろうか。

遠隔教育の担当者が積極的にそれに関わっていることは望ましいことではあるが，教員個々人には負荷が負荷として意識されていない可能性が高いことが示唆されており，だとすると労働条件を不満とし，その改善を求める声は今後大きくなるのだろうか。

5. 教員の昇進の問題

もう1つの危惧であった，遠隔教育が，パートタイムやテニュア・トラックにのらない教員によって担われ，フルタイム教員は失職するというのは杞憂にすぎなかったようである。どちらの調査からも，教員のランクやテニュアの有無によって，遠隔教育や非対面教育を担当する比率にほぼ差がないという結果が出ているからである。

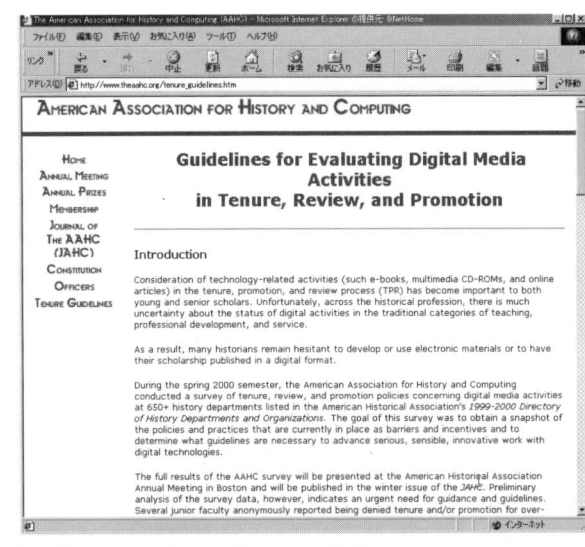

8. IT は教員を幸福にしているのか

http://www.theaahc.org/ tenure_guidelines.htm

■遠隔教育や IT を利用した教員の評価指針

教員のテニュアの獲得や昇進に IT の利用が評価されることを求めて，いくつかの学会がガイドラインを策定している。

　ところが，問題は別なところにあった。遠隔教育や IT を利用した教育を担当していると，テニュアの獲得や昇進に不利になったという事例が，ここ 1～2 年の間に多く報告されるようになったのである。一方で，教育に IT を利用することは大学側から推進されながら，他方で，それが教員のキャリアにおいて認められないという矛盾に怒りを覚えるのは当然であろう。不利な扱いを受けた本人たちは「(昇進を決定する) 委員会のメンバーからは，私のやったオンライン・コースの開発という仕事を業績として考慮しないばかりか，それは研究ではなく，サービスであるか趣味の領域のものだといわれた」，「委員会では，私の IT に関する技術をアカデミックなものとはみなしてくれず，大学教員という専門職の分裂症的なものだとされた」[12] などと語っている。

　なぜ，そうした事態が生じるのかについて，アメリカ高等教育学会の関係者は，IT を利用した教材を作成したり，e ラーニング・コースを担当したりすることのメリットを評価する基準がないというのが大きな原因であり，大学は評価の指針をどのように構築するかという問題に直面しているのだと語っている。そうしたなか，歴史とコンピュータ学会や近代言語学会など学会レベルではすでに指針を策定し，大学全体としてあるいは学科でそれの採用を要請して

いる[13]。

　他方で，そうした動きを冷ややかに見つめる関係者もいる。「問題はITを利用するか否かではない。そもそも専門職の評価において，教育という行為は無視されてきたのである。熱心に教育せよ，さもなくば身の破滅だ（Teaching well, or perish）とは聞いたことがあるか」[14] 確かにそういわれてみれば，「出版せよ，さもなくば身の破滅だ（publish, or perish）」がアメリカの大学教員の合言葉であったし，遠隔教育担当教員の研究時間が少なくなっていた調査結果とを併せて考えると，ITを利用してもそれが教育の領域である限り評価はされないことになる。

　担当コース数やそれにかかった時間などの労働条件は大学の管理運営層との交渉事項であるうえ，客観的な指標で測定可能であるため組織的な規程が作りやすい。しかし，テニュアや昇進はいわば仲間内での専門職としての職務遂行能力の評価である。そして，比較的客観的に測定しやすい研究業績とは異なり，客観的評価が困難な教育の評価のなかでのITの利用の評価という問題は，大学教員の専門性をどの範疇でとらえるかという問題にも結びつく大きな問題になり得るだろう。教育という役割のうちでITを利用することが必須になるほどにITが普及するまでは，テニュアや昇進を決める委員会においてIT利用に対する懐疑的な態度が一掃されることはないだろう。大学にとってITに関するもっとも重要な課題は，教員がITを教育に組み込むよう支援することだという大学側の認識を示す調査結果も[15]，教員間のそうした雰囲気を示しているとみることができる。

■注

1 Beverly T. Watkins (1991) "The Electronic Classroom," *The Chronicle of Higher Education*, September 4, 1991. {http://chronicle.com/search97cgi/s97_cgi?action=View&VdkVgwKey=%2Fprivate%2Fusers%2Fche%2Fhtdocs%2Fche%2Ddata%2Farticles%2Edir%2Farticles%2D38%2Edir%2Fissue%2D02%2Edir%2F02a02601%2Ehtm&DocOffset=2&DocsFound=7&QueryZip=electronic+classroom&Collection=Weekly38&SortField=score&SortOrder=desc&ViewTemplate=ArchiveView%5Fnew%2Ehts&}

2 Robert L. Jacobson (1993) "Tough Questions About Technology's Value in Education," *The Chronicle of Higher Education*, May 5, 1993. {http://chronicle.com/

search97cgi/s97_cgi?action=View&VdkVgwKey=%2Fprivate%2Fusers%2Fche%2Fhtdocs%2Fche%2Ddata%2Farticles%2Edir%2Farticles%2D39%2Edir%2Fissue%2D35%2Edir%2F35a02701%2Ehtm&DocOffset=3&DocsFound=7&QueryZip=techonology%2C+tough+question&Collection=Weekly39&SortField=score&SortOrder=desc&ViewTemplate=ArchiveView%5Fnew%2Ehts&}

3　Robert L. Jacobson (1994) "Extending the Reach of "Virtual" Classroom," *The Chronicle of Higher Education*, July 6, 1994. {http://chronicle.com/search97cgi/s97_cgi?action=View&VdkVgwKey=%2Fprivate%2Fusers%2Fche%2Fhtdocs%2Fche%2Ddata%2Farticles%2Edir%2Farticles%2D40%2Edir%2Fissue%2D44%2Edir%2F44a01901%2Ehtm&DocOffset=2&DocsFound=3&QueryZip=virtual+classroom&Collection=Weekly40&SortField=score&SortOrder=desc&ViewTemplate=ArchiveView%5Fnew%2Ehts&}

4　Peter Monaghan (1995) "Technology and the Unions," *The Chronicle of Higher Education*, February 10, 1995. {http://chronicle.com/che-data/articles.dir/articles-41.dir/issue-22.dir/22a01701.htm}

5　American Federation of Teachers (1996) *Teaming Up with Technology: How Unions Can Harness the Technology Revolution on Campus* {http://www.aft.org/higher_ed/downloadable/ttf4.pdf}

6　Goldie Blumenstyk (1996) "Faculty Group Calls for Caution and Curbs on Distance Education," *The Chronicle of Higher Education*, January 26, 1996. {http://chronicle.com/search97cgi/s97_cgi?action=View&VdkVgwKey=%2Fprivate%2Fusers%2Fche%2Fhtdocs%2Fche%2Ddata%2Farticles%2Edir%2Farticles%2D42%2Edir%2Fissue%2D20%2Edir%2F20a02001%2Ehtm&DocOffset=1&DocsFound=42&QueryZip=faculty+group%2C+distance+education&Collection=Weekly42&SortField=score&SortOrder=desc&ViewTemplate=ArchiveView%5Fnew%2Ehts&}

7　Peter Monaghan (1996) "Union Leaders Raise Concerns About Technology for Teaching," *The Chronicle of Higher Education*, March 15, 1996. {http://chronicle.com/search97cgi/s97_cgi?action=View&VdkVgwKey=%2Fprivate%2Fusers%2Fche%2Fhtdocs%2Fche%2Ddata%2Farticles%2Edir%2Farticles%2D42%2Edir%2Fissue%2D27%2Edir%2F27a02601%2Ehtm&DocOffset=1&DocsFound=10&QueryZip=union+leaders%2C+technology+for+teaching&Collection=Weekly42&SortField=score&SortOrder=desc&ViewTemplate=ArchiveView%5Fnew%2Ehts&}

8　Alison Schneider (1999) "AAUP Seeks Greater Faculty Role in Distance-Learning Decisions," *The Chronicle of Higher Education*, June 25, 1999. {http://chronicle.com/weekly/v45/i42/42a03401.htm}

9　National Center for Education Statistics (2002) *Distance Education Instruction by Postsecondary Faculty and Staff: Fall 1998*, U.S. Department of Education, Office of Educational Research and Improvement {http://nces.ed.gov/pubs2002/2002155.pdf}

10　National Center for Education Statistics (1999) *Distance Education at Postsecondary Institutions: 1997-1998*, U.S. Department of Education, Office of Educational Research and Improvement {http://nces.ed.gov/pubs98/distance/98062.pdf}

11　National Education Association (2000) *A Survey of Traditional and Distance Learning Higher Education Members* {http://www.nea.org/he/abouthe/dlstudy.pdf}

12　Jeffrey R. Young (2002) "Ever So Slowly, Colleges Start to Count Work With

Technology in Tenure Decisions," *The Chronicle of Higher Education*, February 22, 2002. {http://chronicle.com/weekly/v48/i24/24a02501.htm}

13 The Association for History and Computing (2000) *Guidelines for Evaluating Digital Media Activities in Tenure, Review, and Promotion* {http://www.theaahc.org/tenure_guidelines.htm}. The Modern Language Association (2000) *Guidelines for Evaluating Work with Digital Media in the Modern Languages* {http://www.mla.org/}

14 Jeffrey R. Young, op. cit.

15 Kenneth C. Green (1998, 1999) *The 1998 National Survey of Information Technology in US Higher Education, The 1999 National Survey of Information Technology in US Higher Education,* The Campus Computing Project {http://www.campuscomputing.net}

9 新たなスペシャリストの登場

1. 誰がeラーニング・コースを作るのか

　教員が教室で行う講義をeラーニング化するとき、誰がそれを担当するのだろう。WebCTやBlackBoardなど、さほど手間のかからないコース・マネジメント・ツールも開発されているものの、どの教員も自分1人の力でそれを利用してeラーニング・コースが制作できるとは限らない。職員が、新たな仕事を負担することも容易ではない。技術を熟知している教員や学生のボランティアに依存することにも限界がある。そこで登場するのが、教員が教室で講義していた教育内容を、eラーニング化する技術をもった各種のスペシャリストである。本章は、eラーニングの隆盛の背後に存在しているスペシャリストの役割に焦点をあてて論じよう。

2. eラーニングが失敗しないための秘策

　エンバネットという大学や企業のeラーニングを請け負う企業の創設者は、これまでの経験や調査から「オンライン・プログラムの成功のための7つの秘策」[1]を論じているが、その1つとしてコースの開発の問題を取り上げている。「(オンライン・コースで) 成功している大学は、教員にオンライン・コースを開発させずに、教授デザインの専門家やコースをインターネットに載せる専門家を利用している。…確かに、そうした人員を抱えることは余分な費用がかかるが、教員にとって負荷がない、予定どおりにコースが完成する、コースの質が数倍高くなることを考えれば、投資に対する見返りは十分にある」

eラーニング化されたコースとは，ウェッブ上にシラバスにそって各回の学習内容の要点が簡潔に示され，理解を容易にするための図表や映像が用いられ，参考資料のリンクが張られ，質問や小テストのセクションが設けられているようなものである。それは，教室での一斉授業に出てノートをとるようなものではなく，むしろ，自学自習をするための教材に近い性格をもつ。したがって，書籍が編集者の手を経て作成されるように，eラーニング・コースもその道のスペシャリストの手を借りて初めて質の高いものとなるのである。

また，先の秘策の1つに，教員の訓練の問題が取り上げられている。そこでは，教員がITスキルを獲得するための訓練をいっているのではない。「教室の対面授業で最高の教員は，eラーニング・コースでは最悪の教員になるかもしれない。両者は全く異なった教授能力を求められるのである。舞台でのヒーローから，脇にたった案内人にならねばならない」すなわち，教室での講義は，舞台で演じるパーフォーマンスのようなものであり，他方，eラーニング・コースの主体は学習者であり，教員はあくまでも学習を支援する役割に徹することが必要だというのである。教授者主体の教育から，学習者主体の教育へと教育観を転換しなければならないことを，教員自身が学習することが成功のための秘訣だという。それに有効に働くのが，各種のメディア・スペシャリストであり，eラーニング・コースの開発のなかで教員の教育観の転換に，側面的に必要な存在だといわれている。

3. コース開発チームの鍵を握るインストラクショナル・デザイナー

では，eラーニング・コースを作成するのに，どのような役割が必要とされるのか，まずそれから列挙してみよう。「教授者（注：英語ではProfessor（プロフェッサー）ではなく，Instructor/Facilitator（インストラクター/ファシリテーター）），インストラクショナル・デザイナー，技術専門家，司書，グラフィック・デザイナー，メディア編集者」さらに，写真技術の専門家やビデオ技術の専門家を必要とする場合もあるという[2]。もちろん，これだけの役割それぞれに専門家を配置することは理想ではあるが，現実的には1人のスペシャリストが複数の役割を兼ねたり，一部のみ配置することにな

るのだが，少なくとも，教員を含んだ5～6名のチームが編成されてeラーニング・コースは開発されるのであり，このチームによる開発がeラーニング・コース開発の共通した特色だということはできる。

　チームにおけるスペシャリストは，知的資源の供給者である教員の授業内容を受け止めて，コースとしての統合性や質を落とすことなく，しかも，学習者のニーズに見合う水準で，eラーニング化する能力が求められる。IT全般に関する知識，ウェッブ上に効果的に表現する技術力に加えて，講義から学習になるeラーニング・コースに関する教育理論についても一定の知識を有することが必要とされる。

　とりわけ中心的な役割を果たすのがインストラクショナル・デザイナーであり，この専門家には他のスペシャリストと同様に，「常に教員を手助けする地位にあっても，時には専門家の見地から教員に適切な助言をするが」，「コース完成の暁には姿を消す」という黒子の役割に徹することが求められる。しかし，実際は「学生が別のコースをオンラインで学習したいかどうかに影響を与える」ほど，コースの出来・不出来を左右する重要な存在である[3]。

　こうした専門家に対して，eラーニングに進出している高等教育機関は，どのような処遇をしているのだろう。いくつかの事例をみてみよう。

　たとえば，セントラル・フロリダ大学では，分散学習（Distributed Learning）センターが継続教育，遠隔教育，FDなどを担当しており，そこは，3人の事務職員のほか，5人のインストラクショナル・デザイナー，10人のプログラマー，6人のデジタル・メディア・スペシャリスト，4人のソフトウエア技術者で構成されている。また，15の分校からなるテキサス大学は，遠隔教育を行うための共通の組織をUTテレキャンパスとしてもっているが，そこでは，インストラクショナル・デザイナー5人，ネットワークやシステム関連の技術者3人，ウェッブ開発の専門家1人，デジタル司書1人が開発にあたっている。また，イリノイ大学アーバナ・シャンペン校では，教育工学センターにインストラクショナル・デザイナー3人，ネットワーク技術者2人，プログラマー2人が配置されている。

　このように，比較的規模の大きい大学では，遠隔教育や教育工学関連のセンターが，eラーニング・コースの開発や提供の担当組織となっており，そこに

スペシャリストを配置しているのである。上記の例のスペシャリストの配列順からも推測できるように，もっとも重要な役割を果たしているのがインストラクショナル・デザイナーである。

インストラクショナル・デザイナーの給与面での処遇を知るための十分なデータはないが，たとえば，ペンシルバニア州立大学が実施しているワールド・キャンパスというeラーニング・コースを提供する部署では，7人のインストラクショナル・デザイナーを抱えており，そのスキルと経験年数に応じて2000年の時点で年間3万1,800ドルから6万5,668ドルの給与を支払っているという[4]。同年度の4年制大学に勤務するフルタイム教員平均給与が6万ドル弱であることと比較すれば[5]，決してひけを取る額ではない。

4. 払底する人材

にもかかわらず，インストラクショナル・デザイナーの移動は激しく，ワールド・キャンパスでは過去1年間に4分の3が入れ替わっているという。教員との良好な関係を構築しつつ，eラーニング・コースの質を高めるためには，これら専門化が長く定着することが望ましいのであろうが，実態はそうでもないらしい。

それは，第1に，eラーニング・コースの開発に見合うだけのインストラクショナル・デザイナーが，供給されないこと，第2に，これらスペシャリストの高等教育機関における位置付け，第3に，ベンチャー企業が高等教育機関に代わってその役割を引き受けるために，数少ない専門家がそちらに移動していることなどが要因として考えられる。

第1のスペシャリストの供給に関しては，売り手市場の状況が続いている。というのは，インターネット関連の技術者や専門家は，技術の先行に後追いする状況で，彼らの多くがまだOJT（オン・ザ・ジョブ・トレーニング：職務に従事しながら訓練を積みあげていく方法）によって経験を積んで一人前となっており，高等教育機関におけるインストラクショナル・デザイナーもその例に漏れないからである。一定の知識や技術とともに経験をもった人材が払底しているのである。有能な人材は，より良好な機会を求めて容易に移動しているの

である。

　第2に，高等教育機関におけるこれら専門家の位置付けに関しては，確かに，所属部署を与えられ職務に関して自律性が保障されてはいるが，2〜3年の契約による雇用である場合が多いのである。この契約は，再雇用契約を妨げるものではないが，職場における身分の安定性という点では，テニュアをもった教員にはるかに及ばない。したがって，契約が切れる頃には，やはり移動を考えるのが通常なのである。

5. 企業への委託によるアウトソーシング

　第3のベンチャー企業の存在は，高等教育機関が，それ自身でどの程度eラーニング・コースの提供に関われるかという条件から派生している。たとえば，本書の最初に挙げたエンバネットという企業は1993年に設立された新興企業であるが，大学や企業のeラーニングのコンサルティング，戦略計画の策定，それにもとづくコースの開発や既存のコースのeラーニング化，テクニカル・サポート，ハードやソフトの整備やアップデート，教授者の訓練などを請け負うことを業務としており[6]，大きく成長している。

　また，1986年に設立されたエデュプライズという企業もその分野のリーダー的存在であり，eラーニングの開発，その後のサポートを行うことを業務としている。たとえば，バレンシア・コミュニティ・カレッジとの契約内容をみれば，eラーニングに関する教職員の訓練，WebCTを利用した教授デザインのサポート，1日24時間週7日のテクニカル・サポート，大学全体のeラーニングのコンサルティングや将来計画の策定となっており[7]，また，モンゴメリー・カレッジとの3カ年の契約内容は，WebCTを利用したオンライン・コースの開発に加えて，教員のサポートのためにインストラクショナル・デザイナーなどの専門家の大学への派遣，教員がWebCTを利用するための訓練，教員・学生のための1日24時間週7日のヘルプデスクとなっている。この契約に関して，モンゴメリー・カレッジの学長は「eラーニングは学生に対するサービスの向上，教員の教授能力の向上のための戦略的なツールだと考えている。（学内の教職員だけで始めていたeラーニングを）さらに発展させて次の段階

に移行するためには，大学のことをよく知っており，技術的な水準の高いパートナーが必要だったのである」[8]と語っている。このエデュプライズと提携して，eラーニングの開発・提供・サポートを委託している大学は，他にもフェアレイ・ディクソン大学，ジョンズ・ホプキンズ大学，バルチモア大学などがある。

　高等教育機関がeラーニング・コースを提供したいと考えても，もっとも手間のかかるコース開発のためのスペシャリストを抱えられない場合は，企業への委託という形をとらざるを得ない。確かに，eラーニングに進出しようとする場合は，インフラの整備やメンテナンス，コース・マネジメント・ツールの利用など，いわゆるハード面においては，企業との連携は欠かせない。しかし，上記の例にみるように，コース内容の作成，テクニカル・サポート，学習支援などのソフト面での連携も多くなっているのである。その方が，質が高く，確実であり，かつ，長期的にみれば廉価になるという。しかし，大学は教員の知的資源を供給すれば，あとは，eラーニング・コースのコンテンツの作成から学生の学習の支援まですべてをアウトソーシングするというのは，ある意味で企業が大学教育の肩代わりをしているといえなくもない。それも，ひとえに，eラーニング・コースの開発は，これまでの大学の教職員のもつスキルでは，手に余るものであり，その道のスペシャリストの力を必要とするものだからである。

6. 新たな養成システム──大学院

　ところで，近年，大学院レベルで遠隔教育を教えるプログラムを設置しようとする動きが注目される。高等教育における専門職学位プログラムの創設は，その分野に従事する者を包括的かつ組織的なカリキュラムによって養成する必要が生じたことを示すものであるという例にたがわず，遠隔教育が盛んになるにつれ，その領域の専門家も，これまでの短期のワークショップやOJTから脱して，インストラクショナル・デザイン，成人教育に関する理論，eラーニングの教育方法などに関する体系的な知識をもった専門家として養成しようという動きになって現れているのである。両者の養成方法の違いは，訓練期間の

長短にあるだけではない。短期間の訓練では，遠隔で教育を配信するためのデザインや配信方法のスキルの伝達であったものが，大学院教育では，それらのより高度な技術とともに，教育理論に力が注がれ，より理論化が進められるようになったことである[9]。

また，興味深いことに，遠隔教育の専門職養成は遠隔教育という方法でもって可能であるという論理により，従来，遠隔教育を主にしている機関や，新規に設立されたバーチャル・ユニバーシティなどの教育機関が力を入れているのである。そうしたプログラムをもつ代表的な機関を挙げれば表9.1のようになる。

これらの教育プログラムの内容をみると，遠隔教育の基礎，インストラクショナルデザイン，メディア技術，遠隔教育のマネジメント，学習やカリキュラムの評価に関するコースなどを必修としていることを共通にしており，遠隔教育のマネジメントから技術面まで広くカバーしたスペシャリストを養成しようとしていることがわかる。たとえば，メリーランド大学のプログラムの紹介には，「急速に拡大している遠隔教育の領域において，遠隔教育のプラニング，開発，配信，サポートに関する教育内容を提供することで，教育界はもとより，ビジネス，官公庁，非営利団体などにおいて遠隔教育のマネージメントができる人材の養成を目的とする」[10]と記述されている。

これらのコースが何人程度の学生を受け入れ，そのうち，どの程度が学位を

表9.1 遠隔教育関連の専門職養成のプログラム

機関名	プログラムの名称	学位
カペラ大学	遠隔教育専門の教育学	修士
フロリダ州立大学	遠隔教育専門の教授デザイン	修士
ノバ・サザン大学	教授技術と遠隔教育	修士
メリーランド大学	遠隔教育	修士
ニューヨーク工科大学	教授技術	修士
ジョンズ・インターナショナル大学	eラーニングにおける教育学	修士
ウェスタン・イリノイ大学	教授技術と遠隔コミュニケーション	修士
フェニックス大学	教育学とe教育	修士
アサバスカ大学（カナダ）	遠隔教育	修士

取得して専門職として雇用されているのかは、設立されたばかりのプログラムが多いのでよくわからない。しかし、1994年と比較的早い時期にプログラムを設置したカナダのアサバスカ大学の場合、これまでに約400人が在学したと報告されている。遠隔教育やeラーニングが今後も高等教育において伸張していく限りは（そして、それが各種の調査による大方の見方であるが）、これらのスペシャリストに対する需要は増大するであろうし、教員とも職員とも異なる職種が大学に定着し、大学教育担当の分業化につながっていく可能性はあるとみてよいだろう。

7. 大学関係者の受け止め方

さて、こうした変化はこれまでの大学関係者にはどのように受け止められているのだろう。1つには、教員のコース全体に対する統制と責任がなくなることに対する懸念や不安が表明されている。すなわち、これまで教員が教育を行うという場合、シラバスの作成を通じて授業を設計し、教壇に立って授業を実施し、学生の達成度を評価するという一連の仕事を1人で未分化なままに遂行してきたわけだが、それはコース全体を自由にコントロールしてきたことを意味している。それに対し、eラーニング・コースの提供の場合は、教員に各種のスペシャリストが関わってチーム編成でコースが作られるために、「教員はコースに対する自律性や統制を喪失するのではないか」、さらには「企業とブランド大学の有名教授がチームを組んでオンライン市場を左右し、普通の教員は取り残されるのではないか」[11]といった恐れが表明されている。

他方では、大学における「教育」に、もっといえば「教授法を改善する」という問題に焦点があてられるようになるのではないかと期待する向きもある。というのは、教員とスペシャリストがチームを組むことで、教員の伝達したい知識内容をどのように表現すれば効果があるのかということが論じられるようなり、また、教員が教育者であるよりも、学生の学習の支援者であることが求められるために、大学教員にとって教授法が課題となってくるからだという。「大学は、個々の教員が教授法の改善を検討するようになるために、どのようなインセンティブを設けるかが重要だ」[12]という。これは、eラーニングが成功する秘策のうち

の，教員の教育観を転換させるための訓練という問題とも符合する。

　大学教員はいうまでもなく教育をその役割の1つとしてきたし，アメリカの多くの大学では教育を評価するために教育賞を設けている。しかし，さらに踏み込んで「教授法」について，それも学生の学習を主体にして考えてきたとはいいがたい。したがって，eラーニング・コースを，教員とスペシャリストのチーム編成で制作することが，高等教育における「教授法」が論じられる契機となり得るというならば，それは予期しなかった副次的な効果ということになろう。

■注

1. Jeffrey Feldberg (2001) "Seven Secrets of Successful Online Learning Programs," *Distance Education Report*, Vol. 5, No. 16, August 15, 2001, Magna Publications Inc., pp. 1-3.
2. Peter Williams (2000) "Making Informed Decisions about Staffing and Training: Roles and Competencies for Distance Education Programs in Higher Education," *Online Journal of Distance Learning Administration*, Vol. III, No. II, Spring 2000, State University of West Georgia {http://www.westga.edu/~distance/williams32.htm}, Glenn C. Altschuler and Polley McClure (2002) "… and Colleges Must Technology Plans," *The Chronicle of Higher Education*, January 18, 2002. {http://chronicle.com/weekly/v48/i19/19b01601.htm}
3. Dan Carnevale (2000) "Turning Traditional Courses Into Distance Education," *The Chronicle of Higher Education*, August 4, 2000. {http://chronicle.com/weekly/v46/i48/48a03701.htm}
4. Dan Carnevale, op. cit.
5. Average Faculty Salaries in Selected Fields at 4-Year Institutins, 2000-1, *The Chronicle of Higher Education*, July 27, 2000. {http://chronicle.com/ weekly/v47/i46/46a01001.htm}
6. E-Learning Components {http://www.embanet.com/elearning_solutions/index_flash.htm}
7. Valencia Community College: Focused on learner Needs, Diversity and Rapid Growth. {http://www.eduprise.com/pdf/success/vcc.pdf}
8. "Enterprise Strategy Will Connect e-Learning to the College's Learning-Centric Mission (2001)," *Business Wire*, February 20, 2001. {http://businesswire.com/webbox/bw.022001/210512648.htm}
9. Donald P. Ely (2001) "Graduate Degrees in Distance Education: Signs of an Emerging Professional Field," *Distance Education Report*, Vol. 5, No. 21, November 1, 2001, Magna Publications Inc., pp. 1-3.
10. Master of Distance Education, Overview {http://www.umuc.edu/prog/gsmt/mde/}

11 Jeffrey R. Young (1997) "Rethinking the Role of the Professors in an Age of High-Tech Tools," *The Chronicle of Higher Education*, October 3, 1997. {http://chronicle.com/colloquy/97/unbandle/background.htm}
12 Frank Newman, Jamie Scurry (2001) "Online Technology Pushes Pedagogy to the Front," *The Chronicle of Higher Education*, July 13, 2001. {http://chronicle.com/weekly/v47/i44/44b00701.htm}

教育活動

10 変容する大学の学問知

■ 1. eラーニングのカリキュラム

　究極のeラーニングの形態とは，キャンパスの教育に関する機能がインターネットに載って，学習者のコンピュータの画面に登場するようなものだと考えてよい。授業登録や授業料の支払いにはじまり，授業を受け，参考文献を入手し，教員や学生の間で議論をし，テストやレポートで評価を受け，単位を修得するという一連のプロセスが，すべて1台のコンピュータに収められている。

　急速に増加するeラーニングのうち，すべてをeラーニングで学位取得までが可能なプログラムは，どれほどあるのだろうか。また，それは，どのような学問領域においても，たとえば，ハンズ・オンをともなう実験実習でも可能だろうか。eラーニングで提供されているカリキュラムの総体は，キャンパス型の大学のそれとどの程度，異同があるのだろうか。

　本章では，eラーニングのカリキュラムに焦点をあてて，大学のカリキュラムがどこまでeラーニング化しているのか，また，eラーニングの導入によって大学の教育内容はどのような影響を受けるのか，こうした問題について考えてみよう。

■ 2. 多くは，学士課程レベルの単独コースと専門職養成

　風説では，eラーニングのコースにはMBAやIT関連の修士レベルのプログラムが多い，いや，修了証書が多い，などといわれているが，それがどの程度実態を表しているのか，まず，教育レベルとプログラムやコースの学問領域と

の関係からみることにしよう。表10.1は、USニュースのホームページに掲載されているeラーニングによる教育プログラムやコースの一覧を、教育レベル別、分野別でまとめたものである。どの機関でどのようなeラーニング・コースを提供しているのか、その授業料はいくらかといった情報を掲載したウェッ

表10.1 レベル別・領域別eラーニング・コース（%）

	学士課程レベル	学士課程修了証書	学士号	大学院レベル	修士修了証書	修士号	博士号	平均
<職業教育>								
経営学関連	18.8	23.7	25.2	25.1	18.0	**26.9**	13.6	21.8
健康科学関連	8.6	8.6	16.6	12.1	15.5	14.3	**36.4**	11.0
教育学	4.4	7.0	2.4	11.9	**15.0**	**15.2**	**18.2**	7.8
工学関連	4.2	4.9	2.9	9.9	**13.6**	11.3	2.3	6.5
コンピュータ科学	5.5	10.2	10.0	5.4	9.2	7.9	9.1	6.4
コミュニケーション関連	6.0	7.0	4.4	5.6	7.8	3.2	2.3	5.7
農業・環境科学	2.5	2.2	1.5	1.9	0.5	2.2	0.0	2.2
行政学関連	2.0	1.6	2.2	4.3	1.9	3.6	4.5	2.8
図書館学	1.1	1.3	1.2	2.0	1.9	2.0	0.0	1.4
法学	1.4	0.8	1.7	1.2	0.5	0.6	0.0	1.2
その他	5.1	3.8	4.4	3.8	2.9	3.6	2.3	4.4
小計A（タテ計）	59.7	71.2	72.6	83.3	86.9	90.9	88.6	71.1
<リベラル・アーツ>								
人文・社会科学関連	**24.9**	17.5	22.0	10.8	9.2	7.5	9.1	18.4
語学関連	8.1	6.2	2.9	3.1	2.4	0.8	2.3	5.5
数学	4.0	3.0	1.5	1.7	1.0	0.2	0.0	2.7
生物・生命科学	3.4	2.2	1.0	1.2	0.5	0.6	0.0	2.2
小計B（タテ計）	**40.3**	28.8	27.4	16.7	13.1	9.1	11.4	28.9
合計（小計A＋小計B）	100.0	100.0	100.0	100.0	100.0	100.0	100.0	100.0
(N)	(3034)	(371)	(409)	(1672)	(206)	(495)	(44)	(6231)
計（ヨコ計）	48.7	6.0	6.6	26.8	3.3	7.9	0.7	100.0

出典：USNews E-learning/Search.{http://www.usnews.com/usnews/edu/elearning/tools/elsearch.htm}
注：太字は平均より5ポイント以上高いもの

ブ・サイトは，これ以外にもいくつかあるが，毎年，各種の指標にもとづき全米の大学のランキングを出しているUSニューズだけあって，1,000以上の機関の6,000余の教育プログラムやコースを幅広く網羅しており，このホームページは全体像に近づくことのできるデータ・ソースである。

　教育レベルをみると，まず，単に学士課程相当，大学院相当というコースが大半を占めていることに気づく。全米で60％強の高等教育機関が少なくとも1つ以上のeラーニング・コースをもっているなかで，大半は修了証書や学位に結びつかない単独のコース，それも学士課程レベルのコースが全体の半数弱を占めていることに注目すべきだろう。修了証書や学位が獲得できる教育プログラム全体をeラーニング化している機関が，さほど多くはないのである。

　修了証書や学位に結びつくプログラムは，全体の25％程度であるが，そのなかでは，確かに，修士号を発行するプログラムがもっとも多いが，学士号発行のプログラムもそれに次いでいる。博士課程が少ないのは，従来の博士課程が研究者養成に特化してきたことと関係があろう。コース・ワークを超えて自分で調査研究を企画して論文を書いていくという形態でなされる研究者の養成は，eラーニングにはなじみにくいのである。

　学問領域別にみると，経営学，健康科学，教育学の大学院レベルのコースの比率が高く，やはりeラーニングと専門職養成とは親和性があることがわかる。まだ，比率の上では少ないが，図書館の電子図書館化，書籍に加えて映像音響資料を蓄積する場への変容にともない，図書館司書の役割も変化しており，eラーニングによる専門職養成が進んでいる。また，コンピュータ科学もITを利用して比較的容易に教えることのできる領域として増加傾向にあるといわれている。専門職養成を含めて，いわゆる職業教育（非リベラル・アーツ）が全体の70％を占めていることが大きな特徴である。

　リベラル・アーツはあまりeラーニング化されずに，eラーニング化が進んでいるのは職業教育の領域なのである。確かに，リベラル・アーツと分類したうち人文・社会科学は20％弱を占めているが，その多くは学士課程レベルの単独コースであり，大学院段階では少ない。また，人文科学に属する語学は，それだけで一定の比率を占めており，訓練的性格をもつ語学は，人文科学のなかでは唯一eラーニングに適している領域とみることができよう。

3. なぜ,リベラル・アーツは少ないのか

　アメリカの大学におけるコアは,学士課程のリベラル・アーツにある。リベラル・アーツ・カレッジはもちろん,研究大学においても学士課程はリベラル・アーツが中心であった。それに対し,表10.1でみたように,リベラル・アーツのeラーニングは少数派でしかなく,eラーニングは大学の教育内容の全体的な構成からみれば,かなり偏ったところで隆盛をみていることがわかる。それでは,なぜ,eラーニングの教育プログラムやコースの分布は,キャンパス型の大学と異なる分布をしているのだろうか。

　第1に考えられるのは,eラーニングに対する需要の問題である。時間と空間の障壁を超えるeラーニングにメリットを見出すのは,有職成人である。その彼(彼女)らが求める教育は,個人の自己充足に加えた,昇進・昇給・転職などのキャリア・アップというインセンティブに応えてくれるものであり,実践的な職業教育なのである。特定の知識・技能・訓練を行い,職業にすぐに役立つ教育を求める教育需要に,職業と直結する知識を教えないことを旨とするリベラル・アーツはそれに応えられない。

　第2は,リベラル・アーツの機能とeラーニングとの適合性の問題である。eラーニングに適合的な領域とは,その教育内容が順を踏んで段階的に学習を進める形態に構築可能で,さらに,学習の各段階における答が一義的に決定されるものであることが望ましい。なぜなら,個別学習を基本とするeラーニングでは,学習の進捗状況が個人で確認できる内容構成であることが,学習者の学習の継続率を高める最適な方法だとされているからである。

　それに対し,リベラル・アーツは,どのようなものということができるのだろうか。eラーニング・ベンチャーの副社長とリベラル・アーツ・カレッジの学長との両方を経験した者の言葉を借りて考えてみよう。彼によれば,「リベラル・アーツの教育の目的は,学生を,そのもっている前提から自由にし,多様な,時には葛藤,対立する意見を比較しつつ自分で考えられるようにすることにある。したがって,実践性には乏しく,職業上の目的に直結するものでもなく,むしろ,偏見,偏向,権威といったものに対して挑戦する姿勢を身につ

けるものである。ところが，現存する遠隔教育の形態には，リベラル・アーツ教育を行うようなもの，すなわち，学生を個性をもった個人とみなして，学生に他者の考え方を受け入れ検討させるようなものはない」[1] リベラル・アーツの目的を達するには，eラーニングではできないとみなされていることがわかるが，それがeラーニング・ベンチャーの副社長として，リベラル・アーツをeラーニングで提供することを提唱していた者の言葉であるが故に，説得力をもつのである。

　第3は，それと関わって教育の社会化の問題である。すでに第5章で論じたように，リベラル・アーツ・カレッジでは，eラーニングの導入の是非をめぐって大議論になったとき，論点は社会化の問題であった。eラーニングでは，社会化ができないというのが導入反対の意見であったが，その社会化に必要な学問はリベラル・アーツであることが暗黙の前提とされていた。社会化とは，他者との触れ合いのなかで人格形成を行うことだと要約できるが，それには，さまざまな見解があることを検討させて自らの世界観を構築させることを目的とするリベラル・アーツが，適合的なのである。eラーニングは知識・技能を教え，訓練をすることには向いていても，社会化の機能までを期待することはできないというのである。

4. 実験や実習はどこまで教えられるのか

　再び，表10.1をみると，工学，農業・環境科学，生物・生命科学などといった自然科学系のプログラムも一定量を占めていることに気づくだろう。これらの自然科学系では，実物に触れての実験や実習がつきものだが，それはeラーニングというバーチャルな空間における学習ではどのようになされているのだろうか。

　1つには，やはり自らの手で実物にふれながら実験を行う形態でコースを構成する方法がある。実験用のマニュアルを読みつつ，1人で実験し，その結果をレポートにまとめるのであるが，その具体例を1つみてみよう。ある化学のコースでは，くるみなどのナッツ類から中身を取り出し，それにマッチで火をつけて燃焼することを確認させる。ナッツの油分が燃焼するわけだが，次に，

ナッツの燃焼を利用して水を温め，その温度を測定し，温度上昇分からカロリーを計算する。また，火は水を温めるだけでなく，その周りの空気の温度も上昇させる。その事実から，燃焼には酸素が必要なことを学ばせるという内容で構成されている[2]。この実験は，連邦教育省から4年間で40万ドルの研究費の補助を得て開発された実験の1つだそうであり，そこでは，学生が自宅の台所などにおいて1人で危険のない範囲で簡単な実験を行い，科学的概念を理解できるようなプログラムの開発が推奨されている。

他方で，コンピュータ・シミュレーションの利用範囲の拡大や技術開発は，実験や実習の類をコンピュータ上に載せて行う方向でも進んでいる。たとえば，化学の実験では，光のスペクトラムの測定をコンピュータ上で行い実験とする，考古学の発掘の実習として，開発したコンピュータ・ソフトを利用して，発掘の範囲や深さ，発掘したものの汚れをどの程度取り去るべきかなどのパラメータを設定しつつシミュレーションし，それでもって疑似発掘体験を得るという方法が取り入れられている。それ以外にも，法学のコースにおける模擬裁判，生物学における植生の学習など，シミュレーションはあらゆる領域で用いられる傾向にある[3]。

こうしたシミュレーション方式による実験・実習に対しては，実際の実験や実習の「代替」としての評価を超えて，「400～500人も登録しているクラスでは時間ばかりとられて，満足な実験はできない。それよりは，シミュレーションでは繰り返し実験ができ，学生の理解は深まる」，「教員の側も個々の学生の進捗状況から，つまずきを発見しやすい」[4]などと，好意的な評価が与えられている。

しかし，他方で，「初級コースや，それを専門としない学生対象であればともかく，上級コースを，オンラインで教えることは無理がある」，「科学の根本の部分は，コンピュータ上のアニメーションや，コンピュータで描いた図式では理解できないだろう」という科学の理解という点からの批判的な意見や，「近年，大学の管理運営層からの，あらゆるコースのオンライン化の要請が強く，科学関連のコースのオンライン化が進んでいるが，現状のコンテンツのレベルからみる限り，望ましいことではない」[5]と，外圧があることを示唆する意見もある。

確かに，技術開発は不可逆的に進むであろうし，それによって可能になる実験や実習の範囲は拡大していくだろう。だが，外圧の話からも推測されるように，現実には，技術でできることの限界の範囲内で，教育内容が決定され水準の低下に陥る危険性が出てくるという問題をもっていることに注意すべきだろう。eラーニングでどのレベルまで教育内容を伝達できるかという議論を転換して，eラーニングで可能なレベルを教育内容にしようという議論になったとき，それもそうした議論が，教育や研究の論理と相反するかたちで経営の論理として持ち出される危険性があることを，上記の意見は示唆しているからである。

5. 教育内容の標準化

　eラーニングに適合的な領域，eラーニングで可能な技術という問題は，次に，教育内容の標準化や，需要側の要求に合わせた教育内容の作成という問題につながっていく。eラーニングのコースを作成するには，コース・マネジメント・ツールを用いるが，そこで，常々問題になるのは，それらの規格にあわせてコンテンツを作成した場合に，他のプラット・ホーム上では容易に利用できない，あるいは，技術開発が進むと以前のバージョンが利用できなくなるということである。

　現段階では，eラーニングのコースをあるプラット・ホームから別のプラット・ホームへと移動させることは，かかる費用の点からいっても，時間からいっても無駄が多く，その技術的克服が課題になっている。その目的は，eラーニング・コンテンツを共有化することで，費用や時間を節約しようとすることにある。現在，進んでいるのがオブジェクト・モデルといわれているものであり，コンテンツをオブジェクトと呼ぶ各要素に分解し，それを，規格の異なるプラット・ホーム上でも利用できるようにすることを目指した開発である。

　これが進むと，教員は新たなeラーニング・コースを作成する場合，既存の複数のeラーニング・コースから必要な部分（オブジェクト）を取り出し，それらを組み合わせることで，新たなコース作成できるようになる。ウィスコンシン大学と国防省との共同で進められているこのプロジェクトのリーダーは，「今日，われわれは情報の孤島という問題に直面している。このオブジェク

ト・モデルが普及し，共通のツールを共有すれば，大学間あるいは，大学とそれ以外の組織との間でeラーニングのコンテンツをもっと容易に流通させることができるようになる」[6]と，期待を表明している。

しかし，こうした教育内容の互換性が進んだとき，どのコースも出来合いの部品の組み合わせで似たりよったりになることはないのだろうか。誰もが，同じことを同じ水準まで学習する教育内容であれば，標準的なコースやプログラムの作成は効率的な方法だろう。しかし，他方で，教員個々人の多様な見解，多様なプレゼンテーションの方法といった個性を排除するものであることも確かである。

6. 企業向けの教育プログラムの作成

大学の教育内容の標準化を目指す動きの対極には，教育需要にあわせたeラーニングの教育内容を作成する動きも生じている。それは，大学が企業と提携して，企業の社員向けのeラーニング修士課程プログラムや修了証書を作成するという動きである。たとえば，ボブソン・カレッジがインテル社用のMBAのプログラムを開発したこと，オレゴン健康科学大学がマイクロソフト社用の技術経営修士号のプログラムを開発したこと，テキサス大学オースティン校がIBM社員用の科学技術と商業という修士号のプログラムを開発したことなど，大学と企業との提携による修士学位プログラムの開発事例には事欠かない。

大学が，その企業の社員教育に必要とされる教育プログラムを開発し，それに大学の学位を与えるという事態に対して，全体としては表立った反対はなく，むしろ，大学の知を現実の世界に応用することを支持する教員が多いという[7]。

また，300以上の高等教育機関が加盟する成人・経験学習審議会（the Council for Adult and Experimental Learning）と称する団体では，企業がeラーニングを始めようとするとき，どのようなカリキュラム編成にすべきかの相談にのっており，大学と企業との橋渡しをしている。「（こうした相談を経て）企業はより訓練された労働力を得ることができるだけでなく，学生もそうでなければ得られなかった学習機会を得られることになるのである」と，協議会の会長はその意義を強調しているが，他方で，コース作成を担当する教員のなか

には,「これは,教育なのか,訓練なのか」と疑問を投げかける者もいる[8]。

　表10.1にみたように,eラーニングにおいて専門職教育が一定の比重を占めていることと,企業の従業員用の教育訓練プログラムの開発を大学に委託し,大学の正規のプログラムとして提供してもらうこととは,eラーニングのもつ共通の特性を表している。すなわち,従業員も雇用者としての企業も,職業教育訓練をeラーニングという手法によって大学から得ようとしているのである。大学がその対象として期待されているのは,学位というものを,企業が必要とする内容に近づけて発行してもらうということだろうか。

7. 大学の固有の知は変容するのか

　eラーニングが,職業教育中心でリベラル・アーツが少ないこと,その技術水準で決まってくる教育内容,教育内容の互換性を高める技術開発,企業向け教育プログラムの提供,これらここで扱った個別の話題は,どれも大学の知の問題に関わってくる。伝統的な大学における青年に対する知識・技能の伝達と

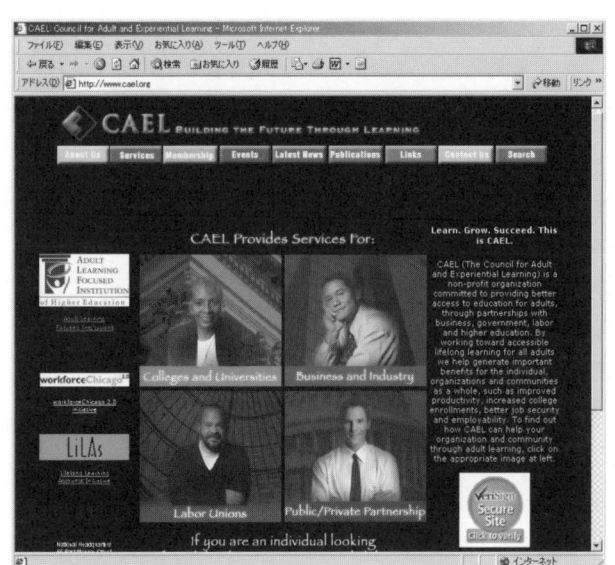

■成人経験学習審議会のホームページ

成人の学習機会の拡大をミッションとするこの審議会では,eラーニングに関する大学と企業との橋渡しを行っている。

http://www.cael.org

人間形成の両面を目的とした教育,それは大学において研究され蓄積されてきた学問知にもとづいていた。

しかし,ここでみた事例は,いずれも顧客としての学生に,その学生が必要とする内容を,現在可能なIT技術の水準のなかで教育しようとする大学の姿である。学生を顧客とみなす限りは,購入したい商品の効用がすぐみえるもの,とりわけ売れ筋商品を,最大限のサービスで販売することが必要になる。

大学固有の学問とその知を尊ぶ姿勢や,そのためにアカデミック・フリーダムを重視してきた大学とは異なる方向に進んでいる状況に対して,真っ向から異議を申し立てている者も多い[9]。これが,従来の大学の周辺部での事態であるうちはともかく,これがどこまで既存の知の生産のあり方に影響を及ぼすのか,即断はできないが,かといって,楽観視もできないのではないだろうか。

■ 注

1 Willian Durden (2001) "Liberal Arts for All, Not for the Rich," *The Chronicle of Higher Education*, October 19, 2001. {http://chronicle.com/weekly/v48/i08/08b2001.htm}
2 Dan Carnevale (2002) "Baking Soda, Vinegar, and Measuring Cups Become Lab for Online Chemistry Course," *The Chronicle of Higher Education*, November 12, 2002. {http://chronicle.com/daily/2002/11/2002111201t.htm}
3 Frank Newman, and Jamie Scurry (2001) "Online Technology Pushes Pedagogy to the Forefront," *The Chronicle of Higher Education*, July 13, 2001. {http://chronicle.com/weekly/v47/i44/44b00701.htm}
4 Newman, and Scurry, op. cit.
5 Sarah Carr (2000) "Science Instructors Debate the Efficacy of Conducting Lab Courses Online," *The Chronicle of Hition of teachers Higher Education*, March 10, 2000. {http://chronicle.com/daily/2000/03/2000031001u.htm}
6 Sarah Carr (2000) "Wisconsin Project Seeks to Create a Common Standard for Online Courses," *The Chronicle of Higher Education*, February 17, 2000. {http://chronicle.com/daily/2000/02/2000021701u.htm}
7 Dan Carnevale (2000) "College's Tailor Online Degrees for Individual Companies," *The Chronicle of Higher Education*, March 29, 2002. {http://chronicle.com/weekly/v48/i29/29a03601.htm}
8 "Colleges Design Distance-Learning Courses to Meet Industries' Needs," *The Chronicle of Higher Education*, August 2, 2002. {http://chronicle.com/weekly/v48/i47/47a02702.htm}
9 American Federation of Teachers (2001) *A Virtual Revolution: Trends in the Expansion of Distance Education* {http://www.aft.org/higher_ed/Downloadable/VirtualRevolutions.pdf}

11 講義が「物」になったとき何が起きるか

1. 講義のeラーニング化

　教員が教室で講義を行う場合，その講義の所有者は誰かといった発想は，法律の専門家ならばともかく一般にはなかったといってよいだろう。しかし，教室の授業がひとたびeラーニング化されると，そこに著作権や所有権の問題が発生したのである。これまで取り決めのなかった事態に遭遇して，アメリカの大学はeラーニング化された授業を誰のものとするかをめぐってさまざまな立場からの議論が沸騰した。いったい，なぜ，そうした問題が生じるのか，誰がどのような議論をしているのか，そして，どのような方策がとられたのか，本章では，eラーニングによる授業の所有権・著作権の問題を取り上げよう。

2. ハーバード大学のミラー博士の事件

　1999年11月のことである。ハーバード大学と同法学部教授のアーサー・ミラー博士との間で事件が起きた。ミラー博士は自身がハーバード大学で行っている講義をビデオ録画したものをコンコード・ロースクールからの要請に応じて売ったのであるが，それに対して大学側は大学の規則に反するとして待ったをかけたことにはじまる。
　ハーバード大学がもちだした規則とは，「許可なくして他大学で講義をしてはならない」というものである。コンコード・ロースクールは，ミラー博士の講義ビデオをeラーニング化したものを自校の講義として提供しているのだが，それをハーバード大学は，許可なしに他大学で「講義」したとみなしてミ

ラー博士に抗議したのである。ミラー博士は、「私はコンコード大学で教えてはいない。なぜなら、コンコード・ロースクールの学生とメールでさえコンタクトをとったことはないからだ。彼らは、私の講義をオンラインを通じて見ているだけで、それはテレビでの講義を見たり、一般向けの講演を聞いたりするのと何ら違いはない」、「コンコード・ロースクールに講義ビデオを売った際の契約は、書籍の出版やテレビでの講義と同じ類いのものであり、ハーバード大学の規則を侵してはいない」と主張した。

　ミラー博士が録画講義を売った相手のコンコード・ロースクールとは、2年前に設立され、すべての講義をeラーニングで流す、いわゆるバーチャル・ユニバーシティであり、ロースクールとしては全米初の試みである。しかも、母体はワシントン・ポストが所有しているテスト会社のカプラン教育センターであり、そこの一部門として位置づけられている。このコンコード・ロースクールが、ミラー博士の録画講義を買ったのは、何よりも博士がアメリカ法学界の泰斗であるからで、そうした有名人の講義をオンラインで流すことで学生を引きつけようというねらいがあったことはいうまでもない。

　ミラー博士がいうように、彼はこれまでにもテレビなどをはじめとするメディアを通じて講義や講演をしてきたが、それについて大学は規則に反するといったことはなかった。したがって、メディアを通じて講義することは、さして問題にはならないはずである。また、通常、教員が講義内容を教科書として執筆して販売することは教員の自由裁量のうちであり、それに対して大学が口を差し挟むこともなかった。とすれば、講義内容を販売することにも、問題があるとは思われない。

3. 莫大な利益

　では、なぜ、今回に限って大学は、ビデオ録画のeラーニング化を、他大学で「講義」したといって問題視したのだろう。実は、「大学の許可なくして他大学で講義してはならない」という規則をもちだした大学の抗議は、いいがかりだとする説がもっぱらである。というのは、教科書を執筆したことやテレビで講演したことによる利益と比較して、講義のeラーニング化によってミラー博

士が得た利益は莫大なものであり，それが教員個人の収入になることに大学が異議を申し立てたのである。確かに，ハーバード大学は，自校の教員の講義をビデオ化して他のロースクール，法律会社，政府関係機関などに販売しており，ミラー博士のある10回シリーズの講義ビデオには，2,000ドルという途方もない値札がついている。大学の収入源になり得るミラー博士の講義のビデオが，他大学にいってしまったこと，そうした収入がまるまる教員個人のものになり，大学に何の見返りもないことに気づいた大学が抗議したというのである。

こうした解釈の妥当性はともかく，この事件が契機となって，授業科目には他者に売ることのできる商品価値があり，その価値はきわめて大きいということに，大学と教員の双方が気づき，ほっておけなくなったのである。教室の授業に値段がつくなどということは，おそらくこれまで誰も考えたことはなかったであろうし，まさにITによる授業のeラーニング化という現象が生み出した新種の問題である。したがって，アメリカの現行の著作権法では，この問題を明確に規定する文言はない。したがって，各大学は独自に教員との間で取り決めをしなくてはならないところに，この問題の厄介さがあり，この後，eラーニングによる授業の所有権についての議論が続いたのである。

4. 論点は2つ——教員の雇用条件と学内資源の利用

このeラーニング化された講義の所有権は，大学にあるのか，教員にあるのかという議論の論点は，2つある。第1は教員の雇用条件であり，第2は大学の学内資源の利用の有無である。

第1の教員の雇用条件とは，eラーニング・コースの開発という仕事は，教員の雇用条件に入っているか否かという問題である。現行の著作権法では，著作権が生じる仕事が雇われ仕事（work for hire）であれば，その成果物の所有権は雇用者にあると定められている。

eラーニング・コースの開発にあたっても，もし，それが教員の雇用条件の範囲内の仕事だとみなされれば，教員の開発したコースは大学のものになるのである。バーチャル・ユニバーシティなどでは，こうした考え方がうまく適用できる。というのは，コース開発を目的として教員を（フルタイムではなくパ

ートタイムで）雇用するため，開発されたコースが教員のものだという考え方は，まず，生じないからである。

　しかし，キャンパス型の大学では，教員は教室で授業をするという条件のもとに大学に雇用されているというのがこれまでの常識であった。そこに新たに登場したeラーニングのコースの開発に従事するのは，授業の一環なのか，あるいは授業とは別物なのかが議論の分かれるところなのである。

　当然，教員側は，授業とは別のものだと主張し，大学は何とか雇用条件のうちに入れようと考える。そのとき，教員側は，eラーニング・コースの開発は，講義の記録という点で，教科書の執筆と同じである。したがって，教科書の著作権が教員にあるようにeラーニング・コースの所有権も教員にあるのだ，と主張する。教員が所有権を主張するのは，収入の魅力があることはもちろんだが，それとともに，所有権が大学のものになれば，その内容に対するオートノミーがなくなることを恐れているからでもあることを忘れてはならない。教員は，教室での講義にも教科書の内容にも，オートノミーをもっているのと同様に，eラーニング・コースにもオートノミーを主張することは理解できよう。

5. どの範囲までを線引きできるか

　ここでさらに考慮すべき問題がある。もし，所有権が教員にあるとしても，それがどの範囲まで通用する権利なのかを明確にしなければならないのである。たとえば，制作されたeラーニング・コースの内容に対する権利としての著作権が教員にあったとしても，教員がコースの流通や販売に関わる権利をもつことを明確にしておかなければ，コースの販売による収入は教員のものにはならないからである。これについては，「そうでないと，教員は家の所有者であるかもしれないが，その家を他者に貸したり，そのことによる収入を得たりする権利は大学のものになることもあり得る」といったたとえによって，コースの販売権の重要性が警告されているほどである[1]。

　こうした教員側の論理と主張に対し，大学側がもちだす論理は，eラーニング・コースも授業のうちだというものである。したがって，授業をすることは雇用条件内の仕事なので，所有権は大学にあると主張する。

そして，大学はさらに教員を攻撃する。それが，第2の大学の学内資源の利用の有無である。eラーニング・コースの開発には，コンピュータをはじめとし，さまざまな機器設備が必要である。それは，大学のものである。また，コース開発には教員だけでなく，たとえば，インストラクショナル・デザイナーをはじめとする専門家の支援が必要であり，それらのスタッフは，大学に雇用されている。ということで，eラーニング・コースの開発は，教員が個人で教科書を執筆するのとは異なり，学内の施設・設備，学内のスタッフを利用して初めて可能となるのであり，そのため大学は学内の資源を利用して開発されたコースは，大学の所有物だと主張するのだが，それはそれで一理ある。学内の資源を個人的に，あるいは他機関のために流用したといわれると，教員は明確に反論する根拠に乏しい。せいぜい，学内施設は一切使用せず，勤務時間内にはコース開発には手をつけずという形で，防戦するしかないのだが，実際問題それは困難である。

6. 各大学それぞれの対応

ミラー博士の事件から各大学は約1年間，おおむねこうした論点でもって議論を進め，多くの大学にとって新たな問題にも決着がつきはじめた。どのような結果に至ったかついて，状況を確認しておこう。

今のことろ，教員によるeラーニング・コースの開発が雇われ仕事であり，コースの所有権は大学にあるという決定をした機関があるという話は聞こえてこない。おおむね，所有権は教員にあるという主張を否定するには至っていないようだ。とすると，大学が利益を得ようとする目論見はどこに反映しているのだろう。それは，学内資源を利用した場合には大学が権利を主張できるといった規定を設け，条件付きで利益を得ようとする場合が大半である。

個々の大学は教員との間に何らかの具体的な契約を締結する必要があるが，その方法には大きく分けて3つあるという[2]。

＜第1のタイプ：個別に契約締結＞

第1は，教員と大学との間で個々の事例に即して契約を締結するというものであるが，このケースは多くはない。大学側にとっても，教員にとっても，個

別のケースごとに契約内容が異なれば，大学も教員も常に交渉術を考慮せねばならず労が多い。

＜第2のタイプ：大学が一般的指針を明示＞

　第2は，大学が知的所有権についての一般的指針を大学の規則として明示するというもので，これがもっとも多い。その一例としてウィスコンシン大学の規則をみてみよう。

　それによれば，「ウィスコンシン大学システムは，伝統的な教育・研究・その他の学者としての活動によって生まれた成果物について所有権を主張しない。通常，論文，研究報告書，モノグラフ，書籍などの成果物は，ウィスコンシン大学システムの被雇用者としての立場のうちにあるものとみなされる。しかし，教材開発の支援を目的として，学内の相当の資源が提供される場合には，ウィスコンシン大学システムは一般的な所有権ないし，教材の制作者との一定の合意にもとづく所有権を主張することがあり得る」とある。

　他機関の例をみても，これと大きな相違はない。多くは，基本的には，教科書の執筆などと同様に成果物を市場化する権利も含めて，これまでどおり教員の所有権を認めている。そして，大学の資源を利用したというケースについてのみ，大学の所有権を認めさせるというのが，大学と教員が双方納得して落ち着く点なのである。カリフォルニア大学，イリノイ大学，ミシガン大学，テキサス大学など，著名な公立研究大学をはじめとして，コミュニティ・カレッジでもその例に倣っているところが多い。

　しかし，問題は，但し書きの部分である。すなわち，大学からの相当の支援を受けた場合，どの程度が「相当」なのかという問題である。ウィスコンシン大学の事例でみれば，金銭ないし人的資源の直接の供給，開発用の機器の購入，コンピュータなどの施設・設備の使用が，資源の提供として挙げられている。しかし，これだけでは具体的なケースについて判断することは難しい。これをどう決定するかについて，大学の規則のなかで具体的な「相当」の程度や手続きの方法を明確に示したものは，意外なほど少ないのである。

＜第3のタイプ：大学と教員で売買契約＞

　こうしたところまで決定するのが，第3の方法であり，それが大学と教員との間で売買契約を結ぶケースである。そうした数少ない事例には，ペンシルバ

ニア州立大学システムの規則を挙げることができる。

それによれば、1プロジェクト当り4万ドルが「相当」に値する金額だとされている。すなわち、開発費用が4万ドルを超えれば、大学の資源を「相当」利用したとして大学は所有権を主張できるし、それに達しなければ、所有権は教員にあるというのである。ただ、4万ドルという金額の算出根拠は示されておらず、この額が高いか安いかについてはさまざまな意見がある。だが、とりあえず、金額で基準が示されたことで、規則の適用は容易になることだけは確かである。

ここまで明確に決定した機関は少ないが、多くの場合、eラーニング・コースの開発には、教員個人の仕事であっても、機器設備や人的なサポートなど何らかの大学の資源を利用せざるを得ない。それについて、大学と教員はどの地点で折り合いをつけるのか、大学の規則が取り決められたとはいえ、こうした決定的な問題はきわめて曖昧なままに残されているのである。

7. 曖昧さを残すハーバードの決着

ところで、各大学が、eラーニング化された講義の所有権をめぐって議論をしている最中、ミラー博士の事件から半年たった5月にハーバード大学では、12人からなる委員会で、教員の学外活動に関する議論がとりまとめられ、新たな指針が作成された[3]。それは、「ハーバード大学の教員は、大学の許可なくして他機関でオンライン・コースを教えたり、そうしたコースに教材を提供してはならない」というものである。従来の規則とほとんど変化がなく、「オンライン・コース」という文言を付加しただけのようである。ただし、アイデアの提供やウェッブで利用できる教材の提供は許可なくして行ってよいとされた。これをみる限り、所有権がどちらにあるとか、大学の資源の利用の有無をどう判断するかについては何も規定されていない。

ただ、大学側の説明によれば、これまでの規則では、夏期休暇期間は許可なしに学外活動を行うことができるとしていたが、今回の新指針は、eラーニングによる講義が時期を問わないという性質を考慮して、1年を通じて許可なしに学外活動することはできないとしたことに特徴があるという。また、大学の

副事務局長は，議論の過程において，自校の教員は何よりも自校の学生のために働くべき存在であることが再確認され，もし，他機関がハーバード大学の教員のeラーニング・コースを流した場合，その教員がハーバード大学で果たしている役割を不正確に伝達することがないように，相手機関のeラーニング・コースを注視していくことが合意されたと語っている。

ところで，大学はミラー博士のケースを，オンラインを通じた講義をしたとみなすのか否かについては明言を避けており，他大学で講義をしていないという博士の主張に対してはそれと真っ向から対峙してはいない。eラーニング・コースを講義とみなすか，教材とみなすかについては，一義的に決定できないというのが大学関係者の見解であり[4]，ハーバードでもこの問題の解釈をすることなく，eラーニングの場合にはどちらも大学の事前の許可を必要とすることで，大学の管理統制を強化しようとしているようだ。

こうした委員会決定について，ミラー博士は，「教育のために，新しい技術を使用することを阻むことになる」と反対を表明をしている。ハーバードの事件を1つの契機として始まった，eラーニング・コースの所有権の問題は，このままでは終わらないような予感がある。

8. 事件のもたらす可能性

教員が開発したeラーニング・コースの所有権をめぐる問題の影響は，それが生み出す収入が大学か教員かという範囲を超えて，さまざまに拡がる可能性をもつ。それについて，大学側への影響，教員側への影響，それぞれの側面から考察を加えよう。

もし，このまま，教員が開発したコースの所有権は販売権までを含んで教員のものだとされ，大学が主張できる所有権の範囲が明確でないならば，教員は自由にコースを開発し多方面に販売することができる。そのとき，大学にとっての問題は，eラーニング・コースの販売収入の恩恵にあずかれないだけでなく，自校の教員が開発したコースが他機関でも流されることで，他機関と競争的な関係になる可能性が生じることである。とくに，いわれていることは，自校で無名の時代から育てた教員がいったん有名になると，自校を他機関と競争

的な関係に陥らせるのは理不尽だというものである。

　その一方で，eラーニング・コースの質にもよるが，自校の教員のコースが他機関で流されることで，自校の名声に傷がつくと考える機関もある。ミラー博士の事件は，大学が，ハーバードという何ものにも侵されがたい威信に傷がつくと思ったことが背景にあるともいわれている。

　こうした事態が進行すれば，教員の方は，これを歓迎する向きと恐れる向きとに分かれることだろう。歓迎するのは，ミラー博士のようなその分野で名の売れている著名人である。というのは，著名人であれば，ロックスターやハリウッドの映画スターのように活躍しつつ，どこの大学にも所属せず，フリー・エージェントとなって収入を得ることが可能だからである。こうした現象を，コロンビア大学のティーチャーズ・カレッジの学長のアーサー・レバインは「大学のハリウッド化」と呼んで揶揄している[5]。

　他方，さほど著名でない教員にとっては，事態は深刻である。なぜなら，1回作成したコースが繰り返し流されれば，大学は教員を常時雇用する必要がなくなるため，教員にとっては雇用不安の問題が生じ，コース開発のためにだけ臨時で雇用される雇われ仕事の請け負い人にもなりかねないからである。事実，ジョンズ・インターナショナル大学も，ミラー博士がビデオ化した講義を売った相手先のコンコード・ロースクールも，多くの教員をパートタイムで雇用している大学であり，そこでは教員はコース開発に必要な期間だけ雇用されるのである。

　これまでの常識の範疇では，教室での講義は，その場限りで消えてなくなるものであり，それが物になることはなかった。ところが，各種のテクノロジーを利用して講義が「物」になり，さらに，それが市場価値を生み出すようになったことが，所有権や著作権の問題の発端にあるのだが，それは，また，大学も教員も双方，市場での採算性をにらみつつ駆け引きをする存在であるという側面を，明確に知らしめてくれたのである。

■注

1　Mark K. Anderson (2000) "Professors Had Better Pay Attention of They May Not Get Paid at All," *The Standard: Intelligence for the Internet Economy*, September 12,

2000. {http://www.thestandard.com/article_print/0,1153,18250,00.html}
2. Glenda Morgan (2000) "Faculty Ownership and Control of Digital Course Materials," *NEWSLETTER*, Vol. 5, No. 4, January 25, 2000. {http://www.uwsa.edu/ttt/articles/facown.htm}
3. Jeffrey R. Young (2000) "Harvard Considers Limits on Teaching Online Courses for Other Institutions," *The Chronicle of Higher Education*, May 12, 2000. {http://chronicle.com/weekly/v46/i36/36a04701.htm}
4. Carl A. Twigg (2000) *Who Owns Courses and Course Materials? Intellectual Property Policies for New Learning Environment*, The Pew Learning and Technology Program 2000, Center for Academic Transformation, Rensselaer Polytechnic Institute {http://www.center.rpi.edu/PewSym/Mono2.pdf}
5. Dan Carnival, and Jeffrey R. Young (1999) "Who Owns On-Line Courses? Colleges and Professors Start to Sort It Out," *The Chronicle of Higher Education*, December 17, 1999. {http:// chronicle.com/weekly/v46/i17/17a04501.htm}

12 誰が大学の教育内容を担うのか

1. 大学と知識

　大学は知識をつかさどる場だとされてきた。その知識は，教科書，参考文献といった書籍や教室での講義を筆記した学生のノートなど，紙へ文字を記した形態で伝達され，何を講義し，何を学生に読ませるかは，すべて教員のコントロール下にある。また，大学には書籍を保管する図書館は不可欠のものであり，学生も教員も書籍の閲覧や文献の検索に利用し，レポート提出間近になると図書館で夜遅くまで勉強する学生の姿が多くなる。図書館は，まさにキャンパスのセンターとして機能し，学生が本を小脇に抱えて歩く姿はキャンパスを象徴する絵でもある。

　ところが，eラーニングの普及はこうした状況にある変化をもたらしている。eラーニングを行うためには，書籍という紙媒体の情報は電子化することが必要になり，大学の図書館も出版社もそれへの対応を求められるようになった。それがどのようなものであり，そこで何が問題になっているのか，本章では，その問題について検討しよう。

2. ウニベルシタス21をめぐる論争

　ウニベルシタス21（Universitas 21）という，欧米，アジア，オセアニア地域の10カ国に及ぶ17大学が参加しているコンソーシアムがある。17大学はいずれも研究大学として，世界的にその名を知られている機関である。1997年の結成時の主要なミッションは，研究上の共同と教員や学生の交流であった。

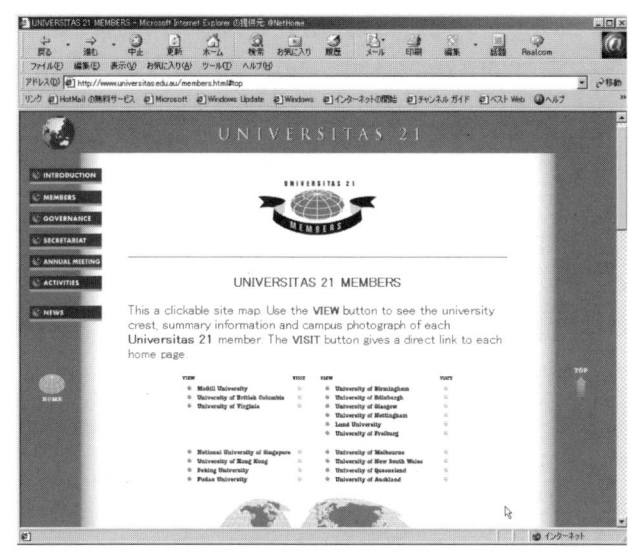

12. 誰が大学の教育内容を担うのか

■ ウニベルシタス21
のメンバー校

北米，ヨーロッパ，アジア，オセアニアの17大学が参加する。2003年よりeラーニング・コースを提供する予定。

http://www.universitas.edu.au/members.html

　あまり知られることのなかったこのコンソーシアムについて広く議論が生じたのは，2000年5月，メディア王といわれるルパート・マードックのニューズ・インターナショナルと提携してeラーニングに乗り出すことが報道されてからである[1]。9月には新会社を設立して2001年の半ば頃からコースの提供を始める予定であった。しかし，半年後の11月には交渉は打ち切られ，ウニベルシタス21の新たなパートナーとして選ばれたのは，出版コングロマリット，トムソンの子会社であるトムソン・ラーニングであった[2]。

　著名大学の研究交流のためのコンソーシアムが，企業化してeラーニング市場に乗り出すという方針の転換に，コンソーシアムの内外から批判が噴出した。まず，オーストラリアの学生組合に始まり，参加機関の学生組合の代表，参加機関の各国の大学教員組合などから，提携の詳細な内容，コンソーシアム運営へのこれらの団体の関わり方などについて公開質問状が出された[3]。ウニベルシタス21からあらかじめ提示されていた契約内容は，トムソン・ラーニングがeラーニング・コースのデザイン，内容の開発，学生の達成度テストとそれにもとづくコースの評価，さらに学籍の管理を担当し，ウニベルシタス21はそれに対し学位や資格を付与するというものであった。

それに対し，企業主導でeラーニングがすすめば教育や学位の質が維持できない，各大学のブランドが安易に利用されるなどの反対の声が上がったのである。

他方で，コンソーシアムの議長は，「企業化は，それぞれの機関のキャンパスでの教育を充実させるためのものである。哲学や古典学など商業ベースにのらない学問領域を提供していくには，豊かな資源があればこそなのだ」[4]と表明している。また，「参加機関の間で国際的な質の保証機関を設立して，そこでの認可なしにはどんなコースも提供できない仕組みをつくるので懸念される問題はない。それよりも，現在地球上には，高等教育を受けるに足るがその機会に恵まれない320万人の青年が存在しているという事実を忘れてはならない」[5]と反論している。

こうした論争のなか，当初からの参加機関のうちトロント大学はコンソーシアムから脱退し，ミシガン大学，北京大学，エジンバラ大学はコンソーシアムのメンバーとしては残るがeラーニングには参加しないことを決定した。また，ヴァージニア大学はeラーニングが行われることを知って新たに加わった。これらの異動があって，現在15大学が，U21グローバルと命名されたeラーニング部門へ参加を表明している。

トロント大学は「大学がどのように運営されるかはっきりしていない」，ミシガン大学は「参加大学がコースの内容の開発や，コースの評価に責任をもって十分に関われるのかどうか疑わしい」ことを理由に，バーチャル・ユニバーシティへの参加を取り止めたのである[6]。

批判や論争は現在でも続いているものの，ウニベルシタス21は2003年にはコース提供を予定している。主たる市場は，まず，シンガポール，マレーシア，香港に求められ，徐々にアフリカ，中国，ラテンアメリカに拡大していくことが目されている。当面は英語を使用言語とするが，中国語やスペイン語でのコース提供も視野に入れているという[7]。

3. 出版社のeラーニングへの参入

教室での教育は「bricks and mortar」（本とノート）といわれるように，教員は黒板とチョーク，学生は紙と鉛筆をインフラとして成り立ってきた。きわ

めて廉価な教室での対面授業と対照的に，eラーニングは多額のコストがかかる。

eラーニングのためのインフラの導入やコースの維持管理に関しては，すでに企業との提携のもとに行われているが，それにやや遅れて参入してきたのが大手の出版社である。出版社がeラーニングに関わることに対しては，ウニベルシタス21とトムソンとの提携をめぐる議論にみられるように，大学関係者は批判的なスタンスをとることが多い。

それがどのような理由にもとづくのかは後述するとして，出版社がどのように高等教育の世界と関わりをもつようになっているのかをみておこう。

トムソンと並ぶピアソンというロンドンに拠点を置くメディア・コングロマリットがあるが，この企業は1998年に，サイモン・アンド・シュスターという出版社をその傘下においで以来，世界最大の出版社の1つとなった。それが高等教育と出版産業との関係に変化の楔を打ち込んだといわれる。ピアソンはFTノリッジという子会社を設立し，そこを遠隔高等教育や企業内教育のeラーニング化事業の担当部門とした。

FTノリッジと提携して，MBAコースを国際的に売り出した大学としては，ケンブリッジ大学，ミシガン大学，ペンシルバニア大学，エクセルシオール・カレッジなどを挙げることができるが，伝統ある研究大学からバーチャル・ユニバーシティまで含まれていることが興味深い。FTノリッジとの業務分担をみると，ケンブリッジ大学の場合はコースのeラーニング化技術支援と市場開拓を，エクセルシオール・カレッジの場合は，それらに加えて教員が設定したガイドラインにもとづいてコースの内容の作成までを請け負っている。こうして作成されたeラーニング・コースには大学名とともにFTノリッジの名も明記されている。

大学はeラーニングの市場開拓を企業に委ねることで，コースの販売が促進されると考え，企業は大学のブランドを利用することでより市場開拓が容易になると考え，収益を上げるという点で両者の利害は一致している。

しかし，大学にとってそううまくはいかないと警告を発する大学人もいる。イエール大学の経営学のある教授は，「ピアソンのような大企業は，傘下のさまざまな企業や他社との提携を通じて，ビジネス・コース，ITスキルの訓練

コース、継続教育などの良質で廉価なコースを大々的に提供することも不可能ではなく、そうなれば同種のコースを大学が提供する意味がなくなり、結局のところ大学は財政難に陥るだけでなく、各方面からの財政的支援を受けることも困難になるだろう」[8]と悲観的な見解を示している。

FTノリッジが、各大学のコース販売による収益のうちのどの程度を取り分としているかは公表されていないが、現在の収入1億1,000万ドルを、ここ3～5年で3億ドルから5億ドルに伸ばすことを目標としていると、代表者は語っている[9]。また、FTノリッジのコースの販売支援に親会社のピアソンは1億5,000万ドルを投資することを決定し、ピアソンから独立したラーニング・ネットワークという教育関係のポータル・サイトを経営する企業は、ウェッブ・サイトを通じてFTノリッジのコースの販売促進を図っている。

そしてさらなる展開は、ピアソンはBlackBoard社と提携して、ピアソンの教科書を利用する教員に無料でBlackBoard社のコース・マネジメント・ツールであるコース・コンパスを提供すると2000年6月に発表したことである。教員はコース・コンパスに自分の教材を載せることで講義が容易になり、そうすれば当然ピアソンの教科書を今後も指定する可能性が高くなり、同時に、補助教材を多く掲載しているラーニング・ネットワークへのアクセスも増加することが目論まれているのである。

同種の提携は、トムソンとWebCT社の間にもみられ、今や、eラーニング市場では、出版社とプラットホーム企業とが、利益のさらなる拡大を目指して手を結ぶようになったのである。もう1つだけ付け加えておこう。ピアソンはナショナル・コンピュータ・システム、トムソンはプロメトリックというテスト会社を買収し、今後は、テストや教育評価の領域に事業を展開しようとしている[10]。

4. eブックビジネスが大学へ攻勢をかける

eラーニング、eコマースなど「e」はインターネット上のバーチャルな空間での事象を象徴する文字だが、最近eブックという言葉も登場した。これは、デジタル化された書籍をさす言葉だが、出版社やソフトウエア企業はeブック

という手段でもって大学に攻勢をかけ始めた。

　これらには大別して4つのタイプの企業がある[11]。第1は，デジタル図書館企業である。たとえば，1999年に設立されたネット・ライブラリーは，書籍をまるごとデジタル化し，それを大学をはじめとする公共図書館へ販売している。現在，3万3,000冊強の書籍を電子化しているという。同様に，クエスティア・メディアは学士課程の学生を主たる顧客層として，3万5,000冊の書籍や学術雑誌をデジタル化している。

　第2が，デジタル教科書を作成・出版する企業である。デジタル教科書とはいうまでもなく，CD-ROMやウェッブという形態で出版するのだが，これが従来の書籍と異なる点は，テキストに加えて音声や動画を加えたマルチメディア教科書になること，さらに，インターネットを通じて，双方向のコミュニケーションがとれる装置に設計されていることである。1999年に設立されたデジタル・ラーニング・インタラクティブ，1997年に設立されたシンクウエルなどが代表的な企業である。その方策は注目されているものの，実際に出版された教科書は，まだ，10冊程度と決して多くはない。

　第3が，他の出版社から出されている教科書をeブックに変換する企業である。第2のタイプの企業は，オリジナルのデジタル教科書を作成するのに対し，第3のタイプはすでに書籍として出版されている教科書をデジタル化するのである。1998年に設立されたメタ・テキストはピアソンなどから出版されている教科書をデジタル化しており，2000年にはデジタル図書館企業のネット・ライブラリーの傘下に入った。ロビアは，トムソンなどと提携しているが，この企業は，教科書の部分的な販売，たとえば，1学期間のレンタルなどという戦略をとって他社との差異化をはかっている。学生には，学期が終われば売ってしまう教科書のように，必要な部分を必要な期間だけ安く手に入れることができるというメリットがある。

　そして最後に，ソフトウエア企業である。デジタル化された書籍はコンピュータのスクリーンを通して読むのだが，そのためのソフトウエアやeブック専用のタブレット版のコンピュータが必要になる。とくに，紙に印刷された書籍が簡単に持ち運びができて，どこでも読めるという利便性に近づくことがeブックには必至の課題であり，そのためにタブレット版のコンピュータの開発が

急がれている。現在のところ,ゲムスター・テレビガイドが開発したものは,10センチ四方,500グラムの白黒版と,15センチ四方で900グラムのカラー版と手ごろな大きさではあるが,白黒版は300ドル,カラー版は600～700ドルと高価なのが難点である。ゴー・リーダーでも同様のタブレット版が開発されているが,やはり400～500ドルするため,誰もが購入できるわけではない。

5. 恩恵も刺激も受けるがそれでいいのか

　これらの事業は,いずれもここ数年の間に設立されたベンチャー企業によって手がけられており,今後の成否に関しては不透明な部分がある。だが,大学は電子図書館企業についてはその恩恵を受けるとともに,それへの脅威を感じているようだ。大学は,eブックの数が少ない,集め方に一貫性がない,企業の一方的な都合でeブックがデータ・ベースからはずされるので信頼性に欠けると批判するものの,ネット・ライブラリーやクエスティアと提携して,eブックを利用している大学図書館は増加している。企業が始めた年中無休のレファレンス・サービスやeブックを読むためのコンピュータの貸し出しサービスは好評であり,大学はそうしたサービスのあり方に刺激されているという[12]。

　どの大学の図書館でも,増大する一方の書籍,雑誌,新聞など「紙」の保管と管理には頭を悩ましてきた。もちろん大学の図書館は独自に書籍のデジタル化を進めてきたが,1冊の書籍をすべてデジタル化するところまではなかなか進まない。電子図書館企業はそこに目をつけたのである。利用者は,それを丸ごと読むというよりは,検索機能が優れていることにメリットを見出しており,印刷書籍とは別の利用のされ方をしているともいう。eラーニング・コースの利用者には,このeブックが便利であることはいうまでもない。eブックを推進する立場と印刷書籍を図書館からなくすなという立場の議論,大学図書館は企業に依存すべきではないという立場と企業との間に壁を作るべきでないという立場の議論は続きそうである[13]。

6. eブックは大学でなくても作れる

　eラーニングの普及の背後には，企業の力がさまざまに関わってきた。最初がコンピュータ・ネットワークの構築，その次がコース・マネジメント・システムに関するソフトウエアの導入，最近は第3の局面に入ったという[14]。それは，コンテンツ，すなわち教育内容を作成できる企業の参入である。出版社を含めたメディア関連の企業は，教育内容に関わる知識の蓄えを利用して大学の講義に相当するeラーニング・コースを，大学の力なくして独自に作ることも可能なのである。eブックに関していえば，大学図書館の機能をアウトソーシングして，外部の企業が担うことができるのである。

　知識をつかさどる者としての大学教員や，知識の集積した場である図書館がなくとも，企業が大学教育相当の知を提供しようと思えばやれることをこれらの事例は示している。大学にとっては「知識」という最後の砦を崩されるのかもしれないという恐れと，企業が大学を市場とみなしてeラーニングに参入してくる様相を目の当たりにして，大学もビジネス・チャンスを逃すべきではないという野心との間で，これらの議論は生じているのだといってよい。

　さらにいえば，この第3の局面での議論は，一方に，これまでの企業の参入による影響と異質な影響を及ぼすとみなし，ネットワークやコース・マネジメント・ツールなどならばともかく，教育内容（コンテンツ）に関する部分だけは大学の自律性が必要だと考える立場があり，他方で，今や大学とて孤高を守るのではなく，限られたパイの取り分を少しでも多くすべきだとする立場があって，その両者の間の議論だということができよう。後者の立場をとる大学はeラーニングに参入し，しかも，eラーニング部門を大学から独立させて企業化しているところすらある。そうすることによって非営利大学が禁じられている営利活動を行えるからである。営利活動を行うにあたって，ここにまた経営面でも企業の力が必要になることはいうまでもない。

　eラーニングに限らず，大学は生き残り戦略の一環としてITを利用しようとする場合もある。2001年6月のことである。コロンビア大学，MIT，パーデュー大学，スタンフォード大学，カリフォルニア大学など12の主要大学の出版

会が共同して新たなビジネスを始めることが報道された[15]。それは、イーブラリーという電子図書館企業と提携して大学出版の書籍をデジタル化して販売するというものである。この電子図書館企業はコンピュータのスクリーンでeブックを読む限りは無料だが、それをダウンロードして印刷する場合に費用がかかるという仕組みになっている。学術出版はどこも苦しい台所であり、その打開策として企業の利用が選択されたのであるが、イーブラリーとの提携は、収益よりも、まず広く知ってもらうことを目的としている。それとともに、この12大学のいくつかは、ネット・ライブラリーやクエスティア・メディアと提携して、eブックのための学術書を提供することによる収益をも見込んでいる。

しかし、イーブラリーはともかく、ネット・ライブラリーは倒産してオンライン・コンピュータ・ライブラリー・センターが所有者になり、クエスティア・メディアも業績が悪く従業員の解雇を行ったりしており、企業との提携は必ずしも成功には至っていない。そうしたことも原因の1つとなって、12の大学図書館や大学出版は、2001年12月にライブラリー・イニシアチブ・センターというコンソーシアムを結成し、学術書の電子出版のベンチャーを独自に立ち上げた[16]。参加機関には無料で提供、それ以外の大学図書館には運営に必要な料金を課すことを企画しているが、こうした事業が、イーブラリーやクエスティア・メディアと直接対決することになるかどうかは、まだまだわからない。

ある大学の学術出版の関係者は次のように語っている。「今後2年のうちに、どちらの方法が成功するか明らかになるだろう。望むらくは両方であるが、多様なビジネスモデルを適用すれば、より多くの利用者の目にわれわれの書籍が止まるに違いない」[17] ビジネスなどともっとも遠いところにあると思われてきた大学出版であるが、もはやビジネスを無視するわけにはいかないようだ。

■注

1 Geoffrey Maslen (2000a) "Rupert Murdoch Joins With 18 Universities in Distance-Education Venture," *The Chronicle of Higher Education*, May 17, 2000. {http://chronicle.com/daily/2000/05/2000051701u.htm}

2　Geoffrey Maslen (2000b) "Universitas 21 Announces Online-Education Agreement with Thomson Learning," *The Chronicle of Higher Education*, November 22, 2000. {http://chronicle.com/daily/2000/11/2000112202u.htm}

3　Geoffrey Maslen (2001a) "5 Unions Urge caution on Universitas 21's Venture with Thomson," *The Chronicle of Higher Education*, March 2, 2001. {http://chronicle.com/weekly/v47/i25/25a04002.htm}

4　Geoffrey Maslen (2000a), op. cit.

5　Alan D. Gilbert (2001) "The Plans of Universitas 21," *The Chronicle of Higher Education*, April 6, 2001. {http://chronicle.com/weekly/v47/i30/30b02101.htm}

6　Geoffrey Maslen (2001b) "As Deadline Approaches, Universitas 21 Seeks Funds for Its Online Institution," *The Chronicle of Higher Education*, May 30, 2001. {http://chronicle.com/daily/2001/05/2001053001u.htm}

7　Geffrey R. Young (2001) "Universitas 21 Moves Forward With Plans for Online University," *The Chronicle of Higher Education*, September 6, 2001. {http://chronicle.com/daily/2001/09/2001090601u.htm}

8　Goldie Blumenstyk (2000a) "How Publishing Empire Is Changing Higher Education," *The Chronicle of Higher Education*, September 8, 2000. {http://chronicle.com/weekly/v47/i02/02a04301.htm}

9　Goldie Blumenstyk (2000a), op. cit.

10　Goldie Blumenstyk (2000b) "Pearson's Publishing Rivals Come on Strong," *The Chronicle of Higher Education*, September 8, 2000. {http://chronicle.com/weekly/v47/i02/02a04401.htm}

11　"Academic E-publishing: Some Key Players," (2001) *The Chronicle of Higher Education*, May 18, 2001. {http://chronicle.com/free/v47/i36/36a03702.htm}

12　Goldie Blumenstyk (2001) "Companies Find Academic Libraries a Key Target and a Though," *The Chronicle of Higher Education*, May 18, 2001. {http://chronicle.com/daily/v47/i36/36a03701.htm}

13　Colloquy Live (2001) "Technology and the Future of Academic Libraries: a Live Discus-sion With Nicolson Baker" (2001) *The Chronicle of Higher Education* {http://chronicle.com/colloquylive/2001/05/library/}

14　Colloquy Live (2000) "The Publishing Industry and Higher Education," (2000) *The Chronicle of Higher Education*, September 7, 2000. {http://chronicle.com/colloquylive/transcripts/2000/09/2000907stocks.htm}

15　Scott Carlson (2001) "Major University Presses Are Singning Deals With a New Online Venture," *The Chronicle of Higher Education*, June 6, 2001. {http://chronicle.com/daily/2001/062001060601t.htm}

16　Jeffrey R. Young (2002) "12 Universities Begin Projects to Deliver Academic E-Books," *The Chronicle of Higher Education*, February 8, 2002. {http://chronicle.com/weekly/v48/i22/22a016ol.htm}

17　Scott Carlson, op. cit.

13 やはり出てきたバーチャル版ニセ学位

1. 学位製造販売業

　学士号よりは修士号，修士号よりは博士号と，職業選択においてより高い学位がものをいうアメリカ社会では古くから，ニセの学位を巧妙に製造して販売する業者が存在していた。eラーニングの進展のなかで登場したオンライン上の学習だけで学位がとれるバーチャル・ユニバーシティは，より高い学歴を取得してより良好な雇用機会をねらう成人学生に多大なメリットをもたらした。だが，他方で，学位の製造販売業者にとっても，大きなビジネスチャンスをもたらした。eラーニングを利用して，少しでも短期間で学位を取得したいと考える成人学生の増加は，学位製造販売業者のねらい目であり，オンラインという場は，事態を知られずに商売ができる恰好な場なのである。古くからあるニセ学位の問題のオンライン版は，どのような問題を引き起こしているのか，本章では，それをみることにしよう。

2. コロンビア・ステート・ユニバーシティ事件

　「27日間で学位取得！　学士号，修士号，博士号が可能」というウェッブ・サイトの広告は多くの人々を魅了した。これらの学位は，コロンビア・ステート・ユニバーシティと名乗る機関から発行されている。何の学習も必要なく，これまでの人生経験や職業経験をウェッブ・サイトに記入すれば，それを単位に換算して学位が発行される仕組みとなっており，わずか27日間で博士の学位でさえも取得できるのである。学位取得までにかかる諸費用は3,500ドルほ

どだが，これと引き換えにどれでも好きな学位を取得できるならば安い買い物だと思う人々も多いに違いない。

広告文には，「合法的に開校している，完全なるアクレディテーションを受けている，これまでの各種の職業経験を単位に換算できる」などとあるので，それを疑ってかかる人は決して多くはない。アメリカの遠隔教育機関で，職業経験を単位に換算する大学は決して珍しいわけではない。アイビー・リーグの1つであるコロンビア大学に似たコロンビア・ステート・ユニバーシティはいかにもありそうな名前だし，「ステート」という文字があることで，州立大学だと信じる人も多いだろう。また，この大学の広告が，『エコノミスト』をはじめとする各種の威信のある新聞・雑誌にも掲載されたことが，この機関の信用性を確たるものとしてしまったのかもしれない。

しかし，これがニセ学位を発行するディプロマ・ミルだと気づいて，納入した費用の返還を求める人々の訴えや，この大学のバーチャルな事務局が置かれているルイジアナ州が大学の設立に関する州法を厳格にしたことなどによって，コロンビア・ステート・ユニバーシティと名乗る機関は，1998年にルイジアナ州の州法違反で閉鎖を命じられた。

だが，それまで10年近くも営業を続けており，その間の収益は1,600万ドルにものぼると見込まれている。その後，大学の所有者は，逃げ隠れすることなくメキシコに在住しているそうだ。

このコロンビア・ステート・ユニバーシティの事件は，近年かつてない大規模なニセ学位事件といわれているが，こうした事件は氷山のほんの一角にすぎないという。

3. ディプロマ・ミルの生存戦略

ディプロマ・ミルというこうした学位の製造販売業そのものは，今に始まった話ではない。すでに1988年にスチュワートとスピルによって『ディプロマ・ミル』（邦訳；喜多村・加澤・坂本・石塚訳『学歴産業』玉川大学出版部，1990年）という本が，6年間の調査にもとづいて出版されている。そこには，ディプロマ・ミルの詳細な実態や問題の解決策が詳細に述べられており，ここ

からディプロマ・ミルが学歴社会の闇の側面として昔から連綿として続いているものだと知ることができる。

ディプロマ・ミルは広告活動を通じてその存在を人々の眼にさらすわけだが、違法を理由として取り締まりを受けることは少ないという。事実、1983年から86年の3年間にFBIによって営業停止の処分を受けたディプロマ・ミルはたった39機関でしかない。その背後に3桁のディプロマ・ミルがあることがわかっているにもかかわらずである。

それは、なぜなのか。それにはいくつか理由があるが、まず、第1には、学位発行機関を設立するには州の認可が必要だが、州によってその程度に差異が大きく、場所によってはきわめて容易に合法的に「大学」の名をもつ機関を設立できることにある。多くのディプロマ・ミルが合法だと記しているのはこれによる。先に挙げたコロンビア・ステート・ユニバーシティの事務局はルイジアナ州になっていたが、それは当時、ルイジアナ州がもっとも緩やかな法規定しかもっていなかったことによる。それ以外に、ハワイ州、サウス・ダコダ州、ユタ州などの7州が緩やかな法律しかもっておらず、ディプロマ・ミルの温床となっているという[1]。もし、ある州の州法が厳格になったとしても、架空の住所を別の地域に移せばすむことである。

しかし、こうして設立された機関は、地区のあるいは専門職団体のアクレディテーションを受けて初めて同業者からその学位の流通性を認可されるのだが、厄介なのは認可団体の数が多く、どれが本物の認可団体か素人には判別が困難なことにある。多くのディプロマ・ミルは、自ら設立した認可団体からアクレディテーションを受けている。すなわち、基準認定を正当なものにみせかけるためにニセの認可団体を設立して、ニセ学位の発行機関を設立するのである。

さらに、問題をややこしくしているのは、遠隔高等教育機関の場合に多くあるのは、たとえ、正規の認可団体から認可されていなくても正規の高等教育機関と同等の活動をしている機関も多くあり、必ずしも正規のアクレディテーションの有無だけが判断基準になり得ないことである。

こうしたいくつもの抜け道を利用してディプロマ・ミルは生存し続けることができるのである。

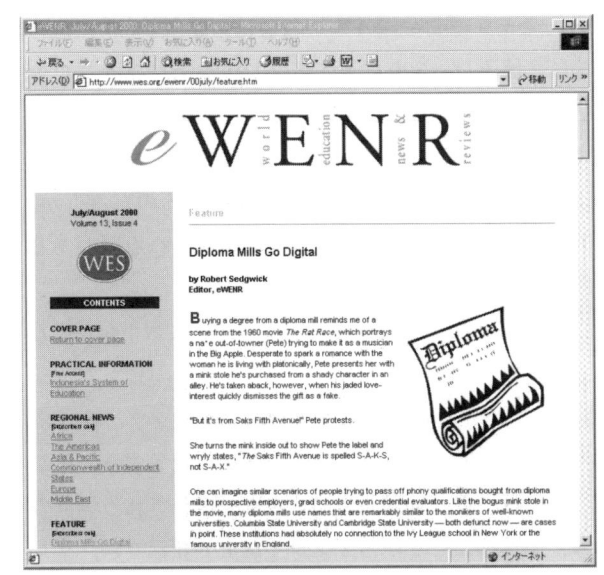

13. やはり出てきたバーチャル版ニセ学位

■ ディプロマ・ミルの記事が掲載されたホームページ

インターネットの普及とともに、ニセ学位を販売する。ディプロマ・ミルも勢いをもりかえしている。

http://www.wes.org/ewenr/00july/feature.htm

4. インターネットが再生させたディプロマ・ミル

インターネットの登場によるバーチャル・ユニバーシティの伸長は、ここ数年、ディプロマ・ミルに再び活力を与えている。ジョン・ベア博士は、ディプロマ・ミル問題を監視し続け、毎年刊行している遠隔教育で学位を取得するためのガイドブックに、ディプロマ・ミルとみなされる機関のリストを掲載しているが[2]、博士は、インターネットによってオンライン上のディプロマ・ミルはうなぎ登りに増加しており、それによる被害も大規模になっていると警告している。たとえば、博士のガイドブックの1999年版には481機関がディプロマ・ミルとしてリスト・アップされているが、98年版のリストでは320機関であったから、わずか1年間に50％も増加していることになる。

ベア博士によれば、ディプロマ・ミルによる学位は3,000ドルから5,000ドルで販売されており、大規模なニセ大学からは毎月500もの博士の学位が「授与」されているという。1機関当り年間1,000万ドルから2,000万ドル相当を学

位販売で儲けており，こうしたディプロマ・ミルの収益は年間2億ドルにものぼっているという[3]。さらに，博士は，300以上のアクレディテーションを受けていない機関がウェブ・サイトをもっており，彼自身，毎月1~2校の新設大学を発見すると語っている。

なぜ，インターネットはディプロマ・ミルに活力を与えているのだろうか。ここにはディプロマ・ミルの設立者とそれを信じる人々との両方に原因があるように思える。

設立者の立場からすれば，インターネットを利用すれば，従来よりももっと容易にディプロマ・ミルを設立できるようになったことである。熟練したウェブ・デザイナーの手によって2~3週間もあれば，立派なウェブ・サイトをもつバーチャル・ユニバーシティがサイバー・スペース上に誕生する。そこには，大学の紋章，学長のメッセージ，開講科目のリストや授与される学位の種類などが掲載されており，当然のことながらオンライン上で登録でき，クレジット・カードで決済できる仕組みもあって，一見してそれがディプロマ・ミルだとは気づかない。そして，大学設置に関する法律の緩やかな州に事務局を置き合法的に開校し，税金の安い州に経理担当を置き，私書箱はまた別の州にと分散させる。場合によっては，大学設置に関して全く法律のない近隣諸国で開校し，アメリカに向けてそのウェブ・サイトを提供すれば，法に触れることを恐れる必要もない[4]。

こうして設立されたオンライン上のディプロマ・ミルは，それだけでインターネットにアクセスした人の目に触れて関心を得ることができるし，何らかの方法で手に入れた電子メールのアドレスに対して一挙に勧誘のメールを出すこともできる。従来の新聞・雑誌などのメディアや郵便を利用するよりもずっと安く，全世界的に広告することができるのである。

こうした情報を手にした人々は，先にも述べたように合法的に開校，設置認可を受けているという記述からディプロマ・ミルを見分けることは困難である。そもそも，オンライン上のバーチャル・ユニバーシティというものがきわめて新しい現象であるため，新設されたディプロマ・ミルとの区別はなかなかつかない。その他バーチャル・ユニバーシティの特性である，柔軟な学習プログラム，私企業の参入による大学の設立などは，ディプロマ・ミルの特性とも

類似しているのである。

　また，ウェッブ・サイトの住所に相当するURLは，その最後のドメイン名によって，それがどのようなタイプの機関なのかが判断できる。ちなみに，アメリカの教育機関は，".edu"というドメイン名をつけることになっているが，実はこれは何らかの基準があって".edu"となっているわけではなく，自己申告にもとづいているだけだという[5]。しかし，そのことがさほど一般に知られているわけではなく，人々は".edu"のドメイン名に疑問を感じることはまずないのである。

　さらに，瞬時にして世界を駆け巡るインターネットの情報は，ディプロマ・ミルを国際的な存在にした。とくに，アメリカの大学の学位の価値は国際的な流通性が高いために，海外からみればアメリカの土を踏まずして，正規の教育にかかる費用と比較すれば廉価な学位が取得できることにメリットを感じる外国人は少なくない。そして，概して，外国の高等教育システムには疎いために，ディプロマ・ミルだということには気づかないのである。

　このアメリカのディプロマ・ミルの手法は，世界的に広がっておりオーストラリア，インド，ロシア，インドネシアなどでオンライン上のディプロマ・ミルについて報告されているし，国籍不明な国際的なディプロマ・ミルすらある。

　こうして，できあがったオンライン上のディプロマ・ミルは，消滅することも容易ならば，ウェッブ・サイトの体裁を変えて再登場することも容易である。バーチャル・ユニバーシティそのものがバーチャルな存在であるのだから，そのディプロマ・ミルはもっとバーチャルなのだ。その所有者を確定することは困難をきわめるという。

5. グレー・ゾーンにあるディグリー・ミル

　ディプロマ・ミルを見分けることが困難なもう1つの理由は，ディプロマ・ミルとそうでない機関との間に黒白はっきりしないグレー・ゾーンがあることだ。ここで，その例をみてみよう。最近，ディプロマ・ミルではないかとメディアに指摘されている機関である。

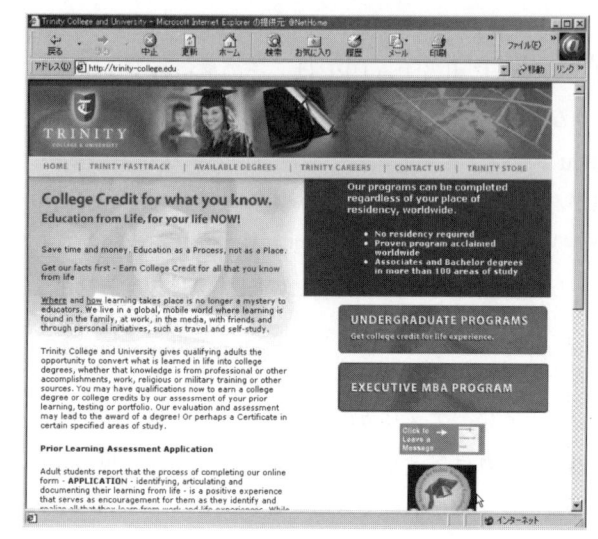

■ トリニティ・カレッジ&ユニバーシティのホームページ

グレーゾーンにあるディグリー・ミルといわれているが、多くのプログラムを提供している。

http://trinity-college.edu

　トリニティ・カレッジ&ユニバーシティという機関 {http://trinity-college.edu} がある。この機関のドメイン名は, ".edu"であり, まず安心材料を提示している。さらに, この大学はサウス・ダコダ州のディグリー・コンサルタントという私企業によって運営されているが, 州法にかなって開校されていること, また, 私立高等教育機関協会 (the Association of Private Colleges and Universities) から許可を受け, オンライン卓越大学協会 (the Association for Online Academic Excellence) によってアクレディテーションを受けていることが, ウェッブ・サイトのホームに記述されている。アメリカの地区別や専門職別のアクレディテーション団体は, 教育省と高等教育設置認可審議会 (CHEA) との両機関から認可されているが, それらのリストには上記の2団体は掲載されていない。さらに, 丁寧なことには,「地区別のアクレディテーション団体は, キャンパスに居住し教室授業への参加を求める伝統的な機関しかメンバーとして認めない。したがって, トリニティのような遠隔教育機関がこれらの団体に申請したとしても却下されるだけである。そこで, われわれは, 遠隔教育に関してのみ認可を行うオンライン卓越大学協会という国際機関からアクレディテーションを受けたのである」と, もっともらしい理由が記して

ある。

そして，人生経験をポートフォリオにして提出するとそれに対して評価がなされて相当する単位が付与されるが，不足分はトリニティの科目を履修しなければ学位取得には至らないと，単なる学位の製造販売ではないところも紛らわしい。しかし，人生経験の例として挙げられているものには，「旅行を通じて学習したこと」，「趣味」，「娯楽活動」など，常識では高等教育の単位に換算できるとは思えないものも含まれており，また，これらの人生経験をもってしても不足する単位は，コンピュータやビジネスを中心とした400以上の開校科目から履修するが1科目2～8時間でとれることになっている。オンライン上の学習については簡単なデモまでついている。学位はもっとも速くて30日で取得できるが，それよりもかかることが多いと注記してある。その学位の価格は，学士号695ドル，修士号995ドルで，これらの郵送費に10ドルから40ドルかかる。もし，クレジット・カードを利用すれば10％の割引の特典がある。また，真偽のほどはわからないが同窓生のページもあって，トリニティの学位がいかに有効に働いたか感謝のメッセージが掲載されている。

この英語のウェッブ・サイトにはフランス語，ドイツ語，イタリア語，ポルトガル語，スペイン語に自動翻訳できる機能もついており，英語圏以外の人々もターゲットにしていることが推測される。

ディプロマ・ミルのようでもあり，必ずしも学位の販売だけでもなさそうでありと不透明な部分が多い。しかし，トリニティの代表者は，「われわれは何も隠し立てしていないし，われわれにコンタクトをとってくる以前に人々に自宅学習を勧めているわけでもない。われわれを調べて来た人は，たいてい学生として登録している」と新聞の取材にも臆することなく語っている[6]。

単に学位の販売だけでなく，一定の学習を学生に課すがそれがあまりにも短期間であるような，こうしたグレー・ゾーンにある機関は，ディプロマ・ミルと区別してディグリー・ミルとも呼ばれ[7]，このカテゴリーに属するものとして15ほどの機関名が挙げられている。

6. ニセモノをうたう学位販売

ディプロマ・ミルやディグリー・ミルは,ニセを隠して本物であると偽って学位を販売するやり方であるが,ニセであることをうたって学位を販売する業者も登場している。フェイクディグリーズ・コムという企業がある。この企業のウェブ・サイトは,ニセモノであることを断って,正規の大学の学位を販売している。75ドルを支払うと6カ月間有効なメンバーになることができ,その間に,自分がほしい学位を選んで,学位に記してほしい氏名,卒業年月日などの情報を提供して200ドルから500ドルぐらいの支払いをすると,その学位が送られてくるのである。

ウェブには,きわめて本物に近い学位を,ある意味面白さを目的として販売していることが明確に記されているため,違法行為にはならないが,そこで利用されている正規の大学の方は,リストから自機関の名称をはずすように申し立てをすることが相次いでいる[8]。少なくとも,これまではリストからはずすように申し立てをすれば,その大学の名称ははずされているようだが,問題はこの企業はアメリカのみならず世界の大学のニセ学位を販売していることである。新たにリストに加えられたニュージーランドやオーストラリアの大学は,それらの大学の卒業者のデータ・ベースを作成して,ニセ学位の流通を防ぐ計画の議論を始めている[9]。

7. 法的拘束とのイタチごっこ

ところで,閉鎖されたコロンビア・ステート・ユニバーシティだが,そのURLが存在するかどうか確かめてみた。すると,なんと以前と同じ{http://www.columbia-u.org/}から,コロンビア・ステート・ユニバーシティが登場したのである。「10日以内で学位を取得できる。ディプロマ・ミルのニセではなく合法的に開校している機関の発行する本物の学位。最低3年間の教育か,職業経験,あるいはその両方の組み合わせで」とある。学士号は385ドル,修士号は550ドル,博士号は800ドルである。ウェブ・サイトには大学の所在

地は記載されておらず，学長のメッセージもなく，以前のコロンビア・ステート・ユニバーシティの所有者と同一人物によって維持されているものなのか否か判別できないが，ディプロマ・ミルであることは間違いない。

ただ，「この大学は，合法的に組織された教育企業であるが，まだ完全には運営を始めていない」とあり，学位を授与することの合法性については「ディプロマを誰に授与するかしないかについての法律や規則は存在せず，それはまったく大学の個別事項である」と記してあり，合法性を主張している。しかし，その後に，「このことは，法律で禁じられている地域では無効である。また，ネバダ州の居住者には妥当しない」と州法との関わりについて触れた後，「これらのディプロマはあなたに自信を与え，自己評価を高めるために授与されるものである。ディプロマの所有者はこれを悪用してはならない」と記載されている。これは，ディプロマ・ミルであることを自らうたいながら，それが法律に触れない範囲での営業であることを明記した文章である。

法的に拘束しようとする当局と，それをかいくぐってしぶとく営業するディプロマ・ミルとのイタチごっこをみる思いである。

■ 注

1 Robert Sedgwick (2000) "Diploma Mills Go Digital," *e World Education News & Reviews*, Vol. 13, No. 4, July/August, 2000. {http://www.wes.org/ewenr/00july/feature.htm}
2 Mariah P. Bear, John Bear Ph.D., John B. Bear (1999) *Bear's Guide to Earning Degrees Nontraditionally (13th edition)*, Ten Speed Press.
3 John Bear (2000) "Diploma Mills," *University Business* {http://www.degree.net/html/diploma-mills.html}
4 Jennifer Radcliffe (2000) "Firms Selling Bogus Degrees Increase on Net," *COMPUTER NEWS DAILY- NYT SYNDICATE*, December 29, 2000. {http://199.97.16/contWriter/cnd7/2000/12/29/cndin/4375-0108 pat_nytimes. html}
5 Jeffrey R. Young (1998) "Academic-technology Group Offers to Oversee '.edu' Domain on Internet," *The Chronicle of Higher Education*, January 8, 1998. {http://chronicle.com/data/news/dir/dailarch.dir/98010801.htm}
6 Sara Carr (2000) "Watchdogs Question an Online College Offering Credit for Experience," *The Chronicle of Higher Education*, November 13, 2000. {http://chronicle.com/daily/2000/11/200011130/u.htm}
7 Steven Levicoff, *Distance Education : The Unofficial FAQ*
8 Dan Carnivale (2002) "Colleges Demand that Fakedegrees.com Remove Their names From Its Web Site," *The Chronicle of Higher Education*, August 27, 2002. {http://

chronicle.com/daily/2002/08/2002082701t.htm}
9 David Cohen (2002) "Australia and New Zealand Consider Database to Combat Fake Degrees," *The Chronicle of Higher Education*, March 5, 2002. {http://chronicle.com/daily/2002/03/2002030502u.htm}

14 学位を発行しない「大学」の脅威

▎*1.* 大学と学位

　高度な教育や知識の生産を，大学が排他的に行っている活動だと思う人は，今やまずいないだろう。大学と同等にそれらを担える教育組織や研究所は各所に存在する。大学しかできないということが少なくなりつつあるなかで，今でも大学しかできないことがある。それは，学習の修了証明として学位を発行することである。そして，重要なことは，その学位は社会的な威信をもって，職業の場など社会で広く流通することである。ある意味では，大学は学位を発行するからこそ，価値があるのだといえなくもないくらい，大学にとって学位を発行することのもつ意味は大きく，両者の結びつきは大きい。

　しかし，近年，ITの進展と関わって学位を発行しない大学や，学位につながらない教育プログラムを行う大学が増加している。本章では，こうした現象を取り上げて，それが何を意味するのか考えてみよう。

▎*2.* IT化にのるコーポレート・ユニバーシティ

　学位を発行しない大学とは，コーポレート・ユニバーシティのことである。これは，企業がその従業員の教育訓練のために設立した企業内教育機関であり，その歴史は古く，19世紀後半にまでさかのぼることができる。知名度の高いところでは，モトローラ社のモトローラ大学，マクドナルド社のハンバーガー大学，デル・コンピュータ社のデル大学などをすぐに挙げることができる。

　コーポレート・ユニバーシティの浮沈は激しいが，それでも1980年代には

480校ほどだったのが90年代に入って急増し，現在1,600校になっており，ここ数年のうちに2,000校を超えるのではないかという予測すら出されている[1]。90年代にはいってなぜこれほどまでに急増したのだろうか。それについては，コーポレート・ユニバーシティ・エクスチェンジという企業内教育に関する調査及びコンサルティングを担当する企業の社長は3つの理由を挙げている[2]。

第1は，企業の吸収合併の増加にともない，共通の企業文化の醸成が必要となり，それがコーポレート・ユニバーシティの増加につながったというものである。第2は，技術革新や製品の開発のサイクルが短くなり，従業員をそれに対応させるための再教育が重要になったことが原因だという。第3は，企業内教育が，外部からの志望者を引きつけ，また，企業内部の被雇用者を社内にとどめるための投資とみなされるようになったからだという。とくに，第3の，企業間の労働移動が激しいアメリカにおいて，優秀な従業員の定着が企業の発展につながると考えられるようになったこと，そのためには企業内教育が必要であり，したがってそれはコストではなく投資だとみなされるようになったことの意味は大きい。

表14.1にコーポレート・ユニバーシティのプロフィールを示すが，これらの数字は，コーポレート・ユニバーシティは比較的新しいながら，一大組織になっていることを示している。

コーポレート・ユニバーシティのこうした成長に貢献したのがITである。従来の同一空間での対面での企業内教育をeラーニングに代替しようとする動きは活発であり，たとえば，教育関連産業のコーポレート・ユニバーシティに

表14.1 典型的なコーポレート・ユニバーシティのプロフィール

企業のフルタイム従業員数	26,000人
設立年数	4年
年間予算	1,500万ドル
教職員数	79人
年間の訓練者数	4,000人
従業員1人当りの年間訓練時間	39時間

出典：Corporate University Xchange, Inc.

おけるeラーニングは，1999年の10%から2001年の30%になっている[3]。その他，モトローラ社は2002年までに50%をeラーニングによって行う計画であり，シスコ・システム社では，システム・エンジニアの教育の85%までをeラーニングによって実施する予定だという[4]。

企業内教育市場は，現在でも660億ドルほどの市場価値をもつが，そのうちeラーニングによるものが，2000年の20億ドルから，2003年には115億ドルにまで成長すると予測されており，ここからも，eラーニングの成長ぶりがうかがえよう。

eラーニングによってより多くの人数を訓練できることで，上記の必要性に見合うだけでなく，企業内教育の訓練コストの削減も可能になった。学校教育の場合は授業料や生活費などが受益者負担であるが，企業内教育の場合は，企業側がすべての経費を負担する。企業が大規模化し，グローバル化するほど，従業員の移動と宿泊にかかる経費は増大する。それが，eラーニング化されると，従来の費用の3分の2を縮減することができるという[5]。

また，コスト面に加えて，eラーニングという手法が，訓練の色彩が強い企業内教育との親和性があることも，コーポレート・ユニバーシティが急速にe

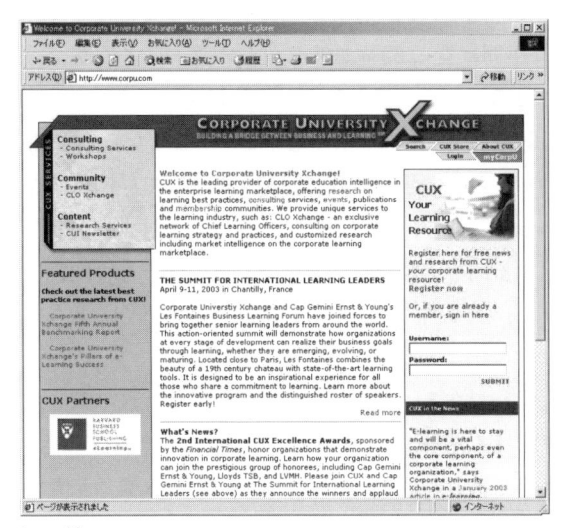

http://www.corpu.com

■ コーポレート・ユニバーシティ・エクスチェンジのホームページ
企業内教育に関するコンサルティング，調査などを行う企業。

ラーニング化を進めている大きな理由であろう。というのは，eラーニングによれば，習得すべき内容をモジュール化し，それぞれのモジュールごとに達成度をはかるテストや課題をつけて習得状況を確認することができ，従業員はモジュールをスキップしたり繰り返したりしながら，自分のペースで学習できるからである。従業員を一同に集めて講義をする形態よりも効果が上がるとする見方も，それなりに納得させられる。

3. 企業を超えるコーポレート・ユニバーシティ

　成長するコーポレート・ユニバーシティが，企業活動にとって投資だとみなされるようになった背後には，実質的にも配分された予算を消化する部門から，営利を生み出す部門へ転換しつつあることが大きな理由として存在する。では，どのようにして利益を生み出すのだろうか。それは，教育訓練のプログラムを，企業の従業員だけのものとして閉じておくのではなく，外部に販売することで収入を得るのである。たとえば，コンピュータ企業のサンマイクロソフト社のサンUというコーポレート・ユニバーシティは，1995年には年間経費の40%が教育プログラムの販売でまかなわれていたが，96年にはその比率は75%にまで上昇した。そして，現在は，完全に独立採算部門となることを目指している。また，モトローラ大学は年間経費の63%が外部からの収入によるが，その比率を75%程度まで上昇させることを目標としているという[6]。

　教育プログラムを販売する対象者としては，若年者がよい。なぜなら，将来，自社の従業員となる可能性のある者を，事前に教育訓練することで早期に確保する意味合いがあるからである。そして，教育訓練プログラムを販売するとなれば，単に自社内だけで通用する内容ではなく，もう少し汎用性をもつ内容に組み替える必要も生じる。また，広く名の知れた者を講師として招くことも効果があろう。

　ここで標的になるのが「大学」である。将来の従業員を確保する点でも，教育訓練プログラムの汎用性を広げるためにも，有名教授を講師に依頼するにも，大学は何より願ってもない相手である。コーポレート・ユニバーシティと大学とが提携している例はいくつもあるが，大きく分けて2つのタイプがある。1

つは，より正規の大学へ近づこうとするものである。それは，アクレディテーションを受けて学位を発行することに象徴される大学にどれだけ近づくか，という行動となって現れる。それとは逆に，大学の側がコーポレート・ユニバーシティに近づこうとする方向もある。大学がそのニーズに応じて企業が作成した教育プログラムを利用しようとするのである。

4. 正規の大学への昇格を目指して

正規の大学へ近づこうとする方向には，さらに3つのレベルがある。

第1は，大学と提携して，その企業向けの教育プログラムを構築するものである。それは企業文化や企業に特化したケース・スタディ，組織に共通した業務関連の内容を，大学のMBAプログラムの一部として提供するものである。自社の従業員が主たる対象であるが，それ以外の者に販売することも可能である。

その次の段階は，企業向けのプログラムの汎用性を高めて，大学の新たな学位を発行するプログラムを構築するものである。大学側は，従来の大学では提供できなかった知識や技能が習得できることを売りにすることができる。たとえば，メガテク・エンジニアリングという企業は中央ミシガン大学と提携して，1996年から車両のデザインを専攻とする学士号プログラム（Bachelor of Science in Vehicle Design）を提供している。それは，車両のデザイナー不足に悩むメガテク社や近隣の関連企業が，ミシガン地域の大学と協議を続けた中で，中央ミシガン大学のキャンパス外プログラムの1つとして提供することになったものである。

その後，1998年にはメガテク・エンジニアリングは，MSXインターナショナルに買収されたが，プログラムは継続されており，各種の遠隔教育と，中央ミシガン大学がキャンパス外にもつ学習センターやMSXインターナショナル・ユニバーシティ（これもコーポレート・ユニバーシティ）の施設における面接授業とを組み合わせて実施されており，約500人が在学している[7]。また，MSXインターナショナル・ユニバーシティは，2001年からミシガン工科大学と提携して工学の学士号，修士号を提供している[8]。

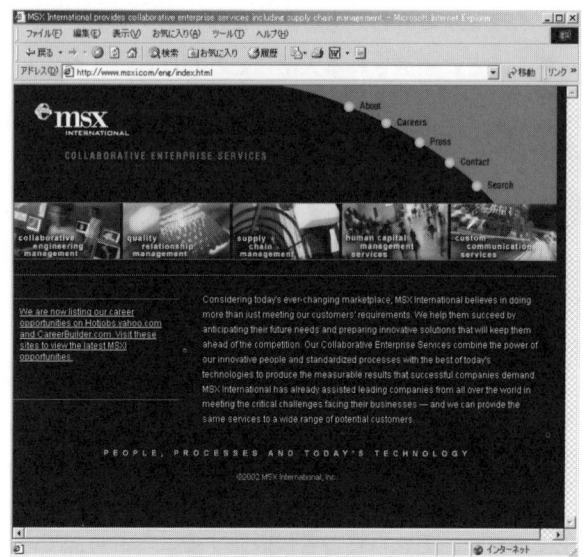

■ MSX インターナショナル・ユニバーシティのホームページ

MSX インターナショナル・ユニバーシティというコーポレート・ユニバーシティは，既存の大学と提携して，学位を発行する教育プログラムを作成した。

http://www.msxi.com/eng/index.html

　その他のコーポレート・ユニバーシティと大学との提携による学位プログラムは4例ほどで数は多くはないが，水面下でそれを目指しているコーポレート・ユニバーシティは多いという。

　学位プログラムの次は，コーポレート・ユニバーシティ自身が，アクレディテーションを受けて正規の大学になるものである。その1つの例として，アーサー・D・リトル経営大学院がある。コンサルタント会社であるアーサー・D・リトル社は，業務の一部として発展途上国のマネジャー層の養成に従事しており，従来は，それをそれぞれの国で実施していた。だが，アメリカで一括して実施した方が効率的であると判断して，1964年に経営教育研究所という名称のコーポレート・ユニバーシティを設立した。これがユニークなのは，設立当初から自社の従業員ではなく外部の者の教育訓練を目的としていたことであり，これまでに115カ国から約3,200人が参加しているという。

　そしてさらにユニークな点は，1976年にはニューイングランドの地区基準協会から認可を受け，一般の大学と同様に学位（経営修士号）を付与するようになったことである。コーポレート・ユニバーシティのうち，大学としての認

可を得た初めての機関である。さらに，その後，ボストンカレッジ，カナダのランスブリッジ大学，フランスのボルドー大学と提携を結び，単位互換や共同プログラムの提供を行っている。こうした大学との提携は，実は，コーポレート・ユニバーシティが，AACSB（American Assembly of Collegiate Schools of Business）というビジネススクールのアクレディテーション団体から認可を得るうえで重要な意味をもった。なぜなら，その認可を得るためには教員の80%がPh.D取得者で構成されている必要があり，その条件を満たすために提携大学の教員を自大学の教員にカウントしたのであった。だからといって，提携大学の教員が，進んでコーポレート・ユニバーシティの教員になってくれるとは考えがたい。そこで，提携大学のPh.D教員がもらっている給与の半分をアーサー・D・リトル社が負担し，1年のうち半年間アーサー・D・リトルの「専任」教員として雇用するという方法でもって，80%のPh.D取得者を抱えていることにしたのである[9]。提携した大学にとっても，その大学の教員にとっても，アーサー・D・リトル社にとっても，不満はでない仕組みである。

　コーポレート・ユニバーシティが，その教育プログラムを外部に提供するとき，提携相手に大学を選ぶのは，行き着くところ学位の発行権の獲得にあり，それは，コーポレート・ユニバーシティにとっては一種の地位の上昇になるのである。コーポレート・ユニバーシティを同業者と認めた大学にとってのメリットは，契約金や学生数の増加など財政面で大きいことはいうまでもない。

5. 企業の教育プログラムを利用する大学

　もう1つの，大学がコーポレート・ユニバーシティや企業の教育プログラムを利用するとは，企業で作成された教育プログラムを大学が自機関の単位として認定するものである。とくに近年増加しているのが，IT関連の資格の単位化である。全米におけるIT関連の職業資格はその数300種類，資格取得者はアメリカ国内だけで170万人強，海外も含めると240万人になるという[10]。こうした膨大な数は，IT産業の高度化によって，関連職種が細分化されて専門職化されていること，そしてそれらの教育訓練は容易にeラーニング化できることとが促進要因となって生まれたものだといえよう。たとえば，マイクロソ

フト社の発行するシステム・エンジニア資格,オラクル社の発行するデータベース・アドミニストレータ資格といったものは,それをもつことがある種の職種に就くための必須条件とさえなっている。

　もともと大学教育とは無関係に付与されていたこれらの資格に対し,興味を示したのは大学の方であった。その提携の姿には大きく分けて3つある[11]。第1は,資格を大学の単位に振り替えるものである。アリゾナのピマ・コミュニティ・カレッジ校区では,ノベル社,マイクロソフト社などと提携して,資格取得の準備をしている学生が,ピマ・コミュニティ・カレッジが作成した試験に合格すれば,それに対して大学の単位を付与している。学生は,企業の試験をパスすれば職業資格を,大学の試験をパスすれば大学の単位を同時に取得できるのである。

　第2は,各種の資格を複合して学位プログラムを発行するものである。エクセルシオール・カレッジはアメリカ初のバーチャル・ユニバーシティと名乗った遠隔教育機関であるが,そこでは,マイクロソフト社,コンプTIA社,プロメトリック社と共同で開発したコンピュータ科学の学士号を提供している。これは,すでに準学士号をもつか,高等教育機関で60単位を獲得している者を対象としたプログラムであり,試験にパスすることで単位が認定され,学士号が付与される。

　第3は,企業で開発された職業資格の学習用のパッケージをそのまま購入して,そのプログラムの修了者に大学が独自の資格を付与するものである。たとえば,コロラド大学デンバー校では,ウエストネット社の開発しているネットワーク関連の教育プログラムを,大学の「ネットワーキング資格」というプログラムとして提供している。

　これら職業資格に通じる内容に大学の単位や学位を付与するということは,大学がその内容を大学教育に値すると認定したことを意味する。しかし,いずれの場合にも,大学は教育内容の開発や,実際の教育を行うことなく,その習得状況の判断をするだけである。いわば,大学教育のアウトソーシング化である。

　職業との適合性のある教育内容を求める学生の圧力や財政難に苦しむ大学にとっては,外部で作成された評価の高い教育プログラムを自校の単位や学位として提供できれば,さまざまなメリットが発生するのである。

6. 学位やアクレディテーションは何を保証しているのか

　コーポレート・ユニバーシティから大学への接近，大学から企業への接近は，双方がとりわけ財政面でのメリットを感じての提携なのだが，それを脅威と感じる議論も多くなされている。よくいわれるのは，企業のビジネスモデルは伝統的な大学にはなじまないうえに，経営的に太刀打ちできず，大学は企業に駆逐されかねないとする議論である[12]。また，大学が学問を司るという見地からは，大学が，一企業に特化した内容の教育を行うことで，学問体系が崩壊することを懸念する意見もある[13]。

　ただ，ここで両者の提携の鍵となっているのが単位や学位であることを考えたとき，もう1つ別の側面がみえてくる。コーポレート・ユニバーシティが大学との提携を求めるのは，その教育内容に，大学の学位という冠をかぶせることで箔をつけることができるからであり，大学が企業の教育プログラムを自機関から提供することに意味があるのも，それが大学の単位や学位に振り替えられるからである。どちらも単位や学位にこだわるのは，大学の単位を積み上げて取得する学位というものが，それほどの社会的威信をもち，社会的な通貨として広く流通しているかを表しているといってよい。

　大学の学位がそうした価値をもっているのは，大学において教育される知識がほかでは得られないものであったからであり，知識の背後には大学人のみが発展に貢献する学問があったのである。だが，ここで取り上げた事例をみると，教育内容は企業が生産し，大学はそれに学位を付加しているという分業が生じていることがわかる。必要に応じてのアウトソーシングは効率的だとする判断もあり得るし，大学教育の空洞化は大学を衰退させるとする考えもあり得よう。

　こうした状況がさらに進んでいったとき，大学の学位の威信はどこまで通用するのだろうか。その学位を独占的に発行してきた大学に対しても，どこまで価値が置かれるのだろうか。800年の歴史をもつ大学や学位への信用は，そんなことぐらいではびくともしないのかもしれないが。

■注

1 Rachel Choe (2000) *The Corporate University*: Measuring the Impact of Learning, American Productivity & Quality Center {http://www.apqc.org/pbus/dispOub.cfm?DefaultID=1035}
2 Paul DeVeaux (2001) "Life at Corporate-U," *e-Learning Magazine*, February 1, 2001. {http://www.elearning.com/elearning/article/}
3 Paul DeVeaux, (2001) op. cit.
4 Lisa Terry (2000) "Get Smart Online," *UPSIDE TODAY*, April 06, 2000.
5 John F. Ince (2000) "Training Choices and e-learning," *UPSIDE TODAY*, November 25, 2000.
6 Jeanne C. Meister (1998) *Corporate Universities: Lessons In Building A World-Class Work Force*, McGraw-Hill, pp. 51-53.
7 "MSX International University Partners with Michigan Technological University," (2001), MSX International Press Room, September 5, 2001 {http://www.msxi.com/eng/press_room/pr105-9-5-01.html}
8 "MSX International renews educational partnership with Central Michigan University," (2001), MSX International Press Room, January 22, 2001 {http://www.msxi.com/eng/press_room/pr83-01-22-01.html}
9 Jeanne C. Meiste, op. cit., pp. 201-205.
10 Clifford Adelman (2000) "A Parallel Universe: Certification in the Information Technology Guild," *Change*, Vol. 32, No. 3, pp. 20-29.
11 Clifford Adelman, op. cit.
12 Judith S. Eaton (2001) *Distance Learning: Academic and Political Challenges for Higher Education Accreditation*, CHEA Monograph Series 2001, No. 1., Council for Higher Education Accreditation {http://chea.org/Research/distance-learning/chea_dis_learning.pdf}
13 Katherine. S. Mangan (1998) " 'Corporate Universities' Said to Force Business Schools to Change Their Ways," *The Chronicle of Higher Education*, June 17, 1998. {http://chronicle.com/daily/98106/98061701n.htm}

評価

15 ITによる機会の拡大かコストの節減か —— 政策関係者のジレンマ

1. 市場原理主導への危惧

　アメリカの高等教育は，他国に比して市場原理が働く比重が高いといわれてきたが，eラーニングを収益の手段と考える企業がさまざまに高等教育の世界に関わってくるようになって，ますます，その傾向を強くしている。市場原理が強いということは，政府の高等教育に対する統制が弱いことと表裏一体になっているわけだが，eラーニングの目を見張る伸張は，これまでの教育政策の範疇で処理しきれない問題を多々生じさせており，政府はそれへの対応策を迫られることとなった。

　教育政策に関係する連邦政府，州，アクレディテーション団体は，eラーニングのどの側面を問題ととらえたのか，どのような対応策をとろうとしているのか，本章では，公共政策の側が，eラーニングをどのように捉えているのかをみることにしよう。

2. 私企業の参入の3局面

　エデュベンチャーズ {http://www.eduventures.com} の調査によれば，1995年から1997年をeラーニングの「ビッグ・バン」と呼んでいる。すなわち，この年あたりを境にして，eラーニングが爆発的に拡大しはじめたからである。爆発的に拡大した原因は，eラーニングに関わるネットワークからソフトウエア，その次にはコンテンツすべてに，私企業が関わってきたからである。インフラの整備はもちろんのこと，ソフトウエアの開発も，既存の大学の力だけで

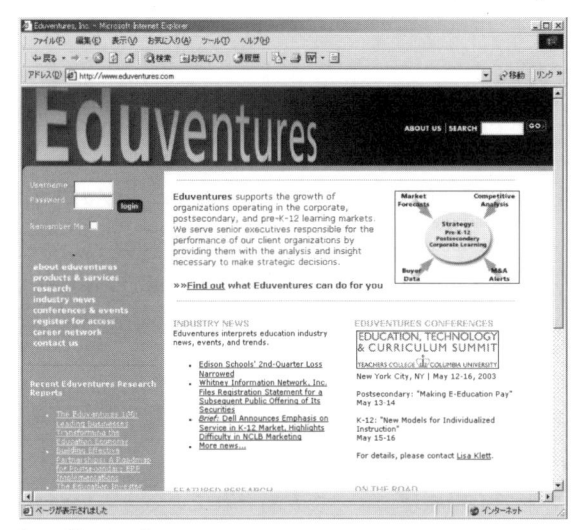

15．ITによる機会の拡大かコストの節減か —— 政策関係者のジレンマ　　　　　　　　　　　　　　　　　*165*

http://www.eduventures.com

■エデュベンチャーズのホームページ

コンサルティング会社であるエデュベンチャーズは、eラーニングの将来予測を積極的に行っている。

は不可能であり，企業の参入をもってして初めて可能になったといっても過言ではない。

　さらに，こうした私企業の参入は，次の局面に入ったといわれている。すなわち，ネットワークからソフトウエアへという移行の次には，コンテンツ関連の私企業が参入しはじめたのである。従来，教育内容については大学の教員が責任をもち，それを教室の講義を通じて伝達する高等教育機関が占有するとされていた。しかし，eラーニングとは，いわば，講義が「物」化するわけであり，物としての書籍などを所有していた出版関係企業の参入の余地が出てきたのである。巨大資本をバックにしての参入は，これまでの高等教育機関と私企業との関係を覆すことさえある。これまでのインフラの整備段階で関わった私企業は，高等教育機関が実施するeラーニングを側面援助する形態で市場に参入しており，利益を上げているとはいえ，あくまで高等教育機関に対して従の関係であった。しかし，教育内容さえ私企業が提供できるとなれば，高等教育機関に依存する必要はなくなるのである。事実，私企業が独自でバーチャル・ユニバーシティを設立し，教育内容も自前で用意したり，既存の大学から必要な部分を購入してeラーニング化する事例はここ1〜2年の現象として注目されている。

3. 市場と公共政策

　こうした段階に至ったことについては,「ビッグ・バン」から「ビッグ・クランチ」だと表現されているが[1], これは, いってみればeラーニングの市場価値に気づいた私企業が参入してeラーニング市場が爆発的に拡大し, そこに各種の私企業が利益をあさって続々と参入しひしめきあい, 高等教育の世界を食い物にしているような状況に対するやや批判のまなざしを向けた表現ということになろう。

　そもそも, 教育の世界は, 市場とは一線を画した公共政策の支配する場, ある程度計画にそって動く場だとみなされてきたが, こと, eラーニング市場については, 有無をいわさない形で市場原理によって左右されているきらいがある。それに対する批判や危惧は多く表明されているが[2], こうした批判や危惧が表明されること自体, eラーニングがもつ影響力の大きさを示しているのかもしれない。

　公共政策のもとでの教育は社会サービスの一環であり, 教育機会を拡大することがミッションである。そこでの価値は, 平等や社会的公正である。それを達成するために公共財政を支弁しつつ, 需要に対して計画的に教育を供給していくことが施策として求められる。アメリカの場合, 高等教育に対しては連邦政府の関与がきわめて弱く, 統一的な高等教育政策はないといってよい。また, 教育全体が市場的な動向に左右されてきたという歴史的経緯もある。だからといって, 公共政策がないわけではない。その主体は, 連邦政府ではなく州政府なのである。さらに, 高等教育機関の約80％は州立であり, 高等教育システムが州政府の教育政策から全く自由なわけではない。個々の高等教育機関の自立性が高いようにみえるのは, 自立性が尊重される政策的な仕組みのもとに置かれているからなのである。

　他方, 市場原理のミッションは収益を上げるという一点に収斂するため, 公共政策の社会サービスという観点とは相容れない。収益を上げるためには, 効率がすべてである。それが平等や公正という原理と両立することは本来困難だと考えられてきたといってよい。

ところがである。eラーニングへの期待は，その2つの矛盾する理念の両立を試みているかのようである。積極的にeラーニングを推進してきたのは，私企業だけではなく，社会サービスという理念に包摂されてきた高等教育機関もそうだからである。高等教育機関と私企業とが連携してeラーニングを推進してきたここ数年の動きは，教育機会を拡大するという社会サービスのミッションと，教育の提供によって収益を上げるという経済の論理とが問題なく結びついたことを示唆しているように思われる。高等教育機関にとってみれば，教育機会を拡大するというミッションを遂行しながら，近年の財政難を補充する可能性を得たことになり，私企業にとってみれば，教育活動を推進するという崇高な衣をまといながら経済活動を推進できるという，どちらにとっても得るところの多い状況が存在するからである。

4. 州政府の対応 ── 公共政策への挑戦

　高等教育政策にもっとも関わるのは，州政府である。州立大学はそれぞれの州の管理下に置かれており，高等教育システムは州ごとに異なる形態をもっている。ITに関しては，どの州も1990年代当初から，ITの教育への利用のために積極的に投資してきた。それは，教育の有無が知識基盤経済の将来を左右するという認識にもとづいたものであり，たとえば，全米知事協会（National Governors Association）の年次大会では，高等教育をIT化することの重要性が繰り返し宣言されている。たとえば，2000年の年次大会でも，「人間への投資，インフラの整備，ハイテク拠点の創生」といった事柄が議題となっており，「知識を経済的な価値に転換することに成功し続けることができるならば，アメリカの高等教育システムは科学技術の最先端をいき，また，ハイテク技能を要する職業にむけて労働者を養成することができるだろう。今や，高校卒業者の3分の2が高等教育に進学し，有職成人の多くが再教育の機会を望んでいるなかで，高等教育機関は重要な責任を有している。…高等教育システムとベンチャー・ビジネスに対する州政府の支援はきわめて重要である」といったことが語られている[3]。

　このように，知識基盤経済という時代的状況のなかで，どの州も積極的に

ITのインフラの整備に力を入れ，高等教育にはその中核的な役割が期待されてきたのである。増加している高校卒業者だけでなく，有職成人をもターゲットとして，教育の配信の方法としてITが注目を浴びたのであった。近年の州政府の高等教育政策を検討した報告書では，高等教育のIT化の推進方法について4つのタイプがあることが示されている[4]。第1は，州政府が中心になってバーチャル・ユニバーシティを設立する方法，第2は，州立高等教育機関を中心としてコンソーシアムを設立する方法，第3は，既存の高等教育機関を利用して学習センターを設立する方法，第4は，各高等教育機関がITを利用してコースの提供を希望するようになるためのインセンティブを付与する施策，たとえば，財政的支援などを行う方法である。州政府が独自にバーチャル・ユニバーシティを設立する方法から，既存の高等教育機関を側面支援する方法まで，高等教育のIT化を各種の方法で推進していることがうかがえる。

IT化の拡大路線をとってきた州政府であるが，近年新たな変化が生じていることに注目せねばならない。それはIT化の推進は従前どおり行うが，それに加えてITの功罪を検討しはじめたことである。たとえば，アメリカ西部15州が参加している，西部諸州高等教育委員会（The Western Interstate Commission for Higher Education）は，ケロッグ財団の援助を受けて1996年から3カ年度のプロジェクトを実施し，その結果を『過渡期にある政策（*Policy in Transition*）』と題する報告書にまとめた[5]。それによれば，高等教育をとりまく近年の社会変化を，経済のグローバル化，財政の緊縮，白人以外の民族の増加による全体としての高卒者の増加，ITによる教育の配信方法の変化，学生消費者主義の蔓延ととらえ，州の高等教育政策として重視すべき事項として，1. 教育機会の拡大，2. IT，3. 財政，4. 初中等教育との接続の4点を挙げている。報告書の構成からもわかるように，ITが，高等教育システム，高等教育政策の課題として明確に位置づけられ，伝統的に重要な政策課題であった教育機会や財政と並ぶ高いウェイトがITに置かれているのである。

そのITの事項では，「再教育を求める職業人の増大で遠隔教育はまさしくブームになっており，ITの重要性は決定的になっている。確かに，ITは高等教育の問題を解決し可能性を約束するものではあるが，財政面から哲学的な側面まで幅広く最適な利用方法を考えることが重要な課題となっているが，その課

題はまだ達成されていない」と警告が出され,それについて教育,行政,立法の3分野の間で議論のうえコンセンサスを得るべきことが提言されている。

その結果,高等教育にITを統合するにあたって検討を要する4つの問題が提示された。第1は,すべての学生がITにアクセスし,利用する機会をどのように確保するかという問題である。第2は,ITにかかる長期的な費用をどのように捻出していくかという問題である。第3は,機関間や州間での連携を推進するためにどのようなインセンティブが必要かという問題である。第4は,教員がITを教授・学習に利用するためのスキルの開発を,州がどのように支援できるかという問題である。これらは,いずれもIT化を推進してきた過程で現実に生じている問題なのである。すなわち,ITへのアクセスが社会階層と関連しているというデジタル・デバイドの問題,インフラの整備に費用がかかるという問題,個別の機関や州内で閉じていた高等教育システムをITが開放している問題,そして,教員にはIT利用のスキルが十分にないという問題であり,こうした現実の問題に対して,州政府として問題の所在を確認する作業だとみることができる。

IT問題への公共政策としての対処の重要性に,州政府が気づいたといってもよいだろう。それは,連邦公共政策・高等教育センターの所長が,上記の問題が議論されるなかで語った言葉に象徴されている。「われわれはITをそれ自身の道を走る列車のように考えてはいけない。提起された課題は,きわめて基本的な事項である。過去半世紀うまく機能してきた公共財政や公共政策は,現在,新たな挑戦を受けているといってよいだろう」[6]

5. アクレディテーション団体の動向 ── 教育の質の維持

アメリカの高等教育機関が,高等教育機関として認可を受けるのは,所在地域のアクレディテーション団体である。全米に6地域にある8つの地区基準協会は連合して,2000年9月に遠隔高等教育の設置認可のガイドラインを作成することを決定した。それぞれの地域が独自に行ってきた高等教育機関の設置認可基準の作成を,地域を超えて共同でガイドラインを作成したことは,きわめ

て異例であり，ITを利用した遠隔教育が機関や州や地域を容易に超えて配信されている現実に，従来の枠組みでは対応できなくなったことの現れとみることができる。

とくに，ガイドラインの作成においては，学習者に焦点をあて，学習者がどの程度学習の成果を上げたか，それに対して高等教育機関はどのように貢献したかを，教授・学習過程の相互作用や学習の支援の側面から評価することがもっとも大きな目的とされた。いわば，eラーニングの質の維持を目的としているのだが，この背景には，すべてをeラーニングを行うジョンズ・インターナショナル大学が，1999年に全米初のアクレディテーションを受けた際に，オンラインのみによる教育は，高等教育としての質の維持が可能かという疑問のもとに大きな議論が沸き上がったことを遠因としている（第7章参照）。

2000年から2001年にかけて，2部構成の報告書となって上梓された[7]が，そこでは，あくまでもガイドラインであって，各アクレディテーション団体はこれを参考にして独自に基準を設定することが強調されている。しかし，機関の社会的文脈，カリキュラムと教授方法，教員の支援，学生の支援，評価の5項目についてどのような視点で設置認可を行うべきかが，具体的に記述されており，詳細をきわめた内容となっている。ジョンズ・インターナショナル大学のようにeラーニングだけで教育を行う新規の機関が，キャンパスをもつ大学の伝統を欠いていることを念頭において作成されたものであることが記述の随所にうかがえる。

そしてまた，これらの報告書からは，従来の教室での授業やeラーニング以外の遠隔教育では考えられなかった事態が，教育のどのような場面で出現しているのかを知ることができる。たとえば，カリキュラムの項目では，「学習のプログラムを学術的な資格を有する者が作成しているか」，「主たる教員以外にメンターなどを用いる場合，そうした者が学術的な資格を有しているか」など，教育プログラムの作成に従事する者の資格を問うている点，評価の項目で，「意図した学習プログラムの到達点と学生の成果との関係をどのように比較して評価するか」といった点にみることができる。というのは，eラーニングでは教育プログラムを作成せずに外注する場合があることや，他機関の教員をパートタイムで雇用して教育にあたらせる場合があること，また，教室での授業

時間を基準にした単位制をとらずに，従前の学習・職業経験を換算したり，ある領域に関する能力を保持していることが認定されれば，コースを履修しなくてもよい場合があることなど，従来のキャンパス型の高等教育では考えられなかった現実が生じていることが，教育の質の維持との関連で懸念されているのである。

eラーニングが社会的な教育需要に支えられて，教育機会を拡大することに貢献していることを認めつつも，それが高等教育としての学位の質を維持できるのかという問題に高等教育関係者の関心がシフトしていることが，こうした報告書にみてとれる。

6. 連邦政府の動向 ── 法改正と資金源

こうしたなかで，連邦政府は，上下院議員，教育関係者，私企業の代表者からなるウェブ教育委員会（Web-Based Education Commission）を1998年に結成し，eラーニングに関して連邦政府として何をすべきかを議論し，その成果としての報告書を2000年12月に発表した。『学習に関するインターネットの力（*The Power of the Internet for Learning*）』と題する大部の報告書では，「有望から実践へ（*Moving from Promise to Practice*）」[8]という副題にあるように，将来を拓く有望な技術としてのインターネットに対する期待を抱いていた時代から実用段階に入ってきた現在，それをどのように利用していくのかの検討が重要になってきているという認識の変化があることが示されている。

報告書を取りまとめる段階において，教育機関の関係者からソフトウエア制作を行っている私企業までeラーニング関係者へのヒアリングを実施し，他方で，多くの教育機関からのeラーニングの実情の報告を受けて，現状の問題点を整理していった。報告書は，eラーニングを規制するのではなく，むしろ流れを止めることのできないものと認識する立場から，それを推進するにあたっては何が問題であり，政府としてどのような行動が求められるかを探る立場から，7つのポイントにまとめられている。教育機会の確保，教員のIT利用能力の開発，eラーニング・コースの内容の充実など教育の質の維持に関わるものは，州政府やアクレディテーション団体の報告書と共通しているが，それらに

は見られないこの報告書の特徴は，eラーニングの障害となっている法律の改訂と資金の問題にある。

　高等教育に関する法律については，学期制などに縛られない学修課程を設けている機関の場合は，学生は毎週12時間以上の講義を受けなければならない。また，50パーセント以上の学生が遠隔教育でコースを履修している場合は，連邦政府の学費補助対象機関とはしないという「12時間規則，50パーセント規則」という規則や，高等教育機関が，学生の確保に有用な第三者に資金を提供してはいけないという規則が，eラーニングにそぐわなくなっていることが指摘されている。前者の規則は，時間に縛られず自由な学習形態をとる遠隔教育機関が学生募集の点で不利になるのであり，後者の規則は，高等教育機関からの委託金や学生の授業料の一部供与によって成り立っているeラーニングのポータル・サイトやイエロー・ページがやっていけなくなるからである。学生は，各機関のホーム・ページにアクセスしてeラーニングのコースを探すことはもちろんだが，多くはポータル・サイトやイエロー・ページにアクセスすることで，比較検討しながら自分に適切なコースやプログラムを探すのである。ポータル・サイトやイエロー・ページは，eラーニングをもつ機関にとって学生の確保に不可欠になっているのである。

　そして，さらには著作権についても問題があることが指摘されている。これらは，教室の講義では生じなかった著作権が，インターネットに載ることで発生することへの対応が求められているのである。教室で演奏する音楽，美術の授業でみせる絵画などはウェッブに掲載すると，著作権が発生するのである。その処理をしてからでないと講義をeラーニング化できないのであり，場合によっては，教室の授業で利用していた教材がオンライン上では利用できなくなるのである。

　著作権の問題とともに，教員の講義がeラーニング化され所属機関以外の機関から配信された場合，その所有権は教員の所属機関にあるのか，あるいは講義をした教員自身にあるのかという議論も発生している（第11章参照）。

　コストの問題については，おざなりにできない状況にある。というのは，連邦政府の初中等から高等教育までを含めた教育費の支出は，1980年の13.9%から98年の6.1%にまで低下しているにもかかわらず，各種の技術の導入・維持

に関する支出は増大傾向にあり，とくに初中等教育での技術の導入・維持費用は約15億ドルにものぼっているからである。連邦政府の支出の多くはITの促進をはかるための各種プログラムへ支出される費用であるが，初中等教育全体では，それ以外に約70億ドルの州や学校区などからの公的な費用が技術の導入・維持費用として支出されている[9]。

こうした費用のうち約55%がコンピュータのハードウエアに，約16%がネットワークの費用として支出されている。さらに，コンピュータのハードの寿命は約3年といわれ，各種の機材のなかではもっとも更新期間が短いものとなっている。これらの機材を，今後も，公共財政でまかなっていけるのかという問題になるのである。公共政策の一環としてIT化を推進するためには，財政支出が必要であることは当然であるが，それが際限なく増大することに対しては一定の制限が必要となってくる。企業の投資や外部資金の導入などが勧められるとともに，投資に対する効率や効果をどのように考えていくのか課題も提起されている。現在の教育という営みのなかで，どのような場面にITを利用したらコストの節約につながり，かつ，教育上の効果が得られるかについての十分な検証が必要となってくる。

7. 市場の淘汰か公共政策による水路づけか

このようにみてくると，教育政策に関わる三者はいずれも，IT化は避けて通れない事態だという認識のもとに，それを推進する立場ではある。ただし，経済のグローバル化のもとで教育におけるIT化は必要不可欠として，インフラの整備に力を入れていた1990年代前半とは変わって，これまでの公共政策と教育制度の枠のなかでは処理できない問題が生じるにつれて，それらの問題への新たな対処方法が考えられるようになったというのが近年の動向である。

そのときに，まず，課題となるのが，教育機会の拡大と平等とを同時に達成することである。市場メカニズムに委ねるだけでは，機会の拡大は達成されても平等が同時に達成されるとは限らないからである。きわめて古典的なこの教育理念はIT化の時代にも同様に保持されているのである。

その次に課題となるのが，教育の質の維持である。遠隔教育は二流の学歴だ

とする見方は昔からあった。しかし，IT化が進展し，既存のキャンパス型高等教育機関もeラーニングに参入し，また，私企業がバックとなってeラーニング・コースだけで学位が取得できるバーチャル・ユニバーシティが設立されるなかで，遠隔教育を別種の教育として放置することができなくなったのである。eラーニングの質の維持は，教育理念として理解されても何をもって質を評価するのか，学習者中心の個別化した教育であるために，その教育プログラムや学生の教育効果の評価には新たな基準が必要となってくる。

　そして，第3には，コストの問題である。「アメリカの教室は150年間，低コストの技術で維持され，使い古されてきた。それがIT化の要請に応えられるような変化が求められているのである」[10]といわれているように，IT化にはコストがかかることが問題である。無尽蔵にはない資源をどのように配分するのかが，今後の公共政策の課題であろう。

　これらの諸問題に公共政策がどこまで関与するのか，また，できるのかも問題である。公共政策による水路付けが成功するとは限らないし，ある部分，市場メカニズムの適者生存の原理に委ねた方がよいという考え方もあろう。豊富な資源をもつ私企業が設立するバーチャル・ユニバーシティは，消費者の要求に応えられなければ自然に淘汰されるとするような見方もあるからである。

　ただ，公共政策の関与がなければ，われわれが抱いてきた高等教育システムが成立しない将来がやってくる可能性があることだけは確かなようだ。コロンビア大学ティーチャーズ・カレッジ学長のアーサー・レバインは，高等教育人口の増加，IT化，私企業の高等教育への参入，連邦政府や州政府と大学との関係の変化，産業社会から情報社会への変化などが，アメリカの高等教育機関の姿を変える勢力であるとし，その変化の姿を9つの側面にわたって予測している[11]。高等教育人口の増加という避けられない要因を除けば，いずれも本章で問題にしてきた要因であり，とくにIT化という大きな社会変化が，高等教育システムに及ぼしている影響は計り知れないものなのかもしれない。その9つの変化を詳述することはしないが，それらの可能性に対してわれわれがどのような立場を選択するのか回答を用意しなければならないというレバイン教授の言葉は肝に銘じておく必要があるだろう。

■ 注

1. Peter Stocks et al. (2000) "After the Big Ban: Higher Education e-Learning Markets Get Set to Consolidate," *Report*, October 2000, eduventures.com. {http://www.eduventures.com/industry-research-resources/big-bang.cfm}
2. Arthur E. Levine (2000) "The Future of Colleges: 9 Inevitable Changes," *The Chronicle of Higher Education* {http://chronicle.com/weekly/v47/i09/09b01001.htm}
3. "Governors Focus on Research Universities, Information Technology, and the New Economy," *Distance Education Report*, Vol. 4, No. 16 , pp. 4-5, August 15, 2000.
4. Aims McGuinness, Jr. (2000) *Recent State Policy Initiatives in Education: A Supplement to Measuring Up 2000*, National Center for Public Policy and Higher Education.
5. Western Interstate Commission for Higher Education (1999) *Policy in Transition: Working Toward Systematic Change in Higher Education in the West*.
6. Western Interstate Commission for Higher Education, op. cit., p. 12.
7. Regional Accrediting Commissions (2000) *Statement of Commitment* {http://www.wcet.info/Accrediting%20-%20Commitment.pdf} *Best Practices For Electronically Offered Degree and Certificate Programs* (2001) {http://www.wcet.info/Accrediting%20-%20Best%20Practices.pdf} The Cooperative for Educational Telecommunications.
8. The Web-Based Education Commission (2000) *The Power of the Internet for Learning: Moving from Promise to Practice*, The Web-Based Education Commission.
9. The Web-Based Education Commission, op. cit., pp. 115-125.
10. The Web-Based Education Commission, op. cit., p. 120.
11. Arthur E. Levine, op. cit.

16 IT は社会的不平等を拡大するのか

1. IT と格差

　インターネットに代表されるITは，瞬時にして情報を世界の隅々まで伝達することができる。また，政府や企業にコントロールされた経験をもつ従来のメディアと異なって，個人が情報の発信者にも受信者にもなれることに特徴がある。これらの点をもって，ITは民主化の推進や，情報の格差を縮小させる役割を果たすと期待される雰囲気があった。

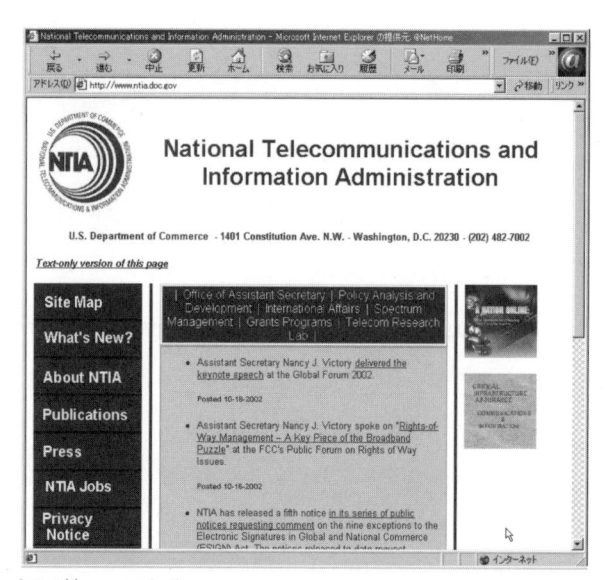

http://www.ntia.doc.gov

Falling through the Net: Defining the Digital Divide

ITのアクセスや利用に関して社会階層間で格差があることを報じた報告書は大きな議論を呼んだ。

しかし，もっとも早くITが浸透したアメリカでは，やや衝撃的な調査が発表された。*Falling through the Net: Defining the Digital Divide* (1999)[1]と題する報告書が，ITは社会的不平等の格差を拡大していることを明らかにしたからである。日本でも「デジタル・デバイド」の言葉は一人歩きしているが，果たして，調査では何が明らかにされ，それが高等教育の世界では，どのような議論になっているのか，本章ではITと社会的不平等との関係について考えてみよう。

2. デジタル・デバイドのもともとの意味

この調査は，アメリカ商務省による継時的な調査であり，すでに1995年に第1回，98年に第2回の結果が報告されており，上記の調査は第3回にあたる。これらは，電話とコンピュータとインターネットに関して所有率とアクセスについて世帯を対象にした調査であるが，ここでデジタル・デバイドとして問題になったのは，インターネットの利用率に関し民族間の格差が拡大していることである。図16.1にみるように1997年から98年にかけてインターネットの利用率はどの民族でも上昇しているが，それとともに民族間の格差も拡大してい

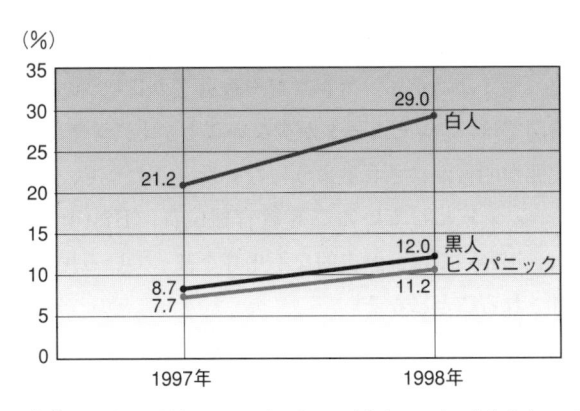

出典：National Telecommunication and Information Administration (1999) "Falling through the Net Difining the Digital Divide."

図16.1 インターネットを利用する世帯比率

るのである。これと同様な傾向は，教育程度や収入といった社会階層を表す他の指標でも確認されているが，もっとも衝撃的に受け止められたのは民族間の格差の拡大であった。

では，なぜ，社会的不平等を表す変数のうちで教育や所得ではなく民族がもっとも注目されたのだろう。それは，白人による黒人差別の歴史，近年の英語を母国語としないヒスパニックの増大といった背景のなかで，常に黒人やヒスパニック系が社会的弱者であることが最大の社会的不平等だとされてきたアメリカ特有の状況を考えれば理解できよう。

ITの利用に関して社会的不平等が拡大しているという事実は，ITに託されていたユートピア幻想を打ち砕くものであった。その後「デジタル・デバイド」という言葉は，克服すべき社会問題の感を呈してさまざまに利用されるようになっていく。

3. マイノリティ学生のインフラは平均の半分

それでは高等教育の世界において「デジタル・デバイド」はどのような議論として立ち現れたのだろう。多くは，高等教育機関におけるITのインフラ環境の格差や，ITへのアクセスの問題として論じられている。

インフラに関しては，すでに1996年頃から機関間の格差が問題視されはじめ，小規模な機関，コミュニティ・カレッジや教会立カレッジ，低所得層が多く集まっている機関では，コンピュータが少ないことが「デジタル・デバイド」だとして，その実態が明らかにされるようになった。このうち，とくに黒人への教育をそのミッションとしている高等教育機関群（Historically Black College and Universities）では，歴史的な不平等を被っている民族の問題がみえるために，注目されることになる。

たとえば，2001年の春には，アメリカの高等教育機関では平均して学生2.6人で1台のコンピュータを利用しているが，黒人を対象にしている機関では6人に1台であるという調査結果が報告され[2]，ほかにも，黒人を対象にしている機関では，機関の年間予算の2〜3.5％をIT関連の費用に当てたとしても，今後5年間に7億ドルが不足すると報告されている。一般的に高等教育機関で

は年間予算の3.5～5.2%がIT関連の支出に当てられているそうであるから，それよりも低く見積もっても相当額が不足することが指摘されている[3]。

もともと，黒人を対象にした機関に対しては，政府のプログラムをはじめとして各種の財政的支援がなされてきているが，「デジタル・デバイド」の存在はそれに拍車をかけた形で支援を要請するうえでの根拠になったのである。

アクセスの問題については，カレッジ・ボードによる1999年に公表された調査が代表的である[4]。それによれば，新入生の電子メールの利用率が，高等教育機関のタイプによって大きな違いがあるというUCLAの調査結果を引用して（図16.2参照），ITの恩恵にあずかることができるか否かという点での不平等は，機関のタイプを超えて，学生の社会的出自と密接に関わっていると論じている。というのは，私立大学には白人やアジア系が多く，公立の2年制カレッジには黒人やヒスパニックが多いということは，いうまでもないことだからである。

「教育は偉大なる平等化装置であるが，ITは新たに不平等を促進するエンジン

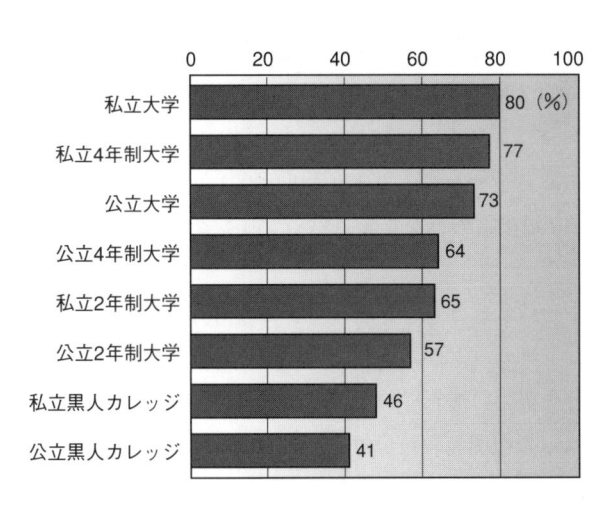

機関	利用率(%)
私立大学	80
私立4年制大学	77
公立大学	73
公立4年制大学	64
私立2年制大学	65
公立2年制大学	57
私立黒人カレッジ	46
公立黒人カレッジ	41

出典：Higher Education Research Institute (1999) "Freshman Embrace the Internet as an Educational Tool."

図16.2　機関の種別による新入生の電子メール利用率

であるかのようだ。ITへのアクセスとは、ハードやソフトの問題だけではない。効果的な利用、教員の訓練、技術のカリキュラムへの統合などが問題だ。もっとも有利な人々や機関は、先端的な技術からもっとも恩恵を受けており、有利さがさらなる有利な状況を拡大するという構図がある」と結論づけている。

そして、ITへのアクセスの程度が民族という社会集団間に違いがあることが、なぜ問題かといえば、「コンピュータの経験が限られてしまった者は、知識へアクセスする能力やさまざまな学習経験を利用する能力に関して、将来ハンディを負うことに」なるからである。すなわち、社会的平等を促進するための教育が、ITを取り込むことによって社会的不平等の再生産の装置となりかねないことが懸念されているのである。さらに、隆盛になりつつあるオンライン教育やバーチャル・ユニバーシティが、「いつでも・どこでも」を約束するものではないことを警告している。

4. 企業も環境整備や教育に多大な援助

これらの議論を受けて、早速、インフラ環境の整備のための支援がなされていく。とくに、黒人を対象とした高等教育機関に対する支援は厚く、1999年には全米科学財団が4年間で600万ドルを支援していくことを決定し[5]、2000年にはマイクロ・ソフト社をはじめとする主要企業が3社で合計1億ドル相当のコンピュータのハードやソフトを寄付し[6]、2001年にはヒューレット・パッカードは、100万ドル相当のコンピュータやプリンター、サーバーなどを寄付している[7]。

コンピュータを整備すれば、コンピュータの利用方法を教える教員が必要になる。これまでコンピュータがあまりなかったそれらの機関では、教員自身もコンピュータの取り扱いに慣れていない場合が多いという。そこで、たとえばAT&Tでは、それらの機関の教員を対象とした100万ドルに相当するコンピュータ利用のプログラムを、無償で提供している[8]。

また、学生はキャンパスにいる間のみコンピュータに接するだけでは不十分であり、いつでも、どこでも利用できる環境があることが重要だとして、IBMはそれらの機関の学生に限って半額でコンピュータを販売した。その制度を利

用してコンピュータを購入した学生は42万人にものぼったという[9]。

　企業が大学に寄付することは珍しいことではないが，デジタル・デバイド問題に関連したコンピュータ関連企業の支援は多く，新聞への報道数も多い。寄付行為は企業イメージの上昇になるうえに，学生は将来的な自社製品の利用者として見込むことができるため，企業にとって悪い話ではない。

　こうして，ITのインフラ環境は徐々に整備されているが，「デジタル・デバイド」の解消策は別な側面へも展開している。健常者と比較すればITへのアクセスが容易ではない障害者，男性と比較した女性，アメリカのようなIT先進国と多くの発展途上国，これらの格差はすべて「デジタル・デバイド」の範疇で論じられて，克服の対象になっていくのである。障害者に対しては，政府主導で障害者がコンピュータへのアクセスを高めるための研究開発が発案され，25の研究大学が選ばれてそれに従事している[10]。また，実際に聴覚障害者のためにオンラインMBAコースがデサレス大学で開発されたと報道されている[11]。女性に対しては，大学でコンピュータ・サイエンスの領域を専攻し，卒業後もその領域でのキャリアを継続する女性を増加するためのワークショップの開催や，女性にとって有用な製品開発を行う研究所が設立されている[12]。また，世界銀行は1997年から2,000万ドルをかけて発展途上国の遠隔教育支援のプログラムに取り組んでいる。

　障害者や女性支援のプログラムはおおむね好評であるが，世界銀行の途上国支援については，グローバル化戦略だとか非効率なプロジェクトだとかいって批判する声があることも事実である[13]。あらゆる局面で用いられる「デジタル・デバイド」と問題の解決策であるが，果たして，それは効果を上げるのだろうか。

5. 物的補助の次に必要な支援

　それに対して，先ごろ興味深い調査結果が発表された。それはCOSTS（Cost of Supporting Technology Services）というプロジェクトであり，4年制大学と修士課程までをもつ大学を対象として，各機関がどの程度ITに費用をかけているのかに関して毎年調査を実施している。その2000年度の調査結果

をみると，富裕なリベラル・アーツ・カレッジは教職員と学生を含めた1人当りにかける平均IT予算が1,299ドルであるが，州立の修士課程大学では643ドルと1.5倍の開きがある上に，IT専門職1人当りが面倒をみる使用者数がリベラル・アーツ・カレッジでは平均64人であるが，修士課程大学では126人と，こちらも1.5倍の開きがあることを示している。また，IT専門職が行っている業務内容に関しては，リベラル・アーツ・カレッジではカリキュラム支援，事務部門の支援，将来計画など，専門的な内容が多いが，修士課程大学では学生の支援に終始している傾向がみられる[14]。

これらの結果から，富裕な機関はその富裕なIT予算を投じてIT専門職の充実に力を入れていることが明らかになったが，そこからITへのアクセスの問題の解決にはコンピュータやネットワークのインフラ環境とともに，それを利用できる組織的な支援体制も必要だという示唆を読み取ることができる。年間のIT予算のうちで人件費にかける比率は，リベラル・アーツ・カレッジでは55%，修士課程大学では50%とさほど大きな開きではないが，その総額が大きく開くであろうことは，教職員と学生を含めた1人当りの予算額の違いからも明白である。

ITへのアクセスに関して支援体制が重要であることは，*Quality on the Line*というオンライン教育の質のベンチマークに関する調査でも明らかにされていることではあるが，ITへのアクセスを高めるためには新たな専門職の雇用が必要となることを意味し，そのためのコストをどのように支弁するかという別の問題を引き起こす。これは，企業によるコンピュータの寄付といった大学の外側からの一時的な物的補助で解決できる問題ではなく，中長期的な人の雇用問題であるため大学の財政規模と密接に関わって「デジタル・デバイド」はさらに拡大する可能性すら懸念される。それでも環境の整備は，所詮，外側からの支援の問題であり，つまるところお金の問題である。

6. サイバー・スペースのなかの民族問題

しかし，外的な環境を整備すれば「デジタル・デバイド」は克服できるという前提のもとで進んできた議論が，実は一面的であったことを示唆する調査結

果が発表された。

　それはインターネットのもつ社会的なインパクトに関する調査であり，ITの利用者と非利用者とでは，ITが世の中を良くすると思うか否かの見方について違いがあるということが明らかになった。利用者では66％が「ITは世の中を良くすると思う」と回答しているのに対し，非利用者ではそう思う比率は49％にとどまっている。また，「わからない」，「思わない」とする比率はいずれも非使用者で高くなっている[15]。これはITを利用しない人々は，その社会的機能への期待を高くもたないことを表しており，そこにはITを利用しない人々はそれを利用しようとする動機付けも高くはないことが示唆されているとみることもできる。

　この調査報告書では，ITの非利用者がどのような民族を中心としているのかは明示されていないが，これまでの議論からこれを類推することは困難な話ではない。話はここから複雑になる。というのは，動機付けとは，環境に左右されるだけではなく，個人に内在的な能力や性向による側面をもつため，特定の社会集団にはITへのアクセスの能力や性向が欠けていることを意味するようになるからである。

　それに対し，「黒人をはじめとする社会的マイノリティが，新たな技術に適応する願望を欠いている技術恐怖症のように描くことで，企業や大学がマイノリティ集団に親和的な内容やサービスを作り出そうとする意思を喪失し，そのために，予言の自己成就のようにデジタル・デバイドが現実のものとなってしまうのだ」という反論もある[16]。

　これは，ITが白人の社会集団の文化を体現しているということを問題にしているのだが，それと同様にサイバー・スペースは民族とは無関係な空間では決してないという主張もある。インターネットのなかのコミュニケーションは相手の顔がみえないために，そのなかでは民族は問題にならないという技術の平等化装置論がいわれてきたが，「人種の視覚的特徴を欠いてコミュニケーションがなされると，インターネットのなかで出会った相手は，はじめから白人だとみなす傾向がある」それは，白人でない者にとっては，自分が白人でないことを常に表明し続けるか，白人になりすますかを迫られることになって，アイデンティティに関わる問題となることがあるのだという。これを，オンライ

ン上の民族差別主義と呼ぶ者もいる[17]。

　ITが実は白人中心の性向をもつことや，サイバー・スペースの中では白人中心の傾向があると指摘するこれらの議論に対しては，もし，マイノリティ集団に親和的な内容をもつITが開発されたら，あるいは，現在の文字中心のインターネットが，近い将来，映像中心のインターネットに変わったら，問題は解決されたことになるのだろうか。

7. IT利用能力の格差は社会生活を左右するほどか

　もし，どの社会集団も均等にITにアクセスするようになったとしたら，その先には何が待っているのだろう。デジタル・デバイドの問題が，あまりにもITへのアクセスの問題を中心として論じられていることに対し，ITへのアクセスは，あくまでも手段であって目的ではない，「単に箱——情報の箱にアクセスしたからといって，より賢くなったり，よりうまく問題を解決できるようになるとは限らない」[18]とみる人々もいる。確かに，コンピュータは，道具であり，目的はそれを利用して知恵を得て自分の問題を解決することにあるのだから，そういわれることももっともである。

　とすると，ITをうまく利用する術を得ることが課題になるわけだが，「今後は，情報の活用方法を知っている者や，正しい情報とそうでない情報との区別の仕方を知っている者と，そうでない者との格差が表面化してくるのではないかと思う」[19]という警告もなされている。これは，情報の活用という点での「デジタル・デバイド」が生じる可能性を予測しているものであり，もし，そうなったとしたら，情報の活用能力をどのようにして誰もが身に付けることができるかということが，重要な政策課題となることを暗にいっているとみることができよう。果たして，将来的に，ITがもたらす情報の利用能力の格差が社会生活において，具体的にどのような不平等につながるのか，ITによって得られる情報に社会生活を左右するほどに価値の高いものが多いのか，確定的なことはいえない。

　一部には，電話と同様に誰でもが同じように利用する時代が，いずれやってくるのだから，「デジタル・デバイド」は神話にすぎない，それほど危機感を

もつ必要はないと論じる楽観主義者もいる[20]。また，一連のデジタル・デバイド調査の2000年版では，相変わらず民族間のデジタル・デバイドは拡大しているにも関わらず，黒人やヒスパニックは，1997年から1999年にかけて，ITへアクセスする者の比率が倍増していることから，1999年版と異なった楽観的な評価がなされている[21]。しかし，それに賛同する者は多くはないのが現状である。

■注

1 National Telecommunication and Information Administration (1999) *Falling through the Net: Defining the Digital Divide*, U.S. Department of Commerce {http://www.ntia.doc.gov}
2 Florence Olsen (2001) "Latest Gift Illustrates Success of Black College' Technology Campaign," *The Chronicle of Higher Education*, May 25, 2001. {http://chronicle.com/daily/2001/05/200152501t.htm}
3 Allen Booz, Hamilton Booz (2001) *An Assessment of Current Information Technology Usage*, Thurgood Marshall Scholarship Fund.
4 Lawrence E. Gladieux, Watson Scott Swail (1999) *The Virtual University & Educational Opportunity: Issues of Equality Access for the Next Generation*, The College Board.
5 Vincent Kiernan (1999) "Technology Grants Assist Black, Hispanic, and Tribal Colleges," *The Chronicle of Higher Education*, November 12, 1999. {http://chronicle.com/weekly/v46/i12/12a05303.htm}
6 Scott Carlson (2000) "3 Companies Give $101-Million for Computing at Black College," *The Chronicle of Higher Education*, March 24, 2000. {http://chronicle.com/weekly/v46/i29/29a05202.htm}
7 Florence Olsen, op. cit.
8 Scott Carlson, op. cit.
9 Scott Carlson, op. cit.
10 Florence Olsen (2000) "25 Universities Pledge to Increase Research in Computing for the Disabled," *The Chronicle of Higher Education*, October 6, 2000. {http://chronicle.com/weekly/v47/i06/06a04501.htm}
11 Katherine S. Mangan (2001) "University and Foundation Create Online MBA for the Deaf," *The Chronicle of Higher Education*, March 2, 2001. {http://chronicle.com/weekly/v47/i25/25a03901.htm}
12 Florence Olsen (2000) "Institute for Women and Technology Works to Bridge the Other Digital Divide," *The Chronicle of Higher Education*, April 7, 2000. {http://chronicle.com/weekly/v46/i31/31a04701.htm}
13 Dan Carnivale (2000) "World Bank Becomes a Player in Distance Education," *The Chronicle of Higher Education*, December 8, 2000. {http://chronicle.com/weekly/v47/i15/15a03501.htm}

14 David Smallen, Karen Leach (2001) *Spending, Staffing, Service and Answering Four Questions about Information Technology.*
15 Jeffery I. Cole (2000) Surveying the Digital Future, UCLA Center for Communication Policy {http://ccp.ucla.edu/pages/internet-report.asp}
16 Jeffrey R. Young (2001) "Does 'Digital Divide' Rhetoric Do More Harm Than Good?," *The Chronicle of Higher Education*, November 9, 2001. {http://chronicle.com/weekly/v48/i11/11a05101.htm}
17 Jeffrey R. Young (2001) "Scholars Question the Image of the Internet as a Race-Free Utopia," *The Chronicle of Higher Education*, September 28, 2001. {http://chronicle.com/weekly/v48/ i05/05a04801.htm}
18 Jeffrey R. Young, op. cit.
19 Jeffery I. Cole, op. cit.
20 Benjamon M. Compaine (2001) *The Digital Divide Companion: Facing a Crisis or Creating a Myth*, MIT Press.
21 National Telecommunication and Information Administration (2000) *Falling through the Net: Toward Digital Inclusion*, U.S. Department of Commerce {http://www.ntia.doc.gov}

17 eラーニングは収益の源泉になり得るか

1. 教育のコスト・ベネフィット

　遠隔教育とは，歴史的には廉価な教育であった。教育の供給側からいえば，物理的なキャンパスを設置・維持する必要のないこと，郵便や放送といった公共サービスを利用して教育を配信することで，廉価に教育を提供することができた。そのために，需要側にとっても，比較的廉価に教育を受けることができたのであった。しかし，eラーニングの時代になって，ネットワークの整備，ソフトウエアの開発，コンテンツの制作に莫大な費用がかかるようになって，eラーニングは廉価な教育ではなくなってきている。だが，一方では，eラーニングの市場価値の高さも注目を浴びている。果たして，eラーニングは，高価な教育なのか，収益をもたらすものなのか。本章では，eラーニングのコストやベネフィットについて考えてみよう。

2. eラーニング市場の拡大と投資──利潤をもたらす打出の小槌

　アメリカにおけるeラーニングの市場価値は，華々しく喧伝されている。たとえば，エデュベンチャーズの調査によれば，eラーニング高等教育市場は2000年ですでに40億ドルに達していたが，2003年には110億ドルにまで成長すると予測されている[1]。また，メリル・リンチの調査でも，2000年に12億ドルの市場価値をもつeラーニング高等教育は，2003年には70億ドルにまでの成長が見込まれている[2]。両者の調査の数字にはやや開きがあるものの，どちら

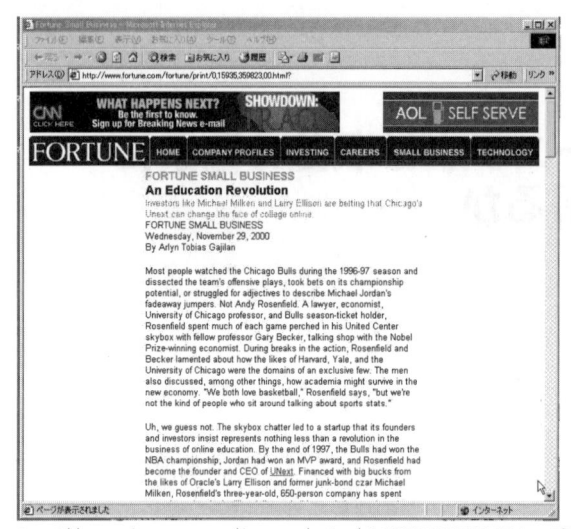

メリル・リンチの調査記事が掲載されたホームページ

eラーニングの急激な伸びが高等教育市場のあり方を変えていくことを報じている。

http://www.fortune.com/fortune/print/0,15935,359823,00.html?

もeラーニング市場が数年のうちに数倍に成長するという見方は一致している。

　こうしたeラーニング市場の成長をもたらしているものとして，市場への投資の増大がある。2000年の第2四半期で8億1,400万ドル，第3四半期で，7億3,100万ドルという額が投資されている。それを支えているのが，eラーニング関係のベンチャー・キャピタルである。2000年度では，教育産業全体への投資額のうち，こうしたベンチャー・キャピタルの占める割合は，94%に達している。教育産業への資本投下は，たかだか5年の間にほとんどベンチャー企業によって占められるまでになっているのである[3]。eラーニングは，廉価な遠隔教育どころか収益を生む一大産業であるかのようだ。

3. eラーニングへの支出の増大 ── 財政圧迫への危惧

　こうした動きに遅れをとるまいとしているかのように，既存の高等教育機関も，eラーニングを手がけるようになり，1998年には4年制大学のうち62%が遠隔教育のコースを提供していたが，2002年には84%の機関が遠隔教育（その主流はeラーニングである）を提供すると見込まれている[4]。アメリカでは，

キャンパス型の大学が遠隔教育をその一部に包摂することは決してまれではなかったが、それでも遠隔教育のコースをもたない大学の方が少数派になるほどではなかった。ここ数年の遠隔教育の隆盛への、eラーニングの寄与は大きいといえよう。

eラーニングを行うにあたっては、キャンパスのIT化が必要になってくるが、高等教育のIT関連への支出は、1999年度から2000年度にかけて13％上昇している。アメリカの大学が、2000年度に支出したIT関連の総額は33億ドルであり、そのうち、5億2,530万ドルが、事務関係のソフトウエアに支出された金額であり、99年度に比較して24％も増加している。それに次ぐのが事務関係のハードウエアへの支出9億1,420万ドルであり、これは昨年度比18％の増額であるという。事務関係の支出は約14億ドルであり、教育研究関係の約18億ドルに匹敵する額である[5]。

ただ、この数字は、ハードウエアとソフトウエアとに関する支出のみであり、たとえば、これを稼働させるためのビルの建設、ITを維持管理する者の雇用費用、IT利用のための研修や訓練費用などは含まれていない。それらに関連する費用は、事務関係で6億8,620万ドル、教育研究関係で3億9,770万ドルであり、すべてを含んだIT関連の支出は44億ドルにのぼる。

eラーニングを実施するためには、こうしたキャンパス全体のIT化が前提であるが、そのためには、上記にみるように相当額の支出が必要なのである。それは、また、徐々に高等教育財政を圧迫するものになっているのである。近年の高等教育予算は年間2.5〜3％しか伸びていないのに対し、IT関連の支出は年間10％を超える勢いで伸びているからである[6]。ITへの支出が高等教育財政を圧迫するという懸念は、州立大学を支えている州政府に強く、1998年には『過渡期にある政策（*Policy in Transition*）』というワークショップが、州政府の高等教育政策関係者、議会関係者、州立大学管理運営層、理事会関係者など100余人を集めて開催されている。その報告書の序文は次のように始まっている[7]。「近年の州の高等教育財政が潤沢でないこの時期に、ITにかかる費用の急増という新たな事態が生じている。…これまで州は、ITに対して増大する高等教育需要を満たし、教授法や教育内容の改善に役立ち、高等教育の生産性を上げるものという見方をしてきた。これらの目標を達成するためには、州

と高等教育の，政策面・財政面に関わるこれまでの基本的な関係を再検討する必要がある。もちろん，ITにかかる費用をどのように支出していくかという問題は重要であるが，それとともに，誰がどの程度費用を負担するか，どのような利用方法がもっとも効果的か，ITは州と高等教育との関係をどのように再構築していくか，といった問題についての検討が求められている」とある。教育機会の拡大というミッションからITの導入を必須とする一方で，要求に見合うだけの財政の規模を欠くというジレンマから開催されたワークショップであることがわかる。

検討の結果，州からの予算配分方式がフルタイム学生の頭数をベースにしていること（パートタイム学生が増加している現状に見合わない），大学内の配分が学科から教員へと細分化されていくこと（長期的な計画に立った重点的な配分ができないこと）などが問題として指摘され，最後には「高等教育は，あまりにも学位授与の独占体になっていた。今や，営利大学，バーチャル・ユニバーシティ，ビジネスなど新たな競争相手が市場に登場し，市場の構造を変えつつあるかのようだ」と締めくくられている。eラーニングを市場とみなして高等教育の世界に参入してきた新参者は，伝統的な高等教育機関を脅かす存在になっているのである。

こうした認識のもとでは，改革へのシナリオは当然のことながら，市場での競争力をもつ大学に変貌するという生き残り戦略となる。成果主義を取り入れた予算配分，大学と企業との連携による外部資金の導入，学生の授業料とその教育にかかる費用の多寡との連動などが提言されている。

4. eラーニングのコスト・ベネフィット

eラーニングへの支出が財政負担となるという認識が広まりつつあるなかで，eラーニングのコストやベネフィットをどのように測定するのか，また両者がどのような関係にあるのかについての本格的な研究が着手されるようになった。何をコストとみなすか，ベネフィットを測定する時間幅をどこまでとるかなど，さまざまな考え方が交錯しており，まだ一定の測定モデルが構築されるまでには至っていないが，実際にeラーニングを行っている機関を対象にし

たケース・スタディが蓄積されつつあり，そこから実情をみることはできる。

その成果の1つは，スローン財団の「非同期学習ネットワーク（A Synchronous Learning Network）」プロジェクトによるケース・スタディである。対象校は表17.1に示したように6校であり，機関のタイプも，研究大学から営利大学まで，eラーニングの種類も，あるプログラムからeラーニング部門全体までさまざまである。

これをみて，すぐに気づくことは，eラーニングは必ずしも支出が収入を上回るといった損失をもたらしているわけではないが，決して十分な収益を上げるものにはなっていないことである。また，収益が上がっている場合でもそれが教室型の授業を上回っているわけではないこともわかる。報告書には，「オンライン・プログラムの開設が新たな収入源となり得ると考えている者や，財政面の厳密な検討なしにオンライン・プログラムが維持できると考えている者にとっては，落胆を招く結果を調査は示している」とある。

高等教育界には，まだまだ，eラーニングを楽観的に収入源と考える風潮があるのかもしれない。オンライン・ラーニング・ネットというUCLAをはじ

表17.1 eラーニングのコスト・ベネフィット

機関名	コース名	結果
ドゥレクセル大学	情報システムの修士プログラム	収益はある。ただし，教室型（342ドル），eラーニング（300ドル）
ピース大学	通信企業社員対象の資格プログラム	47,365ドルの損失。見込みを下回る登録者数，授業料の割引のため
ペンシルバニア州立大学	eラーニング部門のワールド・キャンパス	大学という世界においてはビジネスとして機能する
ロチェスター工科大学	eラーニングを拡大する場合に発生するコストの予測	教室型のコースを開発するのと同程度には効率がよい
イリノイ大学アーバナ・シャンペーン	人的資源経営の修士プログラム	支出＝収入のレベルに達する
メリーランド大学・大学カレッジ	MBAプログラム	学生数~15人，22,300ドルの損失，20人~61,833ドルの収益

資料：Sarah Carr（2001）"Is Anyone Making Money on Distance Education?" *The Chronicle of Higher Education*, February 16, 2001. {http://chronicle.com/weekly/v47/i23/23a04101.htm}

めとする高等教育機関のeラーニングの配信を請け負っている企業の社長は，「数年前まで，eラーニングの開設について真剣に検討すべきだという学長は，全米どこにもいなかった。しかし，今や，学長たちは，eラーニングから収益を上げるのか，あるいは，損失を覚悟で実施するのかという，きわめて重大な質問を発せねばならなくなったのだ」[8]と語っている。

莫大なベンチャー・キャピタルのeラーニング市場への流入とは裏腹に，高等教育機関がeラーニングを手がけようとするとき，濡れ手に粟というわけにはいかないということが警告されはじめたのである。

次々と発表される調査結果も，eラーニングが収益を上げるという認識が誤解であり，何らかの条件，たとえば，一定数以上の学生数の登録やコースの数年以上の利用などが満たされたときのみ収益を上げるものであることを明らかにしている[9]。

また，コストの問題を考えるとき，通常は見過ごしてしまう隠れたコストについても，考慮する必要があることが指摘されている。たとえば，コース開発についていえば，購入したハードウエアなどはコストに参入したとしても，消耗品は見過ごされがちだし，コースの開発について学内の承認を得るための事務処理作業なども，実はコストとみなせば相当の額になる。その他，コースを提供するにあたって，学生の学籍の管理などの事務にかかる費用，そのためのオフィスの使用にかかる費用，ヘルプ・デスクの人件費なども見過ごされがちであるという[10]。

さらに，コストを増大させる要素はさまざまに膨らんでいくことに対し，収入源としては学生の授業料だけで他に手段がないことが，高等教育機関にとってeラーニングが打出の小槌にならないことにつながっていくのである。

5. 対策——コストの節減か収入源の確保か

こうした結果が出たからといって，eラーニングには手を出さないという高等教育機関はまずないだろう。ましてや，キャンパスのIT化をすすめないという機関は皆無であろう。だとすると，対策は2つ，コストを節減するか，収入源を学生の授業料以外に見出すかである。

コストの節減方法としては、コンピュータ・ネットワークのインフラの維持・管理を外部に委託する方法がある。とくに、機関の規模が小さい場合、その方法は有効である。その多くは、私企業に委託するものであるが、それは決して安くつく話ではない。

そこで、考え出されたのは、他の高等教育機関に維持管理を委託する方法である。それを実際に行ったのが、カブリニ・カレッジという学生数2,100人程度の小規模カレッジである。このカレッジは、近隣のドゥレクセル大学にコンピュータ・ネットワークの維持管理を委託したのである。ドゥレクセル大学は、表17.1にあるようにスローン財団のコスト・ベネフィットの調査対象校でもあり、eラーニングの開発に力を入れている大学である[11]。

カブリニ・カレッジは、コンピュータ・ネットワークの維持管理をすべて行うにはコストがかかるが、それを私企業に委託することも容易ではないと判断し、また、大学という同業者の方が高等教育の文化をより理解できるだろうという信頼感と安心感の両方から、ドゥレクセル大学と契約を結んだ。これまで、コンピュータ・ネットワークの維持管理のための人件費に年間40万ドル程度かかっていたが、ドゥレクセル大学に委託することでさらに18万ドル余分にかかる。しかし、それによってドゥレクセル大学からITの専門家を4人雇用し、必要に応じてドゥレクセル大学のネットワークの専門家や教授デザインの専門家を利用できるという条件は、18万ドルよりも価値があると判断された。2003年度からキャンパス全体の完全なワイヤレス化を実現させる計画をもち、さらに、eラーニングの開発も視野に置いており、そのための布石だとすれば納得されよう。

第2に、収入源を授業料以外に見出す方法については、ワシントンに所在する高等教育政策研究所（The Institute of Higher Education Policy）が興味深い報告書を出している[12]。そこでは、増収をはかる方法として8つの方法が提案されている。そのうちとくに推奨されているのは、債券の発行、財団などからの資金を元手に運用資金をつくる、高等教育機関の外部に営利機関を設立しそこでeラーニングを販売するといったものである。学生から技術料や使用料を取るという項目もあるが、それが大きな収入源になるとはされていない。収入を増やす手段として、資金の投資やそれの運用による利潤の増大が必要だと強

調されているのである。これらは，これまでの非営利の機関として活動してきた高等教育機関に営利機関に近づくことを勧めているものであり，大学財政の仕組みや会計システムにも変更をも迫るものでもある。報告書には，「大学はITを，これまでの大学に臨時に付加されたものととらえてはいけない。そうではなく，大学がやるべき仕事の総体（すなわち，教育，研究，社会サービス）の一環として位置づけなければいけない。そのために，ITの財源を確保するためのポリシーを策定しなければならないのだ」とある。

6. 新たな問題──デジタル・デバイド

　大学のエクステンションとして始まった遠隔教育は，郵送から放送へとその配信の技術が変わっても高等教育システムにおける位置付けには近年まで大きな変化はなかった。しかし，キャンパスへのIT化の浸透，eラーニングの隆盛，しかも，それが財政を圧迫するという事態のなかで，高等教育機関は，IT化を前提として，それへの財政的な対応策を考えなければならなくなってきたのである。

　ITは安くはつかないという認識はある程度広まってきたものの，具体的に有効な対応策がみつかっているわけではない。上記のような大学に企業活動を勧める方策も，もともとそうした活動に不慣れな大学にとっては，どこまで特効薬になるかわからない。事実，それを始めたものの，予想外に収益が上がらず，事業を停止したニューヨーク大学，テンプル大学のような例も忘れてはならない。

　また，機関の自助努力に任せる方式を主とすれば，外部の資金にあずかる機会の少ない小規模校やコミュニティ・カレッジが取り残され，それが教育の質に響いてくることを考えておかなければならない。すなわち，高等教育機関間のデジタル・デバイドが生じる可能性がある。こうした事態の回避には，連邦政府や州政府の役割が重要になってくるのだが，こうした公共政策をとる側にとっても，すでにITへの財政支出は負担になりはじめているのである。

　これまで各種の技術が教育の中で利用されてきたが，それらはいずれも比較的廉価なものであった。したがって，ITという高価な技術の導入は，初めて

の経験であるといってよい。だからといって，IT化をやめるというドライブは働きそうにはない。初めての経験に右往左往し，また，やめるにやめられないジレンマを抱えつつも，どこかに解を見出さなければならないのである。

■ 注

1 Peter Stocks et al. (2000) "After the Big Bang: Higher Education E-Learning Markets Get Set to Consolidate," *Report*, October 2000, eduventures.com. {http://www.eduventures.com/industry-research-resources/big-bang.cfm}
2 Arlyn Tobias Gajilan (2001) "An Education Revolution," *FSB: Business Life*, November 29, 2001. {http://www.fsb.com/fortune/smallbusiness/offhours/articles/0,15114,359823,00.html}
3 Rachel Connell (2001) "Educommerce: Online Learning Migrates to the E-Commerce Arena," *White Paper*, April 2001, eduventures.com. {http://www.eduventures.com/industry-research-resources/educommerce.cfm}
4 Boggs, Ray, Lau, Sau (1999) *The State of Technology Usage in Higher Education Institutions*, International Data Corporation.
5 Market Data Retrieval (2001) *College Technology Review 2000-2001 Academic Year* {http://www.schooldata.com/publications.html}
6 Florence Olsen (2001) "Survey Finds Another Increase in Campus Spending on Information Technology," *The Chronicle of Higher Education*, April 4, 2001. {http://chronicle.com/daily/2001/04/200140401t.htm}
7 Western Interstate Commission for Higher Education (1999) *Policy in Transition: Information Technology's Impact on the Financing of Higher Education*.
8 Sarah Carr (2001) "Is Anyone Making Money on Distance Education?," *The Chronicle of Higher Education*, February 16, 2001. {http://chronicle.com/weekly/v47/i23/23a04101.htm}
9 Sarah Carr (2001) "Union Publishes Guide Citing High Cost of Distance Education," *The Chronicle of Higher Education*, May 11, 2001. {http://chronicle.com/daily/2001/04/200104230 1u.htm}, Stephan C. Ehrmann (1999) "What Do We Need to Learn about Technology Use in Education?," *Flashlight Program* {http://www.tltgroup.org/resources/fquestions. html}, Karen Leach, David L. Smallen (1997) "What do IT Support Services Really Cost?" {http://www.hailton.edu/personal/staff/dsmallen/cause97paper} など
10 Brian M. Morgan (2000) *Is Distance Learning Worth IT? ; Helping to Determine the Costs of Online Courses* {http://warshll.edu/distance/distanslearning.pdf}
11 Goldie Blumenstyk (2001) "A College Outsources Its I.T. Operation to a University," *The Chronicle of Higher Education*, April 13, 2001. {http://chronicle.com/weekly/v47/i31/31a04601.htm}
12 The Institute of Higher Education Policy (2001) "Funding the "Inforstructure," *A Guide to Financing Technology Infrastructure in Higher Education*, LUMINA {http://www.luminafoundation.org/Publications/New%20Agenda%20Series/infostructure + title.htm}

18 eラーニングの購入価格は，高いか安いか

1. 遠隔教育は廉価か

　廉価が売り物だった遠隔教育は，eラーニングになって決して廉価ではなくなった。それは，インフラの整備からコース開発まで，かかる費用は教室型の授業の比ではないからである。かかったコストの回収方法を考えなければならないなかで，受益者負担という方策は1つの戦略であるが，現実には，授業料など学生から徴収する費用にどの程度，そのコストが反映されているのだろう。従来，遠隔教育は比較的廉価で提供されていたものだが，それは，物理的キャンパスがないこと，郵便や公共放送などのネットワークが廉価で利用できたことによる。では，コストのかかるeラーニングの授業料は，教室型の対面教育に比較して高いのだろうか，安いのだろうか。そしてまた，授業料をめぐって，これまでになかったどのような議論が生じているのだろうか。本章では，eラーニング・コースの授業料に焦点をあてて，論じてみよう。

2. eラーニング・コースの授業料

　まず，4年制大学の学部や大学院の授業料の平均を，表18.1から確認しておこう。これは授業料と規定で徴収される使用料を合計した数字であるが，4年制の州立大学は3,983ドル，私立大学は2万143ドルと州立と私立の差は大きく，私立は州立の約5倍の授業料を徴収している。州立は，州内の学生に対する授業料であるから，州外からの学生はもう少し高い授業料を支払わねばならない。

表18.1 大学・大学院の授業料

	州立大学	私立大学
学　部	3,983	20,143　（ドル）
大学院	4,056	13,995

出典：National Center for Education Statistics (2002) *Digest of Education Statistics, 2001*, U.S. Department of Education. {http://nces.ed.gov/pubs2002/2002130.pdf}
注：4年制大学は2000年度，大学院は1999年度のデータ

　州外からの学生の授業料をどの程度に設定するかは，州によって大きく異なるが，高いところでは州内学生の4～5倍の授業料を徴収する例もある。また，大学院のデータは学術大学院（graduate school）の平均であるが，州立はほぼ学部とほぼ同じ，私立は学部よりも安くなっている。

　これが，高いか安いかを判断することは困難だが，毎年上昇しつづけていることだけは確かである。たとえば，1990年度と比較して，学部は州立で84%，私立で77%，大学院は州立で84%，私立で64%といずれも2倍近くになっている。授業料でみる限り，高等教育を受けることは年々容易ではなくなっているといえよう。

　それでは，eラーニングで高等教育を受けた場合はどうだろうか。教育機会の拡大の観点に立って対面教育よりも廉価な授業料が設定されているのだろうか。あるいは，開発コストがかさむためにそれを含んだ授業料となっているのだろうか。これに関しては，表18.2のような調査結果が示されている。

　これは，同一の大学において対面教育と遠隔教育との両方を行っている機関の回答であるが，州立でも私立でも60～70%は，対面教育と遠隔教育とは同じ授業料を設定している。次いで多いのが，時と場合によって，遠隔教育が高いことも，対面教育が高いこともあり，必ずしも一定ではないというケースである。常に，どちらかが高い，あるいは，安いという機関はごくわずかである。これは，遠隔教育一般であり，必ずしもeラーニングに限定した調査結果ではないが，この調査が実施された時期，すでに多くがeラーニングによる遠隔教育を行っていたことを考慮すれば，eラーニングも対面教育も基本的には同じ

表18.2 遠隔教育の授業料

	州立	私立	
遠隔教育＞対面教育	6	6	(％)
対面教育＞遠隔教育	3	10	
遠隔教育＝対面教育	64	71	
遠隔教育＞ or ＜対面教育	28	13	

出典：National Center for Education Statistics (1999) *Distance Education at Postsecondary Education Institutions: 1997-98*, U.S. Department of Education. {http://nces.ed.gov/pubs2000/2000013.pdf}

表18.3 遠隔教育大学の授業料（MBAプログラム）

	単位当り授業料(ドル)	卒業単位数（単位）	授業料合計（ドル）
カペラ大学	350	48	16,800
ジョンズ・インターナショナル大学	308	42	12,936
フェニックス大学	505	51	25,755
デブライ大学	370	125	46,250
カーディアン大学	500	45	22,500
メリーランド大学ユニバーシティ・カレッジ	315	43	13,545

出典：USNEWS.COM, *Best Online Graduate Program: Business*. {http://www.usnews.com/usnews/edu/elearning/tables/mba_reg.htm}, 各大学のウェッブ・サイト

授業料を設定しているとみてよいだろう。遠隔教育だからといって，授業料が安くなることはないし，コストがすべて授業料に反映されているわけでもないのである。

ところで，こうした調査結果に現れてこないのが，いわゆるバーチャル・ユニバーシティといわれるような遠隔教育だけを実施している大学（営利大学が多い）である。それについても，いくつかみておこう。表18.3のうち，メリ

ーランド大学ユニバーシティ・カレッジ以外は，すべて営利大学であり，また，メリーランド大学ユニバーシティ・カレッジは，遠隔教育だけを行う大学である。eラーニングではもっともポピュラーなMBAプログラムについてみたところ，押しなべて2万ドルを超えており，表18.1の私立大学院の授業料（13,995ドル×2年間）に匹敵している。ここでも，遠隔教育だからといって安くはない授業料が設定されていることが確認できる。

　ここで興味深いのは，これらeラーニングに特化している機関の授業料は，1単位当りで設定されていることである。それは，これらの大学の学生の多くが有職成人でありパートタイム学生を多く含むこと，また，他機関で取得した単位を振り替える者が多いことなどの理由による。学位取得までのさまざまな単位取得の形態があることを前提として，単位の切り売りができる仕組みになっているのである。

3. 州内・州外授業料の問題

　ところで，eラーニングの授業料が，対面教育に比較して高いか安いかという問題は，実はあまり議論にはなっていない。むしろ，問題は，eラーニング授業料の設定の根拠にある。とくに，州立大学の場合には，対面教育において州内の学生に対する授業料と州外からの学生に対するそれとがそれぞれ別に設定されてきたのであるが，eラーニングに対しても適用されるべきか否かという問題が議論になるのである。そもそも，州立大学は州内居住者への教育機会の提供を目的として設立されているため，州外からの入学者に対しては高い授業料が設定されている。しかし，eラーニングの場合は，州の境界を容易に超えて広がっていく。そこに，学生の居住地の州内か州外かの区別はない。それにもかかわらず，別の授業料体系を設けることは無意味なことであり，さらに，州外からも多くの学生をeラーニングで獲得することを考えるならば，居住地域による授業料の違いを設けるべきではないというのである[1]。さらに，eラーニングの需要者側からは，教育の質や学位の価値が州内と州外とで変わらないならば，授業料は同じに設定されて当然であるという意見も出されている。

　この問題にもっとも敏感なのは，南部の16州からなるコンソーシアムの南

部地域電子キャンパス（SREC）であり，そこではeラーニング・コースに関して州内学生に対する授業料と州外学生に対するそれとの中間に「eレート」という授業料体系を設定しようとしている。これによれば，州内の学生はキャンパスでの対面教育よりも高い授業料を支払ってeラーニング授業を履修し，逆に州外の学生は，対面教育よりも安い授業料で他州の大学のeラーニング・コースがとれるのである。eラーニング・コースの履修者を各州相互に増大させることが目的の，この措置なのだが，今のところ反応は州によってさまざまである。それは，1つには，そもそも州によって州立大学の授業料が大きく異なり，たとえば，アラバマ州の州内学生に対する授業料は高く，フロリダ州の州外学生に対する授業料に匹敵する状況があるため，一律に州内と州外の授業料の間にeラーニングの授業料を設定しても，それが目的に沿って有効に機能するかどうかは州によって利害が異なるからである。また，もう1つには，eラーニングの授業料を安くしても，それによって登録学生数は増加しないであろうから，結果的には収入減を招くことになり，目的とは逆に機能するという見方もある。なぜなら，学生は授業料に魅せられてコースを履修するのではなく，内容を選んで履修しているからだというのである[2]。

とはいえ，eラーニングのプログラムに関して，州内と州外で授業料の区別をしていない機関は結構あるようだ。USニュースの大学院レベルのeラーニング（ビジネス，教育学，工学，図書館学，公衆衛生学）に関する機関別の学位プログラムのリストから算出すると[3]，全部で96の州立大学プログラムが掲載されているが，そのうち州内居住者と州外居住者の授業料を区別していないものが39（40.6%），区別しているプログラムは57（59.4%）となっている。確かに，60%はeラーニングでも州内外の授業料の区別をしているが，40%は区別がないのである。これまで，当たり前のように州外からの入学者に対する別立ての授業料を課していた州立大学は，eラーニングに関しては，徐々にその原則を適用しなくなっているように見受けられる。

4. 各種の使用料の問題

もう1つ別の議論がある。それは，キャンパスで教育を受ける学生が支払っ

てきた授業料以外の各種の使用料を，eラーニングでは課すのか課さないのかという問題である。具体的には，駐車場の使用料，学生スポーツの観戦料，スポーツ施設の使用料，建物の使用料，健康保険などである。

　これらの使用料に関して，キャンパス学生とeラーニング学生との両者に区別を設ける必要はないという意見を構成する論理は，対面教育であれeラーニングであれ同じ大学の同じ質の学位であるのだから，それを受講する学生としては同等であり，両者同等に使用料を支払うべきだというものである[4]。そのうえ，キャンパスの学生であってもそれらの恩恵を受ける者とそうでない者がいるのだから，eラーニングの学生だけ特別扱いする必要はない。すなわち，それらの使用料は，使用するか否かとは無関係なメンバーシップ料のようなものだというのである。

　また，eラーニング・コースを履修する多くの学生は，実はキャンパスに在籍する学生であり，いくつかのeラーニング・コースを履修しているのであるから，実質的にキャンパスの各種施設を利用し，その恩恵を受けており，eラーニング・コースだからといって使用料を課さないという必然性はない，という意見もある[5]。

　これに対して，両者に区別を設けることに賛成だとする側は，eラーニングで授業をとる学生は，基本的にはキャンパスの施設を利用しないのだから，これらの使用料を徴収することは不公平だという論理に立って議論を展開している[6]。

　同様の文脈であるが，eラーニング学生が対面教育の学生より多く支払うべきだといわれるものに，テクノロジー使用料がある。キャンパス・ネットワークの拡充のもとで，多くの大学はテクノロジー使用料を学生に課すようになった。1998年度では45.8%の高等教育機関がテクノロジー使用料を課しており，州立大学では100ドルから150ドル，私立大学では150ドルから250ドル程度を徴収している[7]。そうした状況のなかで，eラーニング・コースはその特質からいってより高額の使用料を徴収すべきだというのである[8]。

　これら使用料をめぐる議論は，eラーニング学生とキャンパス学生とで，それらを利用する機会に応じて別立てにすべきだとする議論の方が優勢であり，「遠隔教育の学生に対して，キャンパス学生に特定される機能に関する使用料

USニューズのE-Learning Online Graduate Degreesのホームページ

右から2列目が授業料である。2種類掲載されているのは州内と州外授業料。

http://www.usnews.com/usnews/edu/elearning/tables/mba-reg-prof.htm

を課すことには，何ら正当性がない」[9]という意見が主流になりつつある。供給される教育の同質性によるべきだとする論理よりも，受益者負担の原則の論理の方が，現状では納得されやすいのであろう。

5. 複雑な授業料や使用料の構造

 eラーニングの授業料をめぐる議論は，それを対面教育のそれと区別するか否かの立場を超えて，高等教育の授業料や各種の使用料がどのような方針のもとに決定されているのか，それ自身を問い直そうとする議論へと展開している。「あらゆる種類の使用料は，高等教育の暗黙裏に隠された秘密の1つである。州立大学の授業料は，たいていは議会の統制のもとにあるが，各種のキャンパスの使用料は，それぞれの機関の評議会や事務方の管理下にある。このために，使用料は恣意的に決められているのだ」[10]という告発型の意見がある一方で，「何年もの間，われわれは，学生の使用料の明細や，遠隔教育にかかる費用の詳細を明らかにするように主張してきたが，今日の状況において，学生の使用料や授業料を，教育にかかるコストの観点から真剣に検討すべきである」[11]と

する提言や，「何を基礎にしてコースやセメスターにかかる金額を積算するか，あるいは，ある機関と別の機関との間に授業料などに関して大きな違いが存在するのはなぜなのかを明快にすることは，実はきわめて困難なことなのだ」[12]という現実的な意見までさまざまある。

コストをもとに積算し，それを受益者負担の原則に応じて徴収するといっても容易に計算式を立てられないほど，授業料や使用料は複雑な構造をしているということなのだろう。これまでは請求書に従って支払うだけの授業料や使用料であったわけだが，eラーニングの伸張にともなって，あらためてその決定の原理が議論になったというわけである。

6. 連邦政府奨学金規則改正の動き

アメリカの場合，授業料や使用料がすべて受益者負担になっているかといえば必ずしもそうではない。奨学金やローンが各種用意されており，多くの学生はそれらを利用して授業料の一部をまかなうのである。そのもっとも多くを占めているのが連邦政府の支出している奨学金であり，1999年度には学士課程学生の55.3%が，大学院生になると82.2%が何らかの奨学金を受けているが[13]，この受給資格機関に関しては教育の質の保証（実はディプロマ・ミルのような機関を排除する）という観点から，「12時間規則，50パーセント規則」と呼ばれる明確な規定が定められている。すなわち，学期制などに縛られない学修課程を設けている機関の場合は，学生は毎週12時間以上の講義を受けなければならない。また，50%以上の学生が遠隔教育でコースを履修している場合は，連邦政府の学費補助対象機関とはしない，という規則である。

こうした規則に抵触するのは，遠隔教育を中心に行っている機関である。これまで，こうした規則があっても，遠隔教育を主に行っている高等教育機関がきわめて少なかったために問題視されることはなかったのだが，バーチャル・ユニバーシティの登場によって，これが現実にそぐわない規則だという議論が生じている。というのは，連邦政府の学費補助対象機関になれないと，学生確保の点で不利になるからである。アメリカの高等教育機関のウェッブ・サイトをみれば，奨学金やローンの情報は必ず掲載されており，学生が機関の選択を

する上で重要な選択肢になっていることがわかる。

　これに関しては、ここ2年間、規則を改正すべきか否かの議論が教育省によって重ねられてきた。当然のようにこの規則の維持を主張する勢力もあって難航したが、ようやく改正の目途がついたようだ[14]。近年、遠隔教育を行う機関の増加は、政府の奨学金規則の改正をも必要とするようになったのである。

■ 7. 授業料のサマー・セール

　このように、eラーニングの伸張を契機として、その教育の価格はもちろんのこと、対面教育の価格もあらためて問い直し、授業料設定の根拠を明確にしようというのが近年の動向なのである。そうしたなか、これらの議論と逆行するような行動をとる機関があることも紹介しておこう。

　それは、授業料の各種ディスカウントが行われているという事実である。それは、たとえば、オンライン・ラーニング・ネットのウェブ・サイト{http://www.onlinelearning.net} をみると、そこに特別提供（Special Offer）というページがあり、「7月22日から8月2日の間に登録した者は全員25ドルの商品券がもらえる。以前にオンライン・ラーニング・ネットでコースを履修した者は、今学期1コース以上履修するとコース当り授業料を25ドル割引する。登録者250人に1人は、コースが無料になる」などと記されていることか

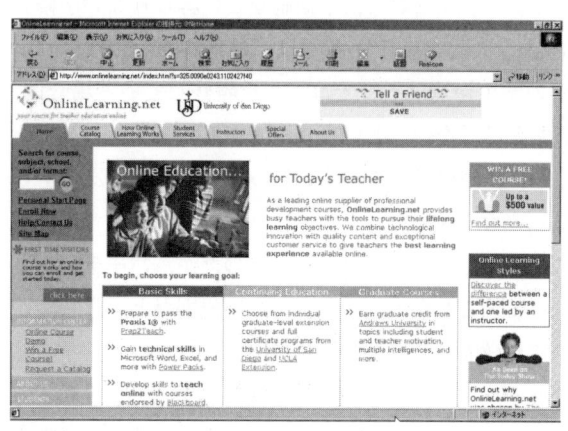

http://www.onlinelearning.net

■ オンライン・ラーニング・ネットのホームページ

授業料を割引にして学生を集める。

らわかる。オンライン・ラーニング・ネットは，UCLAエクステンションやサンディエゴ大学のeラーニング・コースを，このウェッブ・サイトを通じて販売しているポータルサイト企業である。これらの大学の授業料がディスカウント販売されるとは，信じがたい思いを抱くであろう。また，フェニックス大学も同様に夏季限定のコースのディスカウントをしていたという記録もある[15]。

　企業の論理でいえば，ディスカウント販売は収益を上げるための方策であり，きわめて正当性をもつが，これまでのアカデミズムの論理ではなかったことだけは確かである。授業料や使用料の根拠を明確にという議論のなかに，これまで考えられなかった授業料のディスカウントという現象をどのように組み込むことができるのだろうか。

■注

1. "Do Out-of-State Tuition Rates Make Sense for Distance Ed?," *Distance Education Report*, January 1, 2001.
2. Dan Carnevale (2002) "States Ignore Proposed 'E-Rate' Distance-Course Tuition," *The Chronicle of Higher Education*, April 12, 2002. {http://chronicle.com/weekly/v48/i31/31a03701.htm}
3. USNEWS.COM, *E-Learning Online Graduate Degrees* {http://www.usnews.com/usnews/edu/elearning/directory/gradonline.htm}
4. Nora Guzman (2001) Colloquy Response, *The Chronicle of Higher Education*, September 17, 2001. {http://chronicle.com/colloquy/2001/fees/10.htm}
5. Dan Carnivale (2001) "Should Distance Education Students Pay for Campus-based Services?" *The Chronicle of Higher Education*, September 14, 2001. {http://chronicle.com/weekly/v48/i03/03a03501.htm}
6. Dan Carnivale, op. cit.
7. Kenneth C. Green (1998) *The 1998 National Survey of Information Technology in Higher Education*, The Campus Computing Project. {http://www.campuscomputing.net/}
8. Dan Carnivale, op. cit.
9. Al Powell (2001) To the Editor, *The Chronicle of Higher Education*, October 19, 2001. {http://chronicle.com/weekly/v48/i08/08b0401.htm}
10. Robe J. O'Hara (2001) To the Editor, *The Chronicle of Higher Education*, October 19, 2001. {http://chronicle.com/weekly/v48/i08/08b0401.htm}
11. Richard Hazel (2001) To the Editor, *The Chronicle of Higher Education*, October 19, 2001. {http://chronicle.com/weekly/v48/i08/08b0401.htm}
12. V. V. Raman (2001) Colloquy Response, *The Chronicle of Higher Education*, September 17, 2001. {http://chronicle.com/collegy/2001/fees/10.htm}
13. National Center of Education Statistics (2002) *Student Financing of Graduate and*

First-Professional Education, 1999-2000. {http://nces.ed.gov/pubs2002/2002167.pdf}, U.S. Department of Education, National Center of Education Statistics (2002) *Student Financing of Graduate and First-Professional Education, 1999-2000*, U.S. Department of Education. {http://nces.ed.gov/pubs2002/2002166.pdf}

14 Dan Carnevale (2002) "U.S. Education Dept. Accused of Stacking the Deck on a Controversial Rule," *The Chronicle of Higher Education*, March 8, 2002. {http://chronicle.com/weekly/v48/i26/26a03501.htm}

15 Jeffrey R. Young (2000) "Distance-Education Providers Hawk Summer Sales and Discounts," *The Chronicle of Higher Education*, June 14, 2000. {http://chronicle.com/daily/2000/06/2000061401u.htm}

19 eラーニングの効果とは何か

1. 収益よりも効果

　企業活動であれば，かけたコストに対してどの程度ベネフィットが上がったかを問題にするが，教育活動は，インプットはコストでも，アウトプットはベネフィットというよりは効果（エフェクティブネス）を意識するだろう。公的なサービスの色彩をもつ教育においては，投下した金額に見合う教育効果が上がって，あるいは，投下した金額とは無関係でも，教育効果が上がることだけで評価されてきた。急速な広がりをみせているeラーニングについて，近年，その教育効果が議論になっている。eラーニングは，遠隔教育という形態をとる場合が多いが，遠隔教育の教育効果に関しては，これまであまり議論となったことはなかった。むしろ，遠隔教育は対面教育とは別種の教育である，もしくは，対面教育に劣る教育であるといったことが前提とされていたようである。しかし，近年のeラーニングに関しては，効果の有無がさまざまに検討されているのだが，そのことに社会的なインパクトの大きさをみることができる。本章は，eラーニングの効果に関する議論を検討しよう。

2. 教育効果で論じられている事柄

　教育効果と一口にいっても，どの場面を測定するのか，何と比較するのかによってさまざまな場面が考えられる。教育効果の範疇で論じられている問題をやや広げて単純に図式化したのが図19.1であるが，大きく分けて，教育を提供する大学の問題として論じられる場合と，教育を受けた学生の次元で論じら

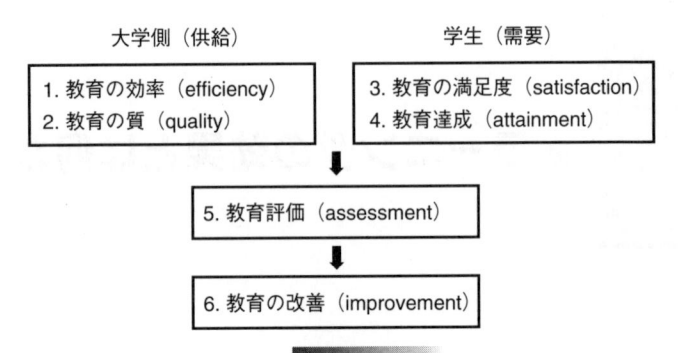

```
大学側(供給)              学生(需要)
1. 教育の効率(efficiency)   3. 教育の満足度(satisfaction)
2. 教育の質(quality)        4. 教育達成(attainment)

              ↓
       5. 教育評価(assessment)

       6. 教育の改善(improvement)
```

図19.1　教育効果(effectiveness)の諸次元

れる場合とがある。

　教育の供給側にとっては，効率と質が課題であるが，効率については，経済的な効率とは異なる教育の効率の問題として論じられることはあまりないようだ。むしろ，議論が集中するのは質の問題の方であり，世間的には遠隔教育は対面教育と比較して二流とみなされがちななかで，eラーニングが一定の質を維持するにはどうすべきかという観点からの議論がなされる。

　需要側からみた教育効果とは，学生の教育に対する満足度や教育達成であるが，満足度が学生の供給された教育に対する主観的な評価であるのに対し，教育達成は供給側があらかじめ定めた認知的な目標に，学生がどの程度到達したかを測定する客観的な評価である。

　これらの諸次元を総合して評価がなされ，それによって教育の改善を目指すといった実践的な課題につながっていくのである。

3. アクレディテーション団体が取り組むeラーニングの質

　ほんのここ1〜2年，キャンパスをもつ大学の多くがeラーニングを導入するようになって，遠隔教育は大学にとって，キャンパスの片隅で行われている別種の教育ではなくなった。また，eラーニングは，私企業が設立したバーチャル・ユニバーシティによって広がっているところも大きい。そのなかには，キャンパスをもたないばかりか，フルタイムの教員をもたずに運営されている機

関すらある。こうした事態の展開を放置できないとeラーニングの質の問題の検討を始めたのが，アクレディテーション団体である。

　それも全米の8つある地区基準協会すべてが共同で，ガイドラインの作成に着手したのである。というのは，eラーニングは，地理的な境界を超えて広がるため，地域内の機関の問題として閉じた形で論じられないからである。また，eラーニングは，個別の機関によって単独で実施されている場合よりも，私企業や複数の機関のさまざまな提携によって実施されることが多いことも，アクレディテーション団体が共同した理由である。これが，いわゆるディプロマ・ミルを排除することが目的であることはいうまでもないが，それだけではなく，検討委員会のメンバーの「双方向コミュニケーションが可能な技術を利用することで，遠隔教育は，伝統的な教室での講義形態の教育と比較して，より学生参加型の学習環境を提供できる。したがって，学習者に焦点をあて，相互作用と学習支援サービスについて高い基準を設定する必要があると考える」[1]と語る言葉からは，eラーニングをより活性化させることが主要な目的であることがわかる。

　この検討委員会の草案は2000年の9月に発表され，さらに半年の審議を経て2001年3月に最終報告書として発表された[2]。その内容は，「学内の組織体

http://www.wiche.edu/telecom/Article1.htm

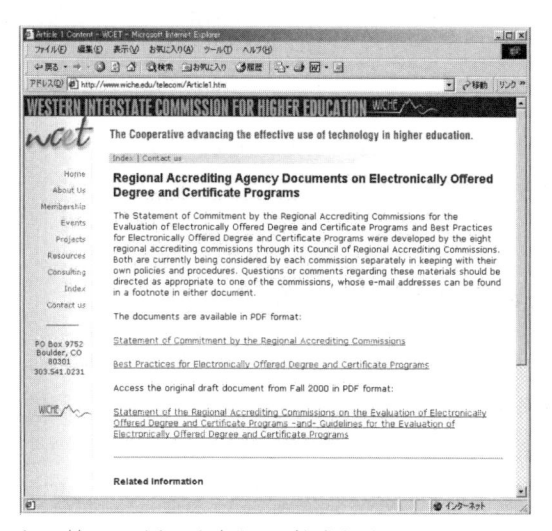

■ アクレディテーション団体がまとめた報告書

全米8つの地区基準協会はeラーニングの質に関して共同で報告書を作成し，州の境を超えるeラーニングに対処しようとした（注2参照）。

制」,「カリキュラムと教授 (instruction)」,「教員支援」,「学生支援」,「評価」の5項目に分かれており, それぞれがさらにいくつかの下位項目を含んだ詳細なものである。「教員支援」,「学生支援」の項目において, 教員がeラーニングを行うにあたっての技術的サポートやeラーニングのコースを作成するにあたってのアドバイスの必要性, 学生がコースの内容や学習の仕方について十分な説明を受けられるような体制の重要性や, 学習過程においてアドバイスやカウンセリングを行うことの不可欠さなど「支援」一色の内容をみると, eラーニングは, 教員と学生以外に各種の支援の役割を果たす多様な人間の存在があって初めて成り立つものであるかがわかる。

「カリキュラムと教授」の項目でも, 教育内容に関してよりは, 使用する技術は学生層が容易に利用できるものであること, 教師と学生の相互作用を高める工夫が必要といった教育・学習の支援に関わることがらが多い。これらをみると, eラーニングの質とは, 支援体制を充実させオンライン上での相互作用を活発にさせることで決まってくるものであるかのようである。

もう1つ興味深いのは, eラーニングが, コンソーシアムとして実施されたり, 大学以外の組織にアウトソーシングされる場合に, 学位を発行する機関として管理すべき事項が11点にわたって記述されている部分があることである。学術的な観点からみて資格のある教員をそろえること, 図書館サービスを充実させること, コースの登録, 授業料の支払いなど事務手続きを明確にすることなどと並んでいるそれらの項目は, 通常の大学で考えればあまりにも陳腐であるが, それをそれとして記述しなければならない事実が背後には多く存在していることを推測させるものである。

4. 支援体制が決め手のeラーニング

eラーニングの質の問題が, 学習者支援を中心とする環境の整備の問題として論じられたことには一定の根拠がある。それは, アクレディテーション団体の草案が出るおよそ半年前の2000年3月に発表された, eラーニングの質のベンチマークに関する調査結果である。*Quality on the Line*[3]と題する報告書は全米教育協会とBlack Bord社とが, 高等教育政策研究所 (Institute of Higher

Education Policy）に委託して行った調査であり，これまでの各種の技術を利用した遠隔教育についてのベンチマークがeラーニングにも妥当するのか否かを検討し，そのうえでeラーニングについてのベンチマークを開発することを目的としたものである。

この調査の対象校は，eラーニングに相当の経験をもっている6機関であり，調査方法としては，学内体制，コース開発，教授学習過程，コースの構造，学生支援，教員支援，評価という7側面について，調査メンバーの訪問調査による観察と教員や学生に対するインタビューという手法が用いられ，それらの結果は点数化されて重要性の程度が衡量され，ベンチマークが絞り込まれていった。

その結果，最終的に7側面について24のベンチマークが析出されたが，そのうち，もっとも評点が高かったのは，「学生の学習過程における教員と学生との相互作用」と，「学生間の相互作用」である。学生の質問に対する適切かつ迅速な回答，提出された課題への建設的なフィードバックといった事柄がそれに含まれよう。また，それ以外にも，教員への技術的支援，学生に確実な情報を適切に伝達することといった支援に関する項目が高得点を獲得している。学習環境の整備や学生の学習過程において相互作用を高めるための支援の程度が，eラーニングの質を左右することが「実証」されたのである。

この調査結果について全米教育協会会長は，「大学が学生のニーズを認識してこそ，遠隔教育の質を高くすることができるのだ」[4]とコメントを寄せているが，学習支援とは，まさしく，学生のニーズへの対応だとみることができる。いつでも・どこでもというキャッチフレーズのとおり，eラーニングでは学生の学習は個別化する。そして，個別化した学習形態のもとでは，学生のニーズも多様化する。その多様なニーズに応えた支援を行い，学生を学習に積極的に参加させることが，遠隔教育が教室での講義以上のメリットを生み出すということになるのだろう。

こうしてみると，eラーニングの質とは，教育学習環境の整備をすることで高まる学習の質を意味しているように見受けられるが，それは，決して教育内容が問われないということではない。西部諸州高等教育協議会（WICHE）のある研究者は，「まじめにeラーニングに取り組んでいる大学のなかには，サービスや支援や情報の伝達に関して十分でないところがある。内容のあるウェ

ッブ・コースを個々に作成しても，それに各種のサービスが付加されなければコースは強力なものにならない。そのためには機関レベルでサービスを提供する体制の構築が重要だ」[5]と語っているが，教育内容の周辺をサービスで幾重にも取り巻かねば，サイバー・スペースという真空状態のなかでの教育・学習は成り立たないものであることを端的に表現している。

5. 学生の成績はeラーニングと対面教育とでどちらが良いか

それでは，学習の支援を充実させオンライン上の相互作用の頻度を高めたら，学生の満足度や教育達成度は高まるのであろうか。これを検証しようとする調査はいくつか行われているが，それらに共通した仮説は，eラーニングは教室での対面教育と比較して学生の達成度は高くはならないというものである。この仮説はなかば一般的通念ともなっており，そうした仮説を棄却する結果が得られた調査については各所に発表されるため，目に触れるものは，eラーニングを受けた学生の達成度は対面教育に引けをとらないというものばかりである。

いくつか具体的に紹介しよう。ノース・カロライナ州立大学の，プロジェクト25というウェッブ上での教育と教室での対面教育について学生の達成度を比較する研究プロジェクトでは，ウェッブ授業と対面授業とが同じ内容で，同一の教員が担当する12のコース（学士課程も大学院課程も含む）に登録したウェッブ・コース247人，対面コース1,031人のコース修了後の成績を比較検討した。その結果は，どのコースでも両者の成績に有意な差はないということが報告されている[6]。

メリーランド大学では，批判的思考力を高めることを目的とする授業において，対面状況とコンピュータ会議とを比較する研究を行っている[7]。それぞれ10〜20人程度のクラスで，両者同じ課題に対し共同で討議し，各人がコメントを書くという授業を1セメスター続けた結果は，コンピュータ会議の授業の方が有意で高い得点を獲得したという。しかし，議論の際の発言は，対面授業で多くコンピュータ会議では少なくなることも併せて示されている。

テキサス工科大学での実験では，初級心理学コースをウェッブと対面とで提

供し，コース修了後の学生の成績と学生の満足度とを過去数年にわたって測定してきたが，どのセメスターについても，ウェブ・コースの学生の方が5パーセントほど成績がよく，また，学生の授業への満足度は，逆に，対面の方が高いという結果がでている[8]。こうした結果に対して，実験を担当した教員は，ウェブ・コースには毎週の小テストや課題が組み込まれているため，最終テストの直前に復習をする対面授業の学生よりも成績がよい。しかし，毎週のようにテストや課題があって，常に締め切りに追われているような切迫した雰囲気が，学生の満足度を下げているのだろうと，その原因を分析している。

もう1つ，eラーニングでもっともポピュラーなMBAプログラムの事例を挙げよう。カナダのMBAプログラム在籍者の25%を抱えるアサバスカ大学と，フィナンシャル・タイムズで全世界19位にランクされているウエスタン・オンタリオ大学のビジネス・スクールとの比較である。遠隔教育機関であるアサバスカ大学は，111人のeラーニング・コースの学生，ウエスタン・オンタリオ大学は対面授業の101人の学生を対象に，認知的な力，論理的な説明力，周囲の学生のことを知ってコミュニケーションする力，課題を達成する手続きを理解する力の4つの側面にわたって，その成果を測定した。その結果，認知的な力，論理的な説明力についてはアサバスカ大学のeラーニング・コースの学生の成績がよく，コミュニケーション力，手続きを理解する力については対面授業のウエスタン・オンタリオ大学の学生の成績の方がよかった。これについて，アサバスカ大学の関係者は，「世間的に対面教育に劣るとされているeラーニングが認知的な力，論理的な説明力を付与する上では有意味であることが証明されたのは喜ばしい」と語り，他方，ウエスタン・オンタリオ大学の関係者は，「eラーニングの世界は，ジョン・ロックの原理を考察するには適切かもしれないが，われわれは，重役会議で論戦をはり，周囲を承服させることのできる管理職の養成を行っているのだ。それには対面授業がもっとも優れた方法である」[9]と語っている。

こうしてみると，eラーニングが対面教育より優れた成績を上げたという調査結果でも，それが理解力を測るための小テストが頻繁に行われるという条件下であったり，さまざまな能力のうち，批判的思考であったり認知的な力や説明力といった，特定の側面において有効であることがわかる。他方，学習に対

する満足度，周囲の仲間とのディスカッションする頻度やコミュニケーション能力，事態の解決の手続きを理解する力などでは，eラーニングの方が優れた成績を上げるとはいえないようである。しかし，認知的な側面に関わる能力は，教育がその付与を第1の目的とするものであるから，eラーニングに軍配をあげる大きな要因になる。そして，認知的な能力は数字で得点化容易な場合が多く，客観的に測定可能な能力とみなされる。

6. 能力ベースの評価の導入——教育不在の教育

　それは，突き詰めていくと，学生の認知的な能力の有無が証明されれば，教育の効果はあったという考え方になり，能力ベースの評価（competency-based assessment）の導入につながっていく。すなわち，通常の教授・学習のプロセスである，学生がどの程度の時間をかけどのように学習し，その結果どこまで到達したかをトータルに評価するのではなく，教授・学習のプロセスをスキップして学生の到達度だけを測定するという評価方法に行き着くのである。そこで，目標に到達していない場合には，それに向けての学習が支援されてゴールへの到達が目指されるのである。

　程度の差はあれ，実際こうした能力ベースの評価方法を導入しているeラーニング実施機関としては，ウエスタン・ガバナーズ大学，フェニックス大学，エクセルシオール大学，ペンシルベニア州立大学ワールド・キャンパス，トマス・エディソン州立大学，ニューヨーク州立大学エンパイア・ステート・カレッジ，メリーランド大学ユニバーシティ・カレッジ等々，多くを挙げることができる[10]。

　有職成人を多く抱えるこれらの機関では，学生は学位取得に必要な能力のある部分をすでに入学時にもっていると考えて職業経験を単位に換算したり，到達度試験にパスすればそれを単位に換算したりする仕組みを導入している。また，ウエスタン・ガバナーズ大学は，学習時間を基準とした単位という概念をその教育システムにおいていない。単純にいってしまえば，コースをとらなくてもテストに合格すれば学位が取得できるのである。

　こうした能力ベースの評価方法は，近年の，結果が尊重される時代にあって

は，必ずしもeラーニングに特有なものではない。しかし，eラーニングは対面教育に劣るのではないかという一般的通念を払拭することが課せられているeラーニングを提供する機関では，選好される方法だといってよい。

ところで，これらの機関の多くでは教員のことを「プロフェッサー（教授）」とは呼ばず，インストラクターとかファシリテーターなどという名称で呼ぶ。これは，教員の役割の違い，ひいては大学という文化の変化を端的に示している。というのは，そこでは教員はもはや知識を授ける者ではなく，学生が到達する目標に近づくことを側面支援する者と位置づけられ，そうした大学は，職業訓練的な機関としての性格をより鮮明にするからである。

一方で，提供する教育の質を高めるために，教育内容の周囲に学習支援体制の生け垣を作って学生の個別化した要求に応え，他方で，対面授業に匹敵する教育効果を証明するために，能力ベースの評価を取り入れるeラーニングは，内容をもった知識の伝達という伝統的な「教育」の部分を欠いても，学習の質を高めて学習効果を上げれば存立可能な高等教育機関になるのかもしれない。

■ 注

1. Dan Carnevale (2000) "Accrediting Bodies Consider New Standards for Distance-Education Programs," *The Chronicle of Higher Education*, September 8, 2000. {http://chronicle.com/weekly/v47/i02/02a05801.htm}
2. Regional Accrediting Commissions (2000) *Statement of Commitment* {http://www.wcet.info/Accrediting%20-%20Commitment.pdf}, (2001) *Best Practices For Electronically Offered Degree and Certificate Programs*, The Western Cooperative for Educational Telecommunications {http://www.wcet.info/Accrediting%20-%20Best%20Practices.pdf}
3. The Institute of Higher Education Policy (2000) *Quality on the Line: Benchmarks for Success in Internet-based Distance Education* {http://www.ihep.com/Pubs/PDF/Quality.pdf}
4. Dan Carneval (2000) "A Survey Produces a List of 24 Benchmarks for Quality Distance Programs," *The Chronicle of Higher Education*, April 7, 2000. {http://chronicle.com/weekly/v46/i31/31a04501.htm}
5. Dan Carnevale (2000) "Shopping for an Online Course? Kick the Tires and Check the Mileage," *The Chronicle of Higher Education*, February 2, 2000. {http://chronicle.com/daily/2000/02/2000020201u.htm}
6. J. Joseph Honey et al. (1998) *Project 25: First Semester Assessment*, University Planning Analysis, North Carolina State University {http://courses.nusu.edu:8020/info/f97-97assessment.html}

7 D. R. Newman et al. (1996) "An Experiment in Group Learning Technology: Evaluating Critical Thinking in Face-to-Face and Computer-Supported Seminars," *Interpersonal Computing and Technology: An Electronic Journal for the 21st Century*, Vol. 4, No. 1, pp. 57–74 {http://ja.ucc.nau.edu/~:pct-j/1996/n1/newman.txt}
8 Sarah Carr (2000) "Online Psychology Instruction Is Effective, but Not Satisfying, Study Finds," *The Chronicle of Higher Education*, March 10, 2000. {http://chronicle.com/weekly/v46/i27/27a04801.htm}
9 Janice Paskey (2001) "A Survey Compares 2 Canadian MBA Programs, One Online and One Traditional," *College Degrees*, June–July, 2001.
10 Dan Carnevale (2001) "Assessment Takes Center Stage in Online Learning: Distance educators see the need to prove that they teach effectively," *The Chronicle of Higher Education*, April 13 2001. {http://chronicle.com/weekely/v43/i31/ 31a04301.htm}

20 質の保証はどこまでできるか

1. eラーニングの質

　多くの高等教育機関が，多様な学問領域をeラーニングとして提供するようになった今日，その教育の「質」が問われはじめている。個々のコースの質を高めるにはどうすべきかというレベルから，eラーニングとして提供される教育総体の「質」の維持保証をどうするのかというレベルまで，質に関する議論は幅広く行われるようになった。

　個々のeラーニング・コースが対面教育と対比して論じられるレベルから，既存の高等教育システムのなかでは想定していなかった事態が生じたことに対して，それへの対処策が政策課題として論じられるレベルまで，議論は多様な広がりをみせている。とくに，eラーニングは国境の壁を容易に超えていく性格をもつために，問題はアメリカ1国にとどまらず，他国を巻き込んだかたちで展開している。本章では，eラーニングの質の保証という課題が，従来の形態の教育におけるそれとどのように異なるのか，その問題について検討しよう。

2. 教育の質の維持システム

　アメリカでは，教育の質を維持するためにアクレディテーションというシステムを採用している。高等教育機関の設置後も数年ごとにアクレディテーションを行うことで質の維持を図ってきたわけだが，eラーニングという新しい教育手法の登場と普及のなかで，90年代半ば以降，どのアクレディテーション団体も，古くからあった遠隔教育を新たな視点から見直し，適切な教育が行わ

れるためのガイドラインの作成が検討課題となった。

アメリカのアクレディテーション団体には，地区基準協会，専門職のアクレディテーション団体，宗教系機関や遠隔教育機関を認定するアクレディテーション団体の3つのタイプがあるが，大半の高等教育機関は，機関が設立されている地域の地区基準協会からの認可を受けている。地区基準協会は，全米6地区に8つあり，地域内の機関を独自の規準で認定していた。しかし，ある機関の提供するeラーニングは，その地区を超えて他地区へも提供される。したがって，異なる基準で認定された教育が，自地区において提供されるという矛盾が生じるのである。そこで，8つのアクレディテーション団体は，協議の上，共通のガイドラインを作成することになり，それは2000年から2001年にかけて発表された（第19章参照）。技術的支援や学習支援といった支援の重要性に力を入れている点が，遠隔教育ならではのガイドラインの特徴である。

3. ロースクールで認められたeラーニング

46団体を数える専門職アクレディテーション団体は，概してeラーニングの認可ということに対しての動きは遅い。

だが，2002年の8月，ロースクールにとってちょっとした変化が起きた。これまで，ロースクールでは，遠隔教育のコースに対して単位を付与することは認められていなかったが，いや，むしろeラーニングが増加しはじめる97年に，認めないことを取り決めたのだが，今回の改訂では，卒業に必要な80単位中12単位までは遠隔教育による単位取得を認めたのであった。この改訂に従事したのは，アメリカ法曹協会であり，ロースクールのアクレディテーションを行う専門職団体である。法曹協会関係者は「われわれは，ゆっくりと進むつもりだ。だからといって，ロースクールが遠隔教育によって法学博士になるプログラムをもつことを認めるつもりはない」と発言しており，eラーニングには消極的である。

第11章で登場したeラーニングだけでコースを提供するコンコード・ロースクールは，この改訂によっても，まだアクレディテーションを受けることができない。学部長は，「法曹協会は，遠隔教育を，対面教育と同様に実行可能な

学習方法としている高等教育機関や，それを認めている地区基準協会から学ぶべきだ。ただ，コンコードのような，オンラインを教育へのアクセスを高め，教育の多様性のために用いる機関が登場したことで，法曹協会もゆっくりながらeラーニングを認める方向へ向かうだろう」[1]とコメントを発表している。

法曹協会は，一度はeラーニングを行うことを認めないとしたものの，高等教育界の動きに押されるかたちで，認めざるを得なくなったのであるが，法曹協会の慎重な姿勢をみると，コンコード・ロースクールが認定される日は，容易にはやってこないのかもしれない。

4. 工学系で模索されるeラーニング実験

工学系の実験は，eラーニングにはなじまない領域のように思えるが，実際には，実験を含んだ工学のeラーニング・コースがあることは，第10章でみたとおりである。そうしたなかで，工学系のアクレディテーション団体であるABET（Accreditation Band for Engineering and Technology）も，eラーニング・コースの実験の問題を放置できなくなり，2000年当初より，eラーニングの学士号に関するガイドラインの作成に着手しはじめた。しかし，その動きは慎重をきわめている。まず，これまでの実験室での実験に関して13の目標を作成し，それがeラーニングにおける実験においても実験室と同様の水準で達成できるかどうかを，各種の工学系教員に検討を依頼した。その回答を得て，現在は，eラーニング実験のコースの開発と実証実験を，いくつかの機関に依頼し，コースの実用可能性を探っている段階にある。コース開発や実証実験にあたっては，スローン財団から3万ドル強の支援を受けており，かなり大がかりなプロジェクトとなっている。この過程を経て，eラーニングによる工学系の学士号が認可されるのは，1年半後か2年後だろうといわれている。

こうした試みに対して，同じ工学系の教員でも，「工学系の学生の基本的な教育要求を評価したという点で，重要な第一歩であるし，人々がオンライン学習に関して抱いていた概念を覆すことになる」と，好意的にみる教員がいる一方で，物理的な空間をもった実験室へ入ることなく，工学の学士号がとれるようになったとしても，「学生はオンラインだけでなく，実験室での実験も行って学

士号をとるべきだ。いくらコンピュータ技術が発達しても，人間の五感や創造性は物理的な実態をもった環境においてこそ，よく働くものだ」と主張する教員も多く，eラーニングによる工学系の学士号が認可されても，eラーニングによる効果が発揮される特定の領域に限定されるのではないかとみられている[2]。

5. 質の維持を強く主張する高等教育認定協会

　これら3つのタイプの60のアクレディテーション団体を総合する上位団体に，高等教育設置認可審議会（Council for Higher Education Accreditation）がある。当然のように，この団体は，90年代初頭より，質の維持という観点からeラーニングのアクレディテーションをどのように扱うかについて議論を重ねてきているが，2002年度の『遠隔教育のアクレディテーションと質の維持（*Accreditation and Quality Assurance in Distance Education*）』と題するレポートでは，eラーニングの質の維持のために，これまでと異なるどのような点に注意してアクレディテーションを実施すべきかに関して，包括的な議論を展開している。

　それによれば要点は3つある。第1は，カリキュラム，教員や学生の支援，学生の学習結果などを含む教授の全体的なデザインが，eラーニングに適切なものとなっているか，第2は，営利大学などeラーニングの提供者として新たに高等教育へ参入する機関が増加しているが，そこでは組織のミッション，組織構造，カリキュラム，学生の学習結果などが統合されて，教育活動を行っているか，第3は，eラーニングでは短期の職業訓練プログラムが増加しているが，構造化された長期の教育機関を要請する学位プログラムとは異なるそれらが，高等教育機関の提供する教育プログラムとして適切かという点に，注意すべきだという[3]。

　こうしたレポートが出された背景には，連邦政府の高等教育法の遠隔教育に関する改正問題が関わっているといわれている。というのは，高等教育法の「12時間規則，50パーセント規則」は，eラーニングによる柔軟な学習を妨げるものだとして規定の廃止が議論されているが，規定が廃止されても，アクレディテーションの側面からeラーニングの質を落とさないようにするための方

策を述べたのが，このレポートなのであった[4]。

6. 国境を超えるeラーニング —— WTO問題の登場

　高等教育設置認可審議会にとって，2002年はeラーニングが，国際問題となることを強く意識せざるを得ない年であった。というのは，WTOにおけるサービス貿易の自由化のなかで，教育サービスの自由化に関する議論が高まってきたからである。国際的な流通の促進のために教育サービスの貿易に関する障壁を除去することを主張するのは，アメリカの商務省や通商代表部であり，アメリカ高等教育の輸出を意図して，各国への要求を強めており，日本もこのことから無縁ではいられない状況にある[5]。eラーニングは，教育サービスの重要な構成要素である。これに対し，アメリカ国内の高等教育関係者はおおむね批判的であり，ことに，高等教育設置認可審議会と全米教育審議会（ACE）は，強い反対を表明している。

　2001年6月に通商代表部に提出された共同コメントには，アメリカの高等教育は，公私立機関が混在しており，個々の機関の自立性が高く，分権化した統治を特徴としている。これが，アメリカの高等教育を世界で最強かつ国際的にしているのだが，WTOが，提案した規則でもって，アメリカの高等教育システムの強さを損なうことなく維持していけるのか疑問に思われる，と真っ向から批判している[6]。WTOの提案によって恩恵を受けるのは，教育を商品として販売しているテストや教材制作企業，そしてeラーニングを販売する営利大学が中心であり，非営利部門を大半とする高等教育機関ではないうえ，教育を公共財と考える高等教育機関からみれば，アメリカの高等教育として輸出される教育サービスの質に信頼がないことが大きな問題なのである。提案を推し進めていけば，対内的には，政府による高等教育機関に対する統制が強くなり，商業化の波のなかで公立機関は自立性を喪失し，対外的には，アメリカの輸出超過となって自立的な高等教育システムを構築しようとしている発展途上国の成長を妨げることになるといった事柄がWTO批判の論拠にある。高等教育設置認可審議会と全米教育審議会の姿勢は，2002年に入っての再度のコメントの発表にも貫かれている。

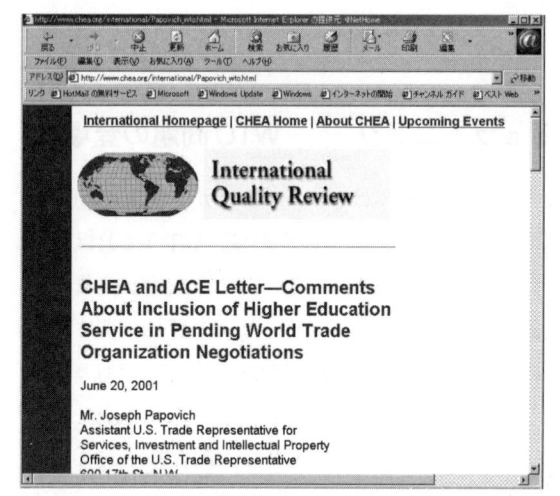

http://www.chea.org/international/Papovich_wto.html

■WTO問題
教育サービスの自由化を求めるWTOに対し,伝統的な高等教育機関は反対の立場を表明している。

　高等教育をサービスとみなし,それが利益を生むといった考え方は,eラーニングの普及によるところが多い。事実,通商代表部のある者は,「2000年度,アメリカ国内で教育を受けた外国人が支出した総額は,100億ドル強にのぼる。もし,遠隔教育を利用して海外にこの教育サービスを輸出するならば,この額はもっと上がるだろう」[7]と語っている。

7. 企業が行う国際的な質の保証

　これまで,高等教育機関の教育の質は,それぞれの国における基準で維持されてきた。しかし,国境を超えていくeラーニングに関しては,提供する側の国の基準が,受け取る側の国の基準に合致するとは限らない。教育サービスとして輸出するとしないとに関わらず,国家間で異なる質に関する基準の違いをどのように調整するかという問題は,避けて通ることができなくなっているのである。
　ユネスコ,EU,そして,CHEAでも,その問題への対処を始めているが,それとともに営利団体の動きも見逃せない。その1つが,Global Alliance for Transnational Education (GATE) と称する,国境を超える教育の質の保証を

認証する「世界的なアクレディテーション団体」である。1995年に設立された当初は，国際教育の質の保証センター（Center for Quality Assurance in International Education）という国際的な教育の質の維持に関する非営利機関の傘下にあったが，1998年に設立者のグレン・ジョンズによって営利化された。この人物は，第7章で紹介しているすべてのコースをeラーニングで提供する営利大学として，初めて地区基準協会の認可を受けた，ジョンズ・インターナショナル大学の経営者でもあり，それ以外にもジョンズ・ノリッジなどいくつかの教育関連企業を経営している。

ところで，この国際教育の質の保証センターとは，通商代表部のブレーンの役割を果たしている教育の国際貿易に関する全米委員会（National Committee for International Trade in Education）を設立した機関であり，WTO問題とGATEの活動とは，元をただせばきわめて近いところで複雑な関係がある。

さて，GATEはeラーニングに関する国際的なアクレディテーション団体として世界各国の機関を認定しようとしているのだが，これまでこの団体から認定を受けたのは，経営者が同じジョンズ・インターナショナル大学を含めて，わずか3機関にとどまっている。そのことに対し，GATEの関係者は，「自発的な申請にもとづくアクレディテーション団体であるから，多くの機関が認定を受けないと，認定を申請する機関も増加しないのであり，まさしく，これは鶏と卵の関係である」[8]と，述べている。

経営者のグレン・ジョンズは，「今や，企業や営利機関が，革新的な学習プログラムを構築する中心的役割を果たしている。伝統的な学術機関は，もはや教育の質の保証のための唯一のゲート・キーパーではあり得ないのである。産業界の声やその価値ある見識を排除するのは，無意味なことだ」[9]と語っているが，彼のこの言葉からは，逆に，GATEが企業経営を行うアクレディテーション団体であることに疑問が呈せられていることがうかがえる。

8. 質の自己保証

ウニベルシタス21というアメリカ，ヨーロッパ，アジア，オセアニアの17の著名な高等教育機関のコンソーシアムがあり，トムソン・ラーニングと提携

して，2003年よりeラーニングをアジア地域を対象に提供することを予定している（第12章参照）。学位発行機関となろうとすることで，ウニベルシタス21はアクレディテーションが問われるようになるのであるが，このコンソーシアムは，実はイギリスで登録されている企業であるため，高等教育機関としてイギリスのロイヤル・チャーターを受けることはできない。そこで，ウニベルシタス21の下位組織として，U21グローバルと命名するeラーニングの提供部門をシンガポールに設立し，シンガポール教育省より，高等教育の提供機関としての認定を受けようとしている。

さらに，U21ペダゴギカという下位組織を設け，そこがU21グローバルのeラーニングのアクレディテーションを担うこととした。学生の選抜，コースのデザイン，開発，教授・学習過程，学習結果という一連のプロセスを評価し，必要に応じて改訂し，自立的に教育の質の保証を行おうとしているのである。同じウニベルシタス21の傘下にあって，U21グローバルはeラーニングの経営を行い，U21ペダゴギカはその教育の質の評価を行うとは，奇妙な関係である。ウニベルシタス21の経営者は，「U21ペダゴギカは，参加大学が所有するので，トムソンやU21グローバルからは独立している。U21ペダゴギカの理事会メンバーと，U21グローバルのメンバーとに重複はない」[10]と，自機関のなかに設立した質の保証機関の正当性を主張しているものの，こうしたやり方は学術の質を損なうものだとして，アメリカ，オーストラリア，イギリス，カナダ，ニュージーランドの大学教員組合はウニベルシタス21の経営者に抗議の手紙を送り，イギリス大学教員組合は，その4万5,000人の組合員にコンソーシアムへ参加しないように呼びかけている[11]。

著名な研究大学が学位プログラムの内容を提供するにもかかわらず，そのコンソーシアムが企業経営を行っているという点で，教育の質に疑いがもたれている。

9. public good から commercial goods へ

このようにみてくるとeラーニングの質をめぐる議論には，2つの流れがあることがわかる。1つは，それが遠隔教育であるために，その教育の質が対面

教育と比較して低くなるのではないかという議論である。対面でないために十分な学習の成果が上がらないという考え方は古くからあるが、情報技術が発達しても依然として根強くあり、ロースクールや工学系のアクレディテーション団体が問題にしていたのは、こうした議論の流れにのっている。この意味での質の問題は、コースの提供方法、学習過程などを工夫することで一定程度は解決することが可能であり、徐々にeラーニングを認めるようになっている傾向はそのあらわれだろう。

　もう1つの議論は、eラーニングが商品として売買の対象になることで、教育の質が下がるのではないかという議論である。近代社会においては、教育は公益（public good）に資するものだということが大前提になっており、多くの教育機関が非営利であるのは、そのことによる。しかし、eラーニングは、そうした前提に抵触するところで伸張している。営利機関の提供する商品（commercial goods）としてのeラーニングには、あまり信頼がなく、それは高等教育全体の質を下げるのではないかという懸念が、大学関係者には共有されている。

　そのうえ、eラーニングは国境を超えて輸出入され、その販売の主体が多国籍企業化するため、その質の保証に関しては、従来の枠組みのなかで処理できないという新たな問題が生じている。国際的な機関が有効な手を打ち出せないなかで、GATEやU21ペダゴギカなどの企業が国際的なアクレディテーション団体だとして立ち現れたのである。前者は、国際的なアクレディテーション団体であるといいつつ企業が経営していることに、後者は、企業立の国際コンソーシアムのアクレディテーションを自機関で行うということに、それぞれ疑いのまなざしが投げかけられている。eラーニングであるということと、それが企業経営であるということとの二重の足伽が、議論を大きくしている。

　なぜ公益という観点から国際的に流通するeラーニングのアクレディテーションを行うことが困難なのだろう。それは、教育の質の保証は、国境内で行われてきたからである。近代大学は国家と深く結びついて発展してきており、公益性といってもそれは国家の枠の範疇でのことであり、大学は実のところ国益に資するものなのであった。

　時間と空間という障壁を除去するメリットが声高にいわれるeラーニングで

あるが，同時に，国益の範囲内で非営利機関が行う教育という暗黙の前提に，揺さぶりをかけていることに，注意を喚起すべきではないだろうか。営利機関が行う教育，国境を超える教育に対し，どのようにして質の保証ができるのか，eラーニングはわれわれに大きな課題を突きつけている。

■注

1 Dan Carnevale (2002) "Law-School Accreditors Will Vote Saturday on Distance-Education Proposal," *The Chronicle of Higher Education*, June 6, 2002. {http://chronicle.com/daily/2002/06/200206061u.htm}
2 Dan Carnevale (2002) "Engineering Accreditors Struggle to Set Standards for Online Lab Sessions," *The Chronicle of Higher Education*, February 1, 2002. {http://chronicle.com/daily/2002/02/2002020101u.htm}
3 The Council for Higher Education Accreditation (2002) *Accreditation and Quality Assurance in Distance Learning* {http://www.chea.org/reseach/index.cfm}
4 Dan Carnevale (2002) "Accreditors Release a Report Saying They Can Evaluate Distance Education Programs Effectively," *The Chronicle of Higher Education*, May 9, 2002. {http:// chronicle.com/daily/2002/05/2002050901u.htm}
5 佐藤禎一 (2002)「eラーニングと高等教育のグローバル市場化」『IDE』No. 440, 2002年7月号
6 Stanley O. Ikenberry, Judith S. Eaton (2001) *CHEA and ACE letter-Comments About Inclusion of Higher Education Service in Pending World trade Organization Negotiations*, June 20, 2001. {http://www.chea.org/international/Papovich_wto.html}
7 Andrea Foster (2002) "Colleges, Fighting U.S Trade Proposal, Say It favors For-Profit Distance Education," *The Chronicle of Higher Education*, January 18, 2002. {http://chronicle.com/weekly/v48/i19/19a03301.htm}
8 Gold Blumenstyk, Beth McMurtrie (2000) "Educators Lament a Corporate takeover of International Accreditor," *The Chronicle of Higher Education*, October 27, 2000. {http://chronicle.com/weekly/v47/i09/09a05501.htm}
9 Glenn R. Jones (2000) "The Future of International Accreditation," *The Chronicle of Higher Education*, December 1, 2000. {http://chronicle.com/weekly/v47/i14/14602002.htm}
10 Colloquy Live (2002) "Will Universitas21 Change Distance Education?", *The Chronicle of Higher Education*, June 27, 2002. {http://chronicle.com/colloquylive/2002/06/universitos/}
11 Michael Arnone (2002) "International Consortium Readies Ambitious Distance Education Effort," *The Chronicle of Higher Education*, June 28, 2002. {http://chronicle.com/weekly/v48/i42/42a02801.htm}

終章 進化(Evolution)か革命(Revolution)か

1. 伝統的な価値への挑戦

　ITが高等教育へ浸透しeラーニングが盛んになるにつれ，アメリカの高等教育においては新たな事象が生じ，それが，さまざまな議論を呼び起こしていた。議論になるのは，これまで当然としてきたことではない現象に直面しているからであるが，議論が大きいことは，ITやeラーニングの高等教育システムに与えているインパクトの大きさを表しているといってよいだろう。そして，そのインパクトが，伝統的な高等教育の価値に抵触するほど，議論も大きくなるのである。
　20の各章でみてきた事柄を，序章で提起した4つの領域と9つの項目について，何が生じ，どのような価値に抵触しているのか，再度まとめることにしよう。

2. 教員の共同統治から企業経営へ

　第1に，組織形態については，コンソーシアム型のバーチャル・ユニバーシティが登場していること，営利大学が注目されるようになっていること，既存大学がその外部に設立した営利部門など，これまでの高等教育機関にはあまりなかった形態，注目されてこなかった形態が，eラーニングの実施形態として表面に出てきたことが明らかになった。
　コンソーシアム型のバーチャル・ユニバーシティのメリットは，人の移動を伴わない単位互換ができること，すなわち他機関にないコースを相互に提供しあうことで教育内容に多様性をもたせられること，コンソーシアムに高等教育

機関以外の組織の参加を可能にすることなどである。インフラの共同整備まで考えれば，1機関当りのコストの削減が可能になる。コンソーシアムを形成する地理的範囲はeラーニングの特性からすれば，限定する必要はないのだが，州外の機関が参加することは州内・州外授業料の問題や，地域によってアクレディテーションの基準が異なることによる調整が必要になってくるという問題が生じている。また，コンソーシアムから学位を発行しようとする場合には，新たなアクレディテーションが必要になる。高等教育機関が1機関として自立的に存立していたこと，公立機関は州を基盤に成り立っていたことをあらためて確認する思いである。

　eラーニングの導入によって営利大学の伸張は著しい。だが，ジョンズ・インターナショナル大学，コンコード・ロースクールなど，新たに設立された機関は何かと話題にはなるが，現状では，必ずしも十分な数の学生を集めていない。また，営利を目的として設立されたニューヨーク大学オンラインなどが瞬く間に事業停止に追い込まれたことは，eラーニングが必ずしも営利をもたらさないことの証明となって，高等教育関係者に衝撃を与えた。

　どちらも企業経営的な手法で運営されるこれらの組織形態は，教員の共同統治によって運営されるという従来の姿とは異なっており，既存の価値に対して抵触していることが議論を呼ぶのである。こうした運営手法がeラーニングとともに拡がり，既存の形態をも脅かすのではないかという懸念が高等教育界には強くある。

3. 学生文化の変容と教員役割の分断

　第2の高等教育を構成するメンバーのうち学生に関しては，学生の教育に関する機能のうち社会化の問題と，キャンパスにおける学生生活の変容に関して検討した。学士課程学生に対するeラーニングに対しては，対面状況を欠いた教育環境では人間形成に関わる社会化ができないとして反対意見が強く，eラーニングがそうした要件を必要としない社会人を対象に大学院課程において行われるべきものとする見方がアメリカには根強いことがわかった。eラーニングが盛んであっても，有用な対象を認識して行われているのである。

ただ，キャンパスのIT化は，キャンパスに通う学生の生活にも変化をもたらしている。対面でのコミュニケーションよりはメールでのコミュニケーションを好み，物理的な場としても図書館に集うよりも，インターネット上の情報でよしとする風潮が強くなっているのである。対面での人間形成を重視する教員や大学に対して，バーチャルな環境になじんでいく学生文化という対比の構図をみることができる。

　教員は，eラーニングの登場でもっとも大きなインパクトを受けているといってよいかもしれない。それは，フルタイムの教員がいなくても高等教育機関は存在できるということ，対面教育においては自立的にあるいは無意識的に行っていた教育内容の構築，その教授，学生の到達度に関する評価という3つの役割がeラーニング下においては，分断されてそれぞれ担当者が異なるという事態が生じていることにみられる。必要な教員が必要なときだけ雇用されるようになり，教員の雇用不安をもたらすのではないかという懸念は大きい。また，eラーニングを実施することで教材の作成をはじめとして時間的な負荷が生じているにもかかわらず，昇進時にはそれが十分に評価されないことを問題とする声も高い。これらは，教員役割の包括的な自律性や教員の知的権威の喪失を示すものだといってよい。

　教員の役割が分断されるなかで登場したのがメディア・スペシャリストである。ITに関わる各種のスキルをもつ人間の手があってはじめて質の高いeラーニング・コースが作成できるという状況のなかで，メディア・スペシャリストは高等教育機関において一定の地歩を占めるようになってきた。教員が知的な資源を提供すれば，あとはスペシャリストに任せられるというのは，教員にとっての負荷を解消してくれる。しかし，別の見方をすれば，これらスペシャリストとチームを組まなければ質の高い教材が作成できないという事態は，また教員の知的権威を侵すものなのかもしれない。

4. ビジネスにさらされる教育内容や学位

　第3の教育活動の領域のうち教育内容に関しては，eラーニングは専門職養成，職業訓練的内容，具体的には経営学，健康科学，教育学などに特化して広

がっていることを特徴とする。リベラル・アーツが高等教育のコアとしてきたこととは対極的なところで盛んであることに対して，コアを侵すものだというほど強い表立った批判はないが，リベラル・アーツが衰退するのではないかという恐れにも似た雰囲気があることは確かである。

ところで，教室での講義は，そのとき限りで生起し消える現象であり，学生がとったノートから講義の状況を断片的に知るのみであった。しかし，講義映像を録画した形態のeラーニングは，講義を教材という「物」にした。「物」に対して発生する所有権や著作権は，講義をした教員にあるのか，教員を雇用している大学にあるのかをめぐって議論が生じたのであった。講義が「物」になり，売買の対象になるとはこれまでほとんど考えられたことはなかったため，新たな事態に対して大学と教員とは交渉によって新たな協定を締結する必要に迫られた。

さらに，そうした「物」を作るにあたっては，出版関係の企業がビジネスとして参入してくることは見逃せない。資金も資源もノウハウももっている出版企業に対して，大学の図書館や大学出版は対抗措置をとる必要に迫られた。

大学の研究はともかく，教育内容はいわばビジネスとは無関係のところに位置していた。それが，eラーニングによって教育内容もビジネスによって左右される状況が生じたのである。学問に裏づけられた「知」が，どこまでビジネスと折り合いをつけられるかが問われているのだが，それに便乗して利益を得ようとする層とあくまでも孤高を守ろうとする層とがあって，先行きは不透明である。

学位の発行は大学の専権事項であった。修了証明としての学位は，社会的通貨として社会生活の各場面で流通するという点で，他機関が発行する修了証明とは価値が異なっている。したがって，学位がほしいという需要を見越して古くよりあったディプロマ・ミルは，インターネットにのってさらに巧妙に製造され販売されるようになった。

eラーニングの伸張は，コーポレート・ユニバーシティの隆盛をもたらした。企業の社員用の教育訓練機関であるコーポレート・ユニバーシティは，ユニバーシティを名乗っても学位を発行しない大学であった。それが，eラーニングという手段を利用して，企業の枠を超えてその外部に教育内容を提供しはじめ，

大学と提携して学位プログラムを作成したり，コーポレート・ユニバーシティがアクレディテーションを受けて，学位を発行する高等教育機関になったりする例も現れた。職業的な効用という観点から作られた学位を，伝統的な学問知を基盤にして発行される学位と同等とすることに疑問を呈する者がいることは当然だろう。ともあれ，eラーニングは，大学の外側のビジネスの世界に対して，教育内容やその修了証明である学位の門戸を開いたのである。

5. 楽観視できないコストや質の問題

　第4の領域における評価のうち公共政策では，eラーニングが増大する高等教育人口を，廉価に吸収できないことが問題になっている。eラーニングが，コストのかかる教育であることが明らかになるにつれ，それを公的な場がどこまで負担するのかが議論になるのである。教育機会の拡大という理念を前提としたとき，それが社会的不平等を解消するのかが課題になるが，デジタル・デバイドという造語にみられるように，eラーニングへのアクセスに関して民族間の格差があることが明らかになり議論を呼んでいる。理念の実現を目指したとき，それを阻むものに対して公共政策の立場からどのように解決するのかが，問われているのである。

　コストの問題については，eラーニングの市場の大きさがいわれつつも，個々のコースやプログラムについてみれば，コストに対するベネフィットはあるというほどにはならないことが明らかになりつつある。そして，eラーニングのコースやプログラムは，対面教育のそれと比して決して廉価に販売されているわけではなく，その授業料は，対面教育のプログラムより高い場合が多い。いってみれば，教室と黒板という装置も，印刷教材の郵送による遠隔教育も，お金のかからない教育であったことが再認識されるとともに，今後，eラーニングのコストを誰が負担していくのかが公共政策にとっても個々の機関にとっても課題となる。

　対面状況をもたない教育が，対面状況における教育より質が低いという通念は，eラーニングに対しても投げかけられており，その教育効果や質に関しては，現在もっともホットな議論となっている。教育効果を測定した研究では，

対面教育と比較して効果が低いわけではないという結果は得られている。しかし，教授・学習過程のどの側面を測定するのかが議論になり，あるいは，最終的な達成度を効果とみると，学習者が達成度さえ示せばよいとし学習過程への配慮がおろそかになるのではないかといったことが懸念されている。

　それでは提供するコースの質をどのように維持するかという問題に関しては，教員と学生との頻繁な相互作用が決め手だとする結果が得られており，やはり対面コミュニケーションに近づくことは重要な要素なのである。対面教育が何をしてきたのか，そこで重要な要素は何であったのか，eラーニングの質の問題が提起されて再度検討を要請されている問題だろう。

　質の問題に関しては，キャンパスの壁ならず国境さえも超えていくeラーニングという特性から公共政策の課題にもなっている。質の維持にはアクレディテーションという仕組みが一定の役割を果たしているが，地域ごとの基準によっていたのを全米規模でガイドラインを作成したり，商品として海外に販売されグローバル化するeラーニングに対してどのように対処するかが大きな課題になっている。とくに，eラーニングのグローバル化に大きく関わっているのがビジネス界であることに，伝統的な高等教育機関は質の維持という観点から，もっといえば自らの領域への侵入という観点から，危機感を抱いているのである。

6. 日本の高等教育に対するインプリケーション
── 需要構造

　アメリカという社会で生じているこれらの現象からは，既存の高等教育システムの構造やその価値を揺るがすような事実が明らかになった。翻って，わが国では，eラーニングの制度化は遅く，ようやく1997年に同期双方向のテレビ会議システム，2001年に非同期双方向のインターネットなどによる遠隔授業が単位認定された。これは実態を跡付けるというよりは，政策主導で制度を先に構築したといったほうが近く，したがって，高等教育機関においてeラーニングの導入が進んでいるとはいえない状況である。

　しかし，eラーニングによってアジア進出を目指す営利企業やWTOにかか

わる諸勢力があることを考えると，彼岸の出来事と捨て置くわけにはいかないだろう。違いを認識したうえで，インプリケーションとして得られるものを考えることが必要だろう。

　まず，第1に，決定的に異なるのが，eラーニングをめぐる需要構造と供給構造である。eラーニングという手法にメリットを感じるのは，そうでなければ教育の機会を得られない者であり，それが有職成人なのである。従来ならば，パート・タイム学生としてキャンパスに通っていたような有職成人は，いつでも・どこでも学習が可能になったのである。また，ITの登場以前も各種の方法で行われていた遠隔教育は，コミュニケーションが一方向で，あるいは，テレビ会議システムなどによる双方向であっても時間と場所が限定される形態であった。それが，ITは非同期双方向のコミュニケーションを可能にしたということで，有職成人に対するメリットは格段に増した。

　アメリカではすでに高等教育機関在学者の約半数が25歳以上の非伝統的学生によって占められているため，eラーニングにメリットを見出す層が厚いのである。18歳の高卒者を主たる対象としている日本とこの点が異なるのである。では，なぜ有職成人が多く高等教育に在学するのだろうか。それは，第1章でみたように学歴の再取得が給与の上昇に結びつくという外的なインセンティヴがあるからである。この点も日本の社会状況とは大きく異なる点である。

　eラーニングの「いつでも・どこでも」という学習形態をメリットとし，かつ，高等教育レベルの教育を求める層がどれだけ増加するかが，18歳人口の減少期にある日本にとってはキーになろう。

7. 日本の高等教育に対するインプリケーション —— 供給構造

　需要構造が異なるだけでなく，供給構造も異なっている。とりわけ，eラーニングに関しては，アメリカのケースでも随所に問題になっていたが，企業がさまざまに参入していることが大きな特徴であったとともに，その点が，伝統的な価値にもっとも抵触するものとして議論になっていた。日本の場合，現在の制度のもとでは営利大学の設立は許可されていないし，メディアおよび出版

関係の企業が大学と提携してeラーニングに参入する話もあまり聞こえてこない。

ただ，これが制度によって阻まれているために両者が分け隔てられているのか，たとえ，制度的な障壁がなくても大学という市場が企業にとって魅力的なのかどうかは，不明である。18歳人口の減少に代わる新たなマーケットが十分に開拓されていない状況では，企業にとってメリットがないとするのか，あるいは，大学という世界との提携が各種の付加価値を生むのか，検討を要する課題である。

8. 日本の高等教育に対するインプリケーション —— コスト，教育の質の問題

需要・供給構造がどうであれ，eラーニングのコストとその教育の質の問題は，日本にとってもアメリカと同様に大きな課題になろう。ITインフラの整備に資源投入した90年代から，教育費を圧迫しはじめたIT関連コストの見直しが始められ，eラーニングのコストに関する研究が始められた今日までのアメリカの経緯は，教訓とすべきだろう。今や，各機関は，IT機器やソフトウエアの購入にあたって複数機関で共同購入する，学生寮におけるインターネットの大容量使用に制限を加えるなどさまざまな方法でコストの削減に努めているのである[1]。

それとともに，教育の質の課題がある。教育の質とは原理的には理解できるが，それを実証的に測定することは困難である。暗黙の了解のなかで教育の質を（多くが，教育の効果と混同して）語ってきたなかで，質だけを取り出してその評価をすることは，eラーニングでなくとも容易ではない。日本では，eラーニングといっても教室での講義をストリーミング化したものを利用する場合が多い。阿吽（あうん）の呼吸でなされる講義を要素分解したり，講義以外の学習支援をどのように組み込むかといった問題は，まだ，十分に検討の対象になっていない。

9. 進化か革命か

　さて、ITが高等教育に浸透して教育面で生じた変化と、それが既存のシステムに与えるインパクトをみてきたが、果たして、こうした現象が、新たなテクノロジーが高等教育に入ってきたことによって生じたやや大きな変化なのか、それが既存の高等教育システムの特性に揺らぎを与えるような質的な変化なのかについては、ここで判断を下すには時期尚早である。各種の変化が一見、革命的な出来事のようにみえても、すこし時間をおくと従来の変化の上に積み重なった進化のレベルであることはよくあることである。

　営利大学のようなビジネス主導で進むeラーニングは、キャンパスにおける教育や研究を行う非営利の高等教育機関とは別種のもので、それまでを変えることはないという見方もある一方で、ビジネス主導のeラーニングによって、研究大学の教育・研究活動が脅かされるのではないかという報告書が話題を呼んでいる[2]。その報告書によれば、研究やキャンパスにおける学生に対するサービスは、大学の使命としてコストを度外視して行ってきた活動であるが、ITの浸透によって大学は収益性を重視するようになり、予算配分の方法、大学経営の手法などが変化し、研究や学生サービスの機能が弱くなる恐れがあるという。その問題にどのように対処すべきかが論じられているのである。

　また、eラーニングには職業と直結した内容が多くても、それはあくまでも訓練の世界であって、教育に課された学問知の伝達や人間形成の重要性は減じることはないという考え方は依然として根強くあるが、他方で、リベラル・アーツをeラーニング化することを使命とするGlobal Education Networkのような企業もある。

　混沌とした未来を見つめる作業の足固めとして、もう一度今を見ておこう。2002年には62.5％の高等教育機関が少なくとも1つのeラーニング・コースをもっていた[3]。これを見る限り、eラーニングがアメリカの高等教育界にくまなく行き渡っているようだ。しかし、遠隔教育を担当している教員の比率は5.9％[4]であり、遠隔教育のコースを履修している学生の比率は学士課程7.6％、大学院生で10.0％[5]である。eラーニングといっても、この程度の者が関わっ

ているにすぎないという見方もできるし,いや62.5％もの機関がeラーニングに進出していることこそに注目すべきだという考え方もある。ただ,いえることは,こうした状況のなかで,各章でみてきたeラーニングの議論がなされているのであり,ITはそれほどのインパクトをアメリカの高等教育に与えているということである。このインパクトがシステムの変容につながるものなのかどうか,もう少し観察を続けたい。

■注

1 "10 Ways Can College Cut IT Costs" (2002) *The Chronicle of Higher Education*, October 4, 2002. {http://chronicle.com/weekly/v49/i06/06a03901.htm}
2 Panel of the Impact of Information Technology on the Future of the Research University (2002) *Preparing for the Revolution: Information Technology and the Future of the Research University*, The National Academic Press.
3 Kenneth C. Green (2002) *The 2002 National Survey of Information Technology in Higher Education*, The Campus Computing Project. {http://www.campuscomputing.net/}
4 National Center for Education Statistics (2002) *Distance Education Instruction by Postsecondary faculty and Staff: Fall 1998*, U.S. Department of Education. {http://nces.ed.gov/pubs2002/2002155.pdf}
5 National Center for Education Statistics (2002) *A Profile of Participation in Distance Education: 1999-2000*, U.S. Department of Education. {http://nces.ed.gov/pubs2003/2003154.pdf}

あとがき

　本書の多くは，リクルート社の『カレッジ・マネジメント』に 2000 年 9 月から隔月に 16 回にわたって連載してきた「IT ＜先を行くアメリカの論争＞ 高等教育に及ぼす影響と問題」がもとになっている。

　こう書くと私がいかにも IT の専門家であるかのように思われるだろうが，私自身と IT との関わりは，実は長くはない。1995 年ごろアメリカにおいてウエスタン・ガバナーズ大学がバーチャル・ユニバーシティとして設立される計画がもちあがり，そこにカリフォルニア州が参加するかしないかという議論がなされていたとき，私は，カリフォルニア大学バークレイ校の高等教育研究センターにおいて客員研究員をしていた。そのような話があることは新聞で斜め読みしていたが，さほど興味の対象ではなかった。

　少しだけ調べはじめたのは，2000 年になって，大学審議会に提出するバーチャル・ユニバーシティに関する資料作成のため，アメリカのいくつかの機関を訪問し，各種の資料をまとめる機会を得てからである。

　それから数カ月後，『カレッジ・マネジメント』へ連載のお話をいただき，本格的に調べはじめることになった。当初は，3 回程度の連載の予定であったが，図らずも 16 回と長期にわたって執筆させていただいたおかげで，1 冊の書籍にまとまるほどの分量に達したのである。連載は，2 カ月に 1 回の，それも，400 字詰の原稿用紙にしてたかだか 20 枚強という分量なのであるが，序章に述べたような高等教育システムという観点から新たな事実を探し出して，その意味を考察していくことは，容易な作業ではなかった。依拠する先行研究があまりないために，どのような視点を設定するかという点でも手探りであったし，逆に，高等教育システムという観点から明らかにしたい問いを設定しても，その視点を生かせる事実があるとは限らなかった。さらに，状況は刻々と変化していくため，収集した情報が執筆時には生かせなくなるということもあった。

　ただ，全体を貫いているのは，高等教育システムにおける IT や e ラーニングを批判的に検討するという姿勢である。IT や e ラーニングを推進する立場か

ら，それがいかにすばらしく無限の可能性をもっていることをうたったものや，それをいかにうまく取り入れていくかのハウツー本や，成功した実践事例に関する研究は一定の蓄積があるが，それらとは立場を異にしている。それらは，ITを利用することを所与としており，なぜITを導入しeラーニングを行うのかについて問うことはしないのが普通である。しかし，本書では，むしろその所与を問うために，現実に高等教育の世界に浸透しているITやeラーニングが，システムにどのようなインパクトを与えているのか，それがどのような意味をもつのかを明らかにしたいと考えたのである。ITやeラーニングは可能性を秘めているかもしれないし，今後も避けては通れないかもしれないが，現実には必ずしもバラ色ばかりではないということを認識すべきだというのが，伝達したかったメッセージである。こうした目的がどの程度達成できたかは，はなはだ心もとない。限られた枚数で十分に論じていない個所も多ければ，そもそも論じていないテーマもあって，残された課題はあまりにも多い。これらについて，多くのご教示をいただければ幸いである。

　それぞれの章の初出を以下に記すが，執筆時からの状況の変化などに応じた加筆・削除を行っている。

序　章　書き下ろし
第1章　『情報処理』Vol. 43, No. 4 (2002. 4)
第2章　『カレッジ・マネジメント』No. 108 (2001 May–June)，バーチャル・ユニバーシティ研究フォーラム発起人監修『バーチャル・ユニバーシティ』(2001) アルク
第3章　『コンピュータ&エデュケーション』Vol. 9 (2000)
第4章　『IDE・現代の高等教育』No. 440 (2002. 7)，バーチャル・ユニバーシティ研究フォーラム発起人監修『バーチャル・ユニバーシティ』(2001) アルク
第5章　『カレッジ・マネジメント』No. 104 (2000 September–October)
第6章　『カレッジ・マネジメント』No. 117 (2002 November–December)
第7章　『カレッジ・マネジメント』No. 105 (2000 November–December)
第8章　『カレッジ・マネジメント』No. 114 (2002 May–June)
第9章　『カレッジ・マネジメント』No. 115 (2002 July–August)
第10章　『カレッジ・マネジメント』No. 118 (2003 January–February)
第11章　『カレッジ・マネジメント』No. 106 (2001 January–February)

第12章　『カレッジ・マネジメント』No. 111 (2001 November–December)
第13章　『カレッジ・マネジメント』No. 107 (2000 March–April)
第14章　『カレッジ・マネジメント』No. 113 (2002 March–April)
第15章　坂元昂監修『教育メディア科学』(2001) オーム社
第16章　『カレッジ・マネジメント』No. 109 (2001 July–August)
第17章　『カレッジ・マネジメント』No. 116 (2002 September–October)
第18章　『カレッジ・マネジメント』No. 110 (2001 September–October)
第19章　『カレッジ・マネジメント』No. 112 (2002 January–February)
第20章　『カレッジ・マネジメント』No. 119 (2003 March–April)
終　章　書き下ろし

　なお，注に掲載したURLは，2003年1月の段階で確認できたものである。現在，多くの資料がインターネットで即時に入手でき，その点では便利になったのだが，他方で，掲載者の都合でURLは容易に変更されるため，最初に原稿を執筆した段階で入手した資料ですでにどこに掲載されているか不明になってしまったものが少なからずあった。ウェッブ上の資料が，必ずしも固定的に保存されない情報であるとという意味では，その資料的価値やそれに依拠することは，今後，方策が講じられなければならない問題であろう。

　もっと早い時期の出版を期待されながら，気長に原稿の執筆を待っていただいた東京電機大学出版局植村八潮さん，編集や校正の労をとっていただき丁寧な仕事をしていただいた編集の松﨑真理さんに，心よりお礼申し上げたい。

2003年3月

吉　田　　文

索引

あ行

アーサー・D・リトル経営大学院　158
アクレディテーション（設置認可）　31, 51, 79, 144, 159, 169, 217
　――団体　13, 79, 208, 209
アマースト・カレッジ　59
アメリカ・オープン・ユニバーシティ　51
アメリカ教育審議会（American Council on Education）　87
アメリカ教員組合（AFT）　65, 91
アメリカ大学教員協会（AAUP）　70, 80, 93
アメリカ法曹協会　218
イーブラリー　140
一方向のコミュニケーション　17
印刷教材の郵送　14
インストラクショナル・デザイナー　22, 102, 103, 104
インターネット　8, 17, 146, 183
ウィリアムズ・カレッジ　59, 63
ウエスタン・ガバナーズ大学　12, 28, 29, 31, 32, 33
ウニベルシタス21　35, 132, 223
　U21グローバル　134, 224
　U21ペダゴギカ　224
エデュプライズ　105
衛星通信によるテレビ会議方式　15
営利大学（For-Profit University）　20, 37, 198, 227
エクセルシオール・カレッジ（リージェンツ・カレッジ）　13
遠隔教育　8, 87
　――の専門職養成　107

『遠隔教育に関する声明』　86
遠隔教育訓練審議会（Distance Education and Training Council）　51
オープン・ユニバーシティ（公開大学）　14
オンライン教育（online education）　9
オンライン・ラーニング・ネット　204

か行

カーディーン大学　43, 44
学位　13, 62, 153, 230
　――授与権　13
　――経済効果　19
学士課程　61, 65, 112, 228
『学習に関するインターネットの力（*The Power of the Internet for Learning*)』　171
学習の共同体（learning community）　85
『過渡期にある政策（*Policy in Transition*)』　168
カプラン教育センター　42
カリフォルニア・バーチャル・キャンパス　28, 30
カリフォルニア・バーチャル大学　28, 29, 31, 32, 33
疑似キャンパス　76
　――バーチャル学生自治会　75
『技術との共同：組合はどのようにしてキャンパスの技術革命を利用し得るのか（*Teaming Up With Technology: How Unions Can Harness the Technology Revolution on Campus*)』　92
教育機会　166
教育効果　207

教育サービスの自由化　221
教育達成　208, 212
教育の効率　208, 212
教育の質　208, 211, 217, 222, 232
教員
　――の雇用　86, 124, 229
　――の労働　86, 91, 95
　――テニュア　93, 97
　――フルタイム／パート・タイム
　　84, 93, 94
　――役割分化　83, 108, 229
教授法　108
クエスティア・メディア　22, 137, 140
クリック2ラーン　41
グローバル・エデュケーション・ネット
　ワーク　58, 66
グローバル大学連合（Global University
　Alliance）　35
公共政策　166
　社会的公正　166
　平等　166
高等教育財政　189
高等教育人口　17
高等教育設置認可審議会（Council for
　Higher Education Accreditation）
　148, 220
コース開発　50, 52, 192
コース・マネジメント・システム　21
コーネル大学　48
　eコーネル　48
コーポレート・ユニバーシティ　153,
　230
　MSXインターナショナル・ユニバーシ
　　ティ　157
　企業内教育　153, 154
　デル大学　153
　ハンバーガー大学　153
　モトローラ大学　154
コロンビア大学　41, 48
　――ファソム　41, 48

コンコード・ロースクール　21, 42,
　123
コンソーシアム　12, 26, 35, 43, 223,
　227

さ 行

市場原理　166
社会化　58, 116
社会サービス　166
12時間規則，50パーセント規則　172,
　203, 220
修了証書　62, 112
授業料　32, 196, 197, 228
　州外――　32, 199
　州内――　32, 199
使用料　201
情報通信技術（IT）　8, 90
ジョンズ・インターナショナル大学　21,
　78
　ジョンズ・ノリッジ　79
成人・経験学習協議会（the Council for
　Adult and Experimental Learning）
　119
全米教育協会（National Education
　Association）　93
全米工科大学（National Technological
　University：NTU）　15
双方向のコミュニケーション　8, 17

た 行

大学図書館　71, 138, 230
対面教育　9, 54, 200, 212
タブレット版のコンピュータ　137
単位互換　13, 34
地区基準協会　79, 169, 209, 218（cf. ア
　クレディテーション団体）
知的所有権　127
『提言と指針：遠隔教育に関する機関の方
　針と契約についての参考文例集』　86
ディプロマ・ミル　143, 146, 230

ディグリー・ミル　149
デジタル・デバイド　177, 178, 181, 194
　ITへのアクセス　179
　社会集団の文化　183
　社会的不平等　178
　民族間の格差　177
デブライ大学　20, 39
　ケラー経営大学院　39
　デブライ (DeVry Inc.)　39
電子メール　69, 70
テンプル大学　41, 48
　バーチャル・テンプル　48
トムソン　21, 35, 133, 223

な　行

南部地域教育委員会 (Southern Regional Education Board)　30
南部地域電子キャンパス　28, 30, 32, 33, 34
ニューヨーク大学　40, 48
　——NYUオンライン　40, 48
ネット・ライブラリー　22, 137, 140
能力ベース評価 (competency-based assessment)　29, 214

は　行

バーチャル・ユニバーシティ (virtual university)　9, 12
ハーバード大学　122
ハイブリッド方式　54
ピアソン　21, 135
非伝統的な学生層　18
非同期学習ネットワーク (A Synchronous Learning Network)　191
フェニックス大学　11, 38, 47
　——オンライン　11, 47
　アポロ・グループ　12, 38, 47
ブラウン大学　59, 63
ポータル・サイト　22, 136

マインド・エッジ　22

ま　行

メディア・スペシャリスト　22, 83, 102, 229
メリーランド大学ユニバーシティ・カレッジ　41, 48
　UMUCオンライン　48

や　行

有職成人　14, 214
ユーネクスト　43

ら　行

ラジオ，テレビを利用した遠隔教育　14
リベラル・アーツ・カレッジ　59, 114
　全人形成　60
　人間形成　61, 228

わ　行

ワシントン・ポスト　42

ABET (Accreactalis Band for Engineering and Technology)　219
AACSB (American Asssenbly of Collegiate Schools of Business)　159

BlackBoard　21, 136

(The) Chronicle of Higher Education　5, 9
COSTS (Cost of Supporting Technology Services)　181

ERIC　9
eブック　22, 136
eラーニング (e-Learning)　9, 15, 187
　——カリキュラム　112, 220

職業教育　　114
　　専門職養成　　114, 229
——コスト　　53, 172, 190
——コース　　16, 75, 102
——所有権　　124, 172, 230
——著作権　　172, 230
——販売権　　125
——の学習支援　　83, 210
　　アドバイザー　　83
　　学習の支援者　　83
　　メンター　　83
——の市場　　17, 45, 187
——の実験や実習　　116, 219
——の職業訓練の機能　　63

Falling through the Net: Defining the Digital Divide　　177
FTノリッジ　　135

Global Alliance for Transnational Education（GATE）　　222

Instructor/Facilitator　　102, 215
IT職業資格　　159

Quality on the Line　　182, 210

WebCT　　21, 136
WTO　　221

〈著者紹介〉

吉田　文
よし　だ　　あや

学　歴　　東京大学大学院教育学研究科博士課程修了（教育社会学）（1989年）
職　歴　　放送教育開発センター（現・メディア教育開発センター）助教授（1989～
　　　　　2002年）を経て，現在メディア教育開発センター教授．
主要著書・論文
　　　　『FDが大学教育をかえる』（文洋社），
　　　　（訳書）『教養教育の系譜』（玉川大学出版部），
　　　　"The Curriculum Reforms of the 1990s" *Higher Education* 43 など

アメリカ高等教育におけるeラーニング
日本への教訓

2003年3月20日　第1版1刷発行	著　者　吉田　文
	発行者　学校法人　東京電機大学
	代表者　　丸山孝一郎
	発行所　東京電機大学出版局
	〒101-8457
	東京都千代田区神田錦町2-2
	振替口座　00160-5-71715
	電話　(03) 5280-3433（営業）
	(03) 5280-3422（編集）

組版　（有）編集室なるにあ　　　　© Yoshida Aya　2003
印刷　シナノ印刷（株）
製本　渡辺製本（株）　　　　　　　Printed in Japan
装丁　鎌田正志

＊無断で転載することを禁じます．
＊落丁・乱丁本はお取替えいたします．

ISBN4-501-61980-5　C3037